排球运动的素质训练和技战法

温金河　编著

黄 河 水 利 出 版 社
·郑　州·

内容提要

本书共分四部分:排球运动的发展、排球运动的体能训练及素质训练、排球运动的技战术、排球运动的科学研究。本书首先讲述了排球运动的起源、特点和发展趋势,接着讲述了排球运动的体能训练及各种素质训练方法、排球运动的技战术,最后阐述了排球运动的研究方法。

本书重在技战术,引用了大量的图片,叙述问题力求深入浅出,读者很好理解。本书可供从事排球运动的人员以及相关专业的师生参考。

图书在版编目(CIP)数据

排球运动的素质训练和技战法/温金河编著.—郑州:
黄河水利出版社,2012.6
ISBN 978-7-5509-0276-3

Ⅰ.①排… Ⅱ.①温… Ⅲ.①排球运动-运动训练
②排球运动-运动技术 Ⅳ.①G842.2

中国版本图书馆 CIP 数据核字(2012)第 107907 号

出 版 社:黄河水利出版社

地址:河南省郑州市顺河路黄委会综合楼 14 层　　邮政编码:450003

发行单位:黄河水利出版社

发行部电话:0371-66026940、66020550、66028024、66022620(传真)

E-mail:hhslcbs@126.com

承印单位:河南省瑞光印务股份有限公司

开本:787 mm×1 092 mm　1/16

印张:10

字数:243 千字　　印数:1—4 000

版次:2012 年 6 月第 1 版　　印次:2012 年 6 月第 1 次印刷

定价:26.00 元

前　言

球类运动是当今世界发展迅速的体育运动项目，而排球运动在我国也是开展得比较普遍的体育运动项目之一，深受人们的喜爱。排球运动自传入我国以来，经过广大排球工作者的长期努力，特别是我国的女排选手在世界排球比赛中的优秀表现和取得的优秀成绩，更进一步增加了我国各界人士对排球运动的兴趣和学习排球的热情。

排球运动具有广泛的群众性、高度的技巧性、激烈的对抗性、攻防技术的两重性、严密的集体性、技术的全面性等特点，值得广大排球爱好者潜心学习。近年来，广大排球工作者撰写了很多排球教材和普及性读物，对排球运动在我国的快速、健康发展起到了积极的作用。人们对排球运动的理解得到了进一步的提升。但其特殊的环境，又给排球工作者提出了更高的要求。很多教材和普及性读物的内容主要局限于排球的基本常识、基本技术以及基本战术原理的层面上，而其他更深层的内容很少涉及。这对于想进一步提高排球技术的人而言就显得不足，尤其是针对具有较高专业水平的体育院校学生和可能从事体育工作的大学生而言更显得杯水车薪。为进一步推广排球文化，推动与普及排球运动在我国的发展，提高排球运动的训练与教学水平，本书从教学与训练的实际出发，结合作者多年排球教学与训练工作的实践经验，借鉴中国及世界排球运动发展的最新信息与科研成果，经过多年的酝酿和探究，撰写了《排球运动的素质训练和技战法》一书。

全书共分四部分，第一部分阐述了排球运动的发展，第二部分详细讲解了排球运动的体能训练及素质训练，第三部分对排球运动的技战术进行了剖析，第四部分简述了排球运动的科学研究。本书尽量做到准确、易懂，在丰富理论知识的同时，做到图文并茂、文字简洁。

本书由温金河编著（许昌职业技术学院），王建民教授（许昌学院）通稿。在编写过程中得到了许昌学院体育学院多名教授和教师的大力支持，在此表示衷心的感谢。

书中难免出现错误或纰漏，希望读者不吝赐教，以便我们进一步修订完善。

作　者

2012 年 1 月

目　录

第一部分　排球运动的发展

排球运动是参与者以身体的任何部位(手、手臂为主)在空中击球,使球不落地,是一种既可隔网进行集体攻防对抗性的比赛,也可不设球网相互进行击球游戏的体育运动项目。排球运动形式多种多样,主要以竞赛规则、比赛形式、参与人数、运动目的等进行分类。

1.1　排球运动的起源与发展

1.1.1　排球运动的起源与传播

排球运动始于1895年,创始人是美国马萨诸塞州的霍利沃克城基督教青年会干事威廉·莫根。他在辅导人们进行各种体育锻炼的实践中,体会到不同的对象应采用不同的锻炼方法。当时已流行起来的篮球运动固然很好,但较适合青年人,对年纪大些的人来说则过于剧烈,因而莫根想要选择一种较为柔和、活动量适当的运动来满足人们的需要。

为此,莫根在青年会的体育馆中进行了试验。他把球网架在了6英尺(1英尺=0.304 8米,余同)6英寸(1英寸=2.54厘米,余同)的高度上,让人们用篮球胆隔着网来回拍打。篮球胆太轻就改用篮球,篮球又太重,最后制作了与现代排球相近的、外表是皮制的、内装橡皮球胆的球,圆周为25~27英寸,重量为9~12盎司(1盎司=28.349 5克,余同)。

1896年,美国开始有了排球比赛。第一部规则也发表在1896年7月出版的美国《体育》杂志上。最初排球比赛没有人数规定,赛前由双方临时商定,只要双方人数相等即可。很快排球在美国受到各教会、学校和社会的广泛重视,同时也被列为军事体育项目。

排球运动在美国问世后,由美国的传教士和驻外国的军官、士兵带到了世界各地。由于排球运动传入的时间及采用的规则不同,世界各地的排球运动形式也不同。

美国是排球的故乡,因此6人制排球传入美洲的时间比较早。1900年首先传入加拿大,1905年传入古巴,1912年传入乌拉圭,1914年传入墨西哥。

排球传入亚洲的时间也比较早,约在1900年,先后传入印度、中国、日本和菲律宾等国。排球传入亚洲后,采用规则与美国排球规则有很多不同之处,经历了由:16人制→12人制→9人制→6人制的演变过程。

欧洲的排球是第一次世界大战时由美国士兵带去的,1917年最早出现在法国,以后才传到苏联、波兰等国。排球传入欧洲虽晚,但传入的是6人制,且其竞技性已渐成熟,所以发展较快。

美国虽然是排球的故乡,但长期没有把排球作为一种竞技项目来发展,主要用于休闲和娱乐,所以技术水平发展较慢。

国际排球联合会(简称国际排联)的成立,标志着排球已成为世界性的竞技体育运动。到1956年国际排联的会员国已发展到80多个,参加世界锦标赛的队伍也明显增加。同时,由于排球自身的魅力——技战术发展较快,比赛中对抗越来越激烈,吸引了大量的观众。这些都为排球进入奥运会打下了坚实的基础。

为了能使排球比赛在东京奥运会上成为正式比赛项目，除了国际上许多排球界人士的努力，日本在此期间也做了艰苦的努力。经过大会的表决，决定将排球作为1964年东京奥运会的正式比赛项目。在东京奥运会上，规定男队为10支参赛队，女队为6支参赛队。从此，排球运动成为奥运会的正式比赛项目，排球运动也进入了一个崭新的发展时期。

在排球运动的发展过程中，根据各种群体的需求，又派生出其他休闲排球运动方式，现在排球已成为一个"大家庭"，除奥运会的室内6人制排球、沙滩排球外，还有软式排球、气排球、9人制排球、小排球，以及残疾人排球等休闲排球运动。

1.1.2 排球运动的发展

1.1.2.1 世界排球运动的发展

世界排球运动发展百余年来大体经历了三个阶段：从娱乐排球向竞技排球的过渡阶段，竞技排球的迅猛发展阶段，竞技排球的多元化和娱乐排球的再兴起阶段。

1. 从娱乐排球向竞技排球的过渡阶段

排球运动起源于为中老年人锻炼身体而创造的一种娱乐性游戏活动。人们对球进行隔网拍打，相互嬉戏，以使球不落地为乐趣。初始时无技术可言，双方只是争取用手一次将球击过网，若不能一次将球击过，会有同伴再击。人们在游戏过程中逐渐体会到，一次击球过网不一定是最佳方式，有时从前场近网处甚至跳起击球过网，反而能创造更好的获胜机会。这样便出现了多次击球的打法，以寻找最佳时机或为技术更好的同伴创造得分机会，即形成了集体配合战术的雏形。后来人们又发现，一方无休止地击球也不合理，于是产生了每方击球至多三次必须过网的规定。这一规定的产生使单一的拍击动作开始分化为传球和扣球两种技术。富有攻击性的扣球技术的出现吸引了更多年轻人的参与，使单纯以娱乐、游戏为目的的排球运动逐渐增添了激烈对抗的色彩。为对付扣球又产生了拦网技术，发球也采用了增加力量的侧面上手球，至此排球运动产生了质的飞跃。

排球运动的竞技性、对抗性的加强，引起了人们对比赛规则的重视。1921～1938年，排球规则进行了多次的修改和完善，发球、传球、扣球和拦网已成为当时的四大基本技术。在运用各项技术的同时，形成了有意识、有目的、有组织的战术配合，场上队员也出现了位置分工。到了20世纪30年代末和40年代，排球战术进一步发展，为了对付集体拦网，扣、吊结合的打法，产生了与之相适应的拦网保护战术系统。这一阶段排球运动的特点是从娱乐排球逐渐向竞技排球过渡，但国际间的比赛还没有统一的竞赛规则、竞赛制度和竞赛组织。

2. 竞技排球的迅猛发展阶段

第二次世界大战后，一些国家相继成立了排球协会。人们希望国际间有个统一的组织去开展国际间的排球竞赛与交流。1946年由法国、捷克斯洛伐克、波兰倡议成立国际排球联合会。1947年在巴黎成立，有14个国家的排球协会负责人出席了会议，选举法国的保尔·黎伯为第一任主席。此次大会制定了国际排联宪章，成立了技术委员会、竞赛委员会和裁判委员会，并正式出版了通用的排球竞赛规则。国际排联的成立标志着排球运动从此摆脱了娱乐游戏的性质而进入竞技排球的新阶段。

国际排联成立后组织了一系列国际性的大赛，如第1届欧洲男子(1948年)、女子(1949年)排球锦标赛，第1届世界男子(1949年)、女子(1952年)排球锦标赛，第1届世界杯男子

(1965 年)、女子(1973 年)排球赛,第 1 届世界青年男、女(1977 年)排球锦标赛和奥运会男、女(1964 年)排球赛。这些国际比赛以后每隔 4 年举行一次,一直延续至今。此外,国际排联下属的各洲联合会也定期组办锦标赛、洲运动会排球赛、洲青年锦标赛等。在众多的大型比赛和广泛的国际交往促进下,排球运动的技战术得到了蓬勃的发展。20 世纪 50 年代,东欧一些国家排球技术水平较高。苏联男、女排均以身高体壮、扣球力量大且凶狠而成为当时"力量派"的代表,曾多次蝉联世界冠军。捷克斯洛伐克男排是当时"技巧派"的代表,他们以扣球线路变化和控制球的落点为特色,扣球轻重结合,是"力量派"的主要对手,但在实际抗衡中仍是"力量派"占上风。

20 世纪 60 年代至 70 年代初是排球技战术发展较快的一个时期,世界排坛呈现不同流派各显特色,不同风格先后称雄的局面。60 年代初日本女排在大松博文教练的带领下创造了滚动救球、小臂垫球及勾手飘球技术,突破了以苏联、东欧为标准的技术模式,从此改写了苏联女排独霸世界冠军的历史。日本女子排球在技术上的三大发明是排球技战术史中的一次重大革命,为排球运动的发展作出了极大贡献。这一时期的女子排球,是以日本为首的"防守加配合"和以苏联为首的"进攻加力量"打法的抗衡,平分了 8 届大赛的金牌,世界女排进入了日苏对垒的时代。

1965 年国际排联对规则进行了修改:允许手过网拦网,规则一改变,如何突破拦网,提高网上控空权便成为比赛取胜的关键,当时男子"力量派"打法已不占优势,德意志民主共和国队则以突出高大队员的"超手扣球"解决了这一问题,并取得了连续两年的世界冠军而被称为"高度派"。当时中国男排针对拦网规则的变化创造了"盖帽拦网"和"平拉开扣球"技术,开创了"小个子打大个子"的先河。日本男排很快在学习我国"平拉开扣球"和"近体扣球"的基础上创造了"短平快"、"时间差"、"位置差"等进攻打法,1972 年在第 20 届奥运会上击败以高度著称的德意志民主共和国队,为亚洲夺得了首枚奥运会男子排球赛的金牌。至此以中国队和日本队为代表的"速度派"开始形成。这一时期男子排球四大流派的对峙繁荣了排球的技战术打法。这时的排球运动逐渐以其激烈的对抗性和高度的技巧性展现自己的魅力。为了推动排球运动的发展,1977 年国际排联再次修改了规则,即拦网触手后仍可击球三次,这样又给组织进攻提供了更多的机会,进一步促进了攻防的激烈程度。70 年代后期中国男排首创了"前飞"、"背飞"等空间差系列打法,中国女排发明的"单脚背飞"技术,波兰男排创造的后排进攻战术,使排球运动进攻战术配合从二维空间发展到三维空间,从平面配合发展到立体配合的新阶段。这一阶段美洲的排球运动也得到迅猛发展,古巴男、女排和美国女排迅速崛起并跻身于世界强队之列。随着国际交往的不断增多,各种流派在相互取长补短中逐渐融合。欧洲各队吸取了亚洲的快攻打法,向强攻加快攻、力量加技巧的方向发展。亚洲各队在进一步发展快变战术的同时,重视提高运动员的高度,以增加进攻的威力。

总之,20 世纪 70 年代是竞技排球战术发展最为突出的时代,各种快变战术应运而生、争奇斗艳,将竞技排球运动装扮得更加绚丽多彩。

3. 竞技排球的多元化和娱乐排球的再兴起阶段

1)竞技排球的多元化

进入 20 世纪 80 年代的竞技排球已度过了它的成长、发育时期而逐步走向成熟,当初那种只要在技战术的某一环节能够超群的队就有可能问鼎的时代已一去不复返了。中国女子排球之所以从1981～1986年连续5次夺冠，是因为她们是一支既有高度又有灵活性，既能攻又能防，既能快又能高的全面型球队，练就了一套攻防全面、战术多变、以高制矮、以快制高的技战术打法，中国女排在世界排球运动发展中写下了最辉煌的篇章。这一时期，美国男排创造性地运用了沙滩排球中的二人接发球战术，发明了摆动进攻战术。在比赛中，队员还大胆地运用跳发球和后排进攻技术，使前排的快变战术与后排的强攻有机地结合成纵深立体进攻战术。美国男排队员不仅文化素养高、善于改革创新，而且防守积极、作风顽强，终于使这支过去一直默默无闻的球队接连获得4次世界冠军。

中国女排和美国男排的成功，标志着排球运动技战术观念的革命，它预示着排球运动进入了全攻全守的新时期。全攻全守已不仅是个人攻防技术的称谓，而是指整体的全方位的攻和整体的全方位的守。全攻首先从观念上打破了传统的进攻模式，即全攻意味着进攻的手段是从发球开始并包含拦网。西欧男排继美国男排崛起后，在职业联赛的交流中进一步发展了美国男排的攻防体系，使跳发球和纵深立体进攻战术达到运用自如且很少失误的程度，尤其是意大利、荷兰等国，跳发球空中飞行时间仅为0.5秒，速度达到30米每秒，且拦网的成功率很高，因此进攻已不再是第三次击球的专利了。

全攻意味着进攻的变化已不局限在网前的二维空间内，而是充满整个场地的三维空间。意大利、荷兰等国的男排不仅有高、快结合的前排进攻，而且在前排进攻的配合下，从二传出手到扣球仅用0.8秒的背平快后排进攻，形成了高、快结合，前、后结合的全方位进攻的局面。

全守即全方位的防守，首先，是技术动作的全方位。当今由于进攻水平的不断提高，那种单纯依靠手和手臂击球的动作要防守迅雷不及掩耳般的扣球是相当困难的。为了促进攻守平衡，国际排联本着积极鼓励防守技术的发展，同时又不消极地限制进攻技术的原则，从1984年开始，先后从规则上放宽了对运动员第一次击球时判断连击犯规的尺度，1992年将合法的触球部位从髋关节以上改为膝关节以上，1994年又由膝关节以上改为身体的任何部分均可触球，于是出现了手、脚、身全方位的防守动作，扩大了人的防守面积，提高了防守质量。1999年规则又增加了后排自由防守队员。其次，全方位的防守体现在当代防守观念的转变，即由预判的“出击防守”代替了固定位置的“等待防守”。“高位防守”的取位则更需要运动员具有高水平的判断、反应及控制球的能力。再次，全方位的防守还体现在针对对手的进攻特点，随时调整拦网与防守的配合，打破原有的防守阵形模式，从而兼顾防守效果和防后的反攻布阵。

20世纪90年代意大利、荷兰男排以惊人的速度在国际上确立了领先的地位，标志着竞技排球走向社会化、职业化的时代已经到来。排球运动的职业化趋势，使排球运动的技战术水平又跃上了一个新的台阶。职业俱乐部的实施使意大利排球水平突飞猛进，尤其男排更为突出。1988年以前的历次世界大赛中，意大利男排只有4次进入前8名，而1988年后每次都打入大赛前8名，其中4次荣登冠军宝座，4次获亚军。意大利女排也获得2002年世界锦标赛冠军。在女排方面，古巴女排在高举高打的同时，加快了进攻的速度，并克服了情绪波动的弱点，在90年代独领风骚，1989～2000年先后夺得8次世界冠军。

进入21世纪，世界排坛的格局发生了根本的变化。女子排球方面：古巴女排走下神坛，一枝独秀的实力不再。中国、俄罗斯、意大利、巴西、美国女排呈现多强林立的局面。男子排球方面：从诸强纷争改变为巴西队异军突起，自雷纳多执教巴西男排以来，他们先后夺得了

2002 年世界锦标赛、2003 年世界杯和这两年的世界男排联赛及 2004 年奥运会的冠军。意大利、塞尔维亚和黑山、俄罗斯、阿根廷、南斯拉夫男排占据着世界前三名的位置,美国、荷兰、古巴、法国、西班牙、希腊则称雄世界前六名。

2)娱乐排球的再兴起

一百多年前,排球运动起源于一种娱乐游戏活动。随着时间的推移,排球运动的娱乐性逐渐被其竞技性所取代。进入 20 世纪 80 年代以来,竞技排球的技战术发生了质的变化。全方位的攻防更增加了比赛的观赏性,但随着现代经济的发展,人们对物质文化消费的需求也在不断的提高,健身娱乐逐渐成为人们消除疲劳的有效方法。人们在观看比赛中获得赏心悦目的享受之余,也渴望亲自体验这项运动的乐趣。由于排球运动本身的高度技巧性,往往使前来参加运动的人高兴而来,扫兴而归。因此,人们希望有一种大众都能够参加的排球运动尽快诞生,于是人们开始从球的性能、比赛规则上进行了适合各自需要的修改,全球性的娱乐排球便应运而生。

国际排联在竞技排球中的一系列改革,虽然吸引了更多的观众,但毕竟不能成为吸引更多人参与的运动,这无疑会影响人们对该项运动的喜爱,于是国际排联对这些适合大众开展的排球运动形式给予了积极的支持和重视。20 世纪 90 年代,国际排球联合会即把沙滩排球列入了整体发展规划,并成立了沙滩排球委员会。1993 年出版了第一部正式竞赛规则。1996 年沙滩排球成为亚特兰大奥运会正式比赛项目。目前对软式排球、迷你排球(小排球)都组织过世界性的青少年比赛。总之,娱乐排球的再兴起,标志着现代排球运动进入了竞技排球与娱乐排球共存的新时代。

1.1.2.2　排球运动在我国的发展

1.6 人制排球在我国的推广与发展

新中国成立后,由于国家的重视,排球运动很快被作为重点体育项目在全国推广。为了适应国际比赛的需要,1950 年 7 月,在全国体育工作者暑期学习会议上,中华全国体育总会第一次向与会人员介绍了国际排联制定的 6 人制排球竞赛规则和方法,并于当年 8 月成立了中学生排球代表队赴布拉格参加世界学生第二次代表大会的排球比赛。1951 年 1 月组建了中国青年男子排球队赴柏林参加第 11 届大学生冬季运动会和第 3 届世界青年联欢节。同年 5 月,在北京举行的第 1 届全国篮、排球比赛大会上正式采用 6 人制排球比赛,并正式组建了国家男、女排球队,即当时的"中央体训班男、女排球队"。1952 年国家男、女排到全国 14 个城市进行了 6 人制排球比赛的示范表演,为 6 人制排球运动在我国的普及起到了积极的推动作用。1953 年中国青年女子排球队首次随中国代表团参加了在布加勒斯特举行的第 1 届国际青年友谊运动会排球赛。1954 年我国加入国际排球联合会,成为正式会员国。为了向当时排球运动处于领先地位的东欧各国学习,中国男、女排球队在赴布达佩斯参加第 12 届大学生运动会途经苏联时,曾到莫斯科、里加、基辅、明斯特等城市边训练边比赛,系统地学习了苏联排球队先进的技战术打法及训练方法。

除了走出去,我国还采取请进来的方法学习外国的先进技术及理论。在这一时期捷克斯洛伐克军队男排和保加利亚男、女排球队先后应邀来我国访问。1956 年国家体育运动委员会(简称体委,余同)还邀请了苏联专家戈洛马佐夫在京、津两地举办"全国排球教练员训练班"讲课,学员们全面系统地学习了苏联排球运动训练的理论与方法,为我国排球运动的发展起到了重要的促进作用。同年,建立了全国联赛的竞赛制度,并颁布了《中华人民共和国运动员、裁判员等级制度条例(草案)》。这时高等教育部、中等教育部颁布的《一般高等学校体育课试行教学大纲》、《中等学校体育教学大纲(草案)》和《师范学校体育教学大纲(草案)》,均把6人制排球列为必要教材。由于受全国联赛的影响,各大中城市也都开展了具有本地特色的排球竞赛活动。

总之,我国在20世纪50年代的排球运动是一手抓普及、一手抓提高,在普及的基础上抓提高,在提高的指导下抓普及,因此运动水平提高较快。由于我国排球运动是在继承9人制排球技战术上发展起来的,尤其是我国的快球和快攻战术是其他国家没有的,所以1956年中国男、女排球队第一次参加世界锦标赛就取得了男子第9名、女子第6名的好成绩。

20世纪60年代前后,我国各省、市队根据自己的特点开始形成各自不同的风格和技战术打法。例如,以广东队为代表的快速配合,以四川队为代表的细腻稳健,以北方队为代表的高打强攻,以解放军队为代表的勇猛顽强,以上海队为代表的灵活多变等,充分体现了我国6人制排球技战术水平的明显提高。

1964年,周恩来总理邀请大松博文教练率领当时的世界冠军日本女排访华,并请他亲自指导我国运动员训练。贺龙副总理要求我国排球界学习大松博文教练的严格要求和日本女排刻苦顽强的训练作风。此时,我国排球训练工作的方针是"三从一大",即从难、从严、从实战出发,坚持大运动量训练,使我国排球运动水平又有了明显的提高。当时我国不仅学习了日本女排的勾手飘球、垫球及滚动救球技术,而且创造了"盖帽拦网"和"平拉开扣球"技术。

2. 我国排球运动冲出亚洲,走向世界

1972年,在周总理发出"要把体育运动重新搞上去"的号召下,国家体委以举办5项球类运动会的形式恢复了体育竞赛,并于同年召开了"三大球训练工作会议"。会上对过去的工作进行了总结,找出了差距,进一步明确了今后排球训练工作的指导思想及发展规划,建立了排球训练基地,并开始有计划地组织各省、市队的集中训练工作。通过每年的冬训,各队有一段较长时间集中在一起相互学习、相互促进,对提高技战术水平,迅速培养后备力量起到了一定的催化作用。1976年我国组建了新的国家男、女排球队。1977年参加了世界杯排球赛(男子第3届、女子第2届),我国男排获得第5名,女排获得第4名。1978年又在世界排球锦标赛中获得男子第7名、女子第6名的好成绩。1979年我国男、女排分别在亚洲锦标赛中战胜日本队和韩国队,双双获得冠军,并取得参加奥运会的资格,从此中国男、女排开始冲出亚洲,走向世界。1981年我国女排在日本举行的第3届排球世界杯赛中以7战7捷的战绩,第一次获得世界冠军的称号,为三大球翻身打响了第一炮。1982年,在秘鲁举行的第9届世界女排锦标赛中再次夺冠。1984年中国女排继续发扬顽强拼搏精神,在美国举行的第23届奥运会排球赛中再次问鼎,第一次在奥运会排球比赛大厅内升起了中国的五星红旗。荣获三连冠的中国女排在我国排球史上留下了辉煌的一页。1985年在日本举行的第4届女排世界杯赛、1986年在捷克斯洛伐克举行的第10届世界女排锦标赛中,我国女排又相继夺得冠军,创造了世界女排大赛中五连冠的新纪录。

20世纪70年代末到80年代初也是我国男排技战术水平提高较快的时期,在继承传统快攻打法的基础上,我国男排又大胆创新了"前飞"、"背飞"、"拉三"、"拉四"等新战术,形成了一套自己的快变战术打法,在1977年的世界杯和1978年的世界锦标赛中分别获得第5名和第7名的好成绩。1981年我国男排再次获得世界杯第5名。当时我国男排的实力不仅冲出了亚洲,而且可以向世界的排球强队挑战。

这一时期我国的排球运动,可谓以"全攻全守、能高能快"的战术特点,显示了世界排坛的新潮流。

3. 我国排球运动走出低谷,重振雄风

20 世纪 80 年代,当世界男子排球运动迅猛发展的时候,我国男排由于种种原因造成了运动水平的下降。1982 年世界锦标赛的分组本来对中国男排非常有利,但因关键时刻队员的心理承受能力差,失去了进入前 4 名的机会,仅获得第 7 名。1984 年又以一胜五负的战绩排名第 8。1985 年世界杯亚洲预选赛又以 1∶3负于韩国,从而失去参加世界杯赛的资格。1987 年亚洲锦标赛上负于日本而失去参加第 24 届奥运会的资格。1989 年在亚洲锦标赛上负于日本队和韩国队名列第 3。随着男排成绩的下降,我国女排在 90 年代初运动成绩也急转直下,跌入低谷。1988 年汉城奥运会上,女排失去了冠军的宝座,1988 ~ 1991 年两次世界杯赛和一次世界锦标赛的成绩分别获第 2、3、2 名。1992 年奥运会和 1994 年世界锦标赛上仅获第 7 名和第 8 名。在 1994 年亚运会上负于韩国队而名列第 2,此时中国女排的运动成绩又倒退到"冲出亚洲"的起点。

我国男、女排运动成绩下滑的原因,主要在于指导思想跟不上世界排球运动形式的发展。首先,体现在对"进攻"和"进攻战术"认识的滞后上。20 世纪 80 年代的欧美男排就已普遍运用了跳发球和后排进攻打法,形成了在排球场上的全方位进攻,紧接着欧美女排也开始效仿,但此时中国男、女排的进攻观念仍停留在 70 年代的认识上,总是在前排二三点进攻的变化上做文章,致使进攻战术既无创新也无借鉴,所以与国际先进水平逐渐拉开了距离。其次,80 年代末国际排坛商业化的趋势日渐明显,职业化趋势日渐成熟,而我国竞技体育的体制仍保持着 50 年代向苏联、东欧国家学来的旧的管理模式。在世界体育职业化和国内市场经济浪潮的冲击下,运动队的管理问题也逐渐地暴露在人们的面前。再次,伴随着国家的"奥运战略"的出台,各省、市的"全运战略"也应运而生,所有的运动项目均以拿金牌为目的。排球运动是集体项目,拿不到更多的金牌,因此很多省、市都将砍掉排球队作为首选。

1995 年国家体委召开了重振排球雄风研讨会,会上总结了失败的教训,找出了问题所在,并且探讨了今后的发展方向。同年重新组建了国家女排,并请郎平回国执教。中国女排在郎平主教练的率领下,严格训练,增强了全队的凝聚力,树立了重新攀登世界高峰的信心,先于 1995 年获得亚洲锦标赛冠军冲出亚洲,并于同年获得世界杯赛的第 3 名,1996 年又获得奥运会排球赛亚军,1998 年世界锦标赛再次获得亚军,1999 年获得世界杯赛第 4 名,2000 年奥运会成绩下降至第 5 名。1997 年中国男排在新一任教练汪嘉伟的带领下重新夺得亚洲锦标赛的桂冠,并在世界锦标赛预赛中取得了参赛资格。1998 年世界锦标赛中,中国男排虽然较好发挥了自己的水平,但因体能、体力和技术上的差距,在前 12 名中仍没找到自己的位置。1999 年亚洲锦标赛上中国男排成功卫冕,但在同年年底上海举行的亚洲区男排奥运会资格赛中失去了一次绝好的依靠自己实力冲进奥运会的机会。

4. 我国排球运动再铸辉煌

在经历了 2002 年世界锦标赛第 4 名的成绩后,从压力中走出来的中国女排在 2003 年世界杯女排比赛上,以 11 战全胜的佳绩夺取了 17 年来第一个世界大赛的冠军。接着在 2004 年雅典奥运会上,中国女排力克各路劲旅,勇夺阔别 20 年的奥运冠军。中国女排重夺世界冠军是她们把思想作风建设摆在十分重要的位置上,坚持"从制度入手,高标准、全方位齐抓共管”的工作思路,严格管理,严格要求,认真学习和努力实践当年老女排那种敢打硬仗、敢于胜利和团结协作、顽强拼搏的精神,训练工作始终坚持“走全面快速多变的道路,技术上更加精细全面,整体配合上更加默契娴熟,快速多变的特点更加突出”的指导思想的结果。

面对与世界领先水平之间的差距,中国男排经历了一个较长的痛苦和摸索时期。在2003年世界杯上中国男排获得第10名。在2004年奥运会预选赛上,由于中国男排负于澳大利亚队,而无缘雅典奥运会。但在此次比赛上,中国男排的“三老带三新”的阵容经历了考验,他们先后战胜了亚洲劲敌韩国、日本和伊朗队,无论是在比赛经验上还是在心理上都为中国男排日后的复兴和发展留下了广泛的空间。

中国男排要想冲出亚洲,走向世界,就必须有所改变,不仅是技战术要更加完善和全面,更主要的是在思想和意识上也应该有一定的提高。要有现代排球意识和先进的排球训练理念,要加大新技术、新打法的研究开发,改变国家队的发展思路。为了实现这些目标,中国排球协会在《2001~2008年排球运动发展规划》中制定的目标是:以青少年和学校为重点的群众性排球运动得到较大的发展;初步形成能够适应社会发展、项目特点规律的训练管理体制和运行机制,并建立起职业与非职业相互衔接、相互促进、共同发展的格局。有理由相信,中国男排只要踏踏实实地从青少年培养抓起,能形成从地方队到国家队的良性循环,学习世界男排训练与管理的先进理念,完全可以达到一流水平。

1.2 排球运动的特点与功能

1.2.1 排球运动的特点

1.2.1.1 广泛的群众性

排球场地设备简单,比赛规则容易掌握,既可在球场上比赛和训练,也可在一般空地上活动,单人或多人都可以活动,运动量可大可小,适合于不同年龄、不同性别、不同体质、不同训练程度的人。排球是一项全面健身的运动项目,大学生学习掌握排球运动技术有利于养成终身运动的习惯。

1.2.1.2 形式的多样性

排球运动的场地设备比较简单,可设在室内,也可设在室外。地板、沙地、草地、雪地,甚至水中都可以进行排球运动。目前有室内6人排球、沙滩排球、软式排球、气排球、墙排球、公园排球、草地排球,以及专门为残疾人设计的盲人排球和坐式排球等形式。

1.2.1.3 技术的全面性和高超的技巧性

排球运动规则规定,每个队员都要进行位置轮转,既要到前排扣球与拦网,又要轮到后排防守与接应。要求每个队员全面地掌握各项攻防技术,能在各个位置上比赛。规则规定,比赛中球不能落地,必须将球击出或将球抛出,同一名队员不能连续击球两次,三次内必须将球击过网等。击球时间的短暂、击球空间的多变决定了排球的高超技巧性。

1.2.1.4 激烈的对抗性和严密的集体性

排球比赛中,双方的攻防转换始终是在激烈的对抗中进行的。高水平比赛中,对抗的焦点在网上的扣球上。在一场比赛中,夺取一分往往需要经过六七个回合的交锋。水平越高的比赛,对抗争夺也越激烈。

排球比赛是集体比赛项目,除发球外,都是在集体配合中进行的。没有严密的集体配合,再好的个人技术也难以发挥,更无法发挥战术的作用。比赛中双方充分利用规则允许的三次击球机会,通过精心设计和巧妙配合,在瞬间完成攻防转换和完美的战术组合。水平越高的队,集体配合就越严密。

1.2.1.5 攻防技术的二重性

排球是多种技术都可以得分,也能失分的项目,这种情况在决胜局比赛中更加突出,所以说每项技术都具有攻防的二重性。因此,要求技术既要有攻击性,又要有准确性。

1.2.1.6 轻松的娱乐性和高雅的休闲性

排球运动不拘泥于形式,可隔网相斗,也可围圈嬉戏。只要一个空间,无论沙滩还是草地,尽可享受其中的乐趣。排球通过隔网对抗,双方没有身体接触,安全儒雅,是人们欢悦、休闲的理想方式。

1.2.2 排球运动的功能

1.2.2.1 具有振奋民族精神的作用

追溯历史,排球运动对国人的精神产生过较大的影响。1981 年 3 月 20 日,中国男子排球队在争夺世界杯排球赛亚洲区预赛的关键一战中,先输 2 局,后奋起直追,扳回 3 局,终以 3:2战胜韩国队,取得参加世界杯排球赛的资格。比赛结束后,激动的北京大学学子喊出了“团结起来,振兴中华”的口号,一夜之间,传遍大江南北,极大地鼓舞了刚刚开始改革开放,搞四个现代化的国人。在 20 世纪 80 年代,中国女排的“五连冠”产生了深远的影响,在国人心目中,中国女排精神就是拼搏的精神。2003 年,事隔 17 年后,中国女排重新夺得世界冠军,2004 年,中国女排在雅典奥运会上,团结拼搏,上演大翻盘,以 3:2战胜俄罗斯队,又一次夺得奥运会冠军。女排的胜利给伟大的中华民族增添了光彩。

1.2.2.2 培养勤奋、助人、团结拼搏的优秀品质

排球比赛中的球不能落地、击球至多 3 次必须过网的特有规定,使参加排球比赛的人总要随时准备弥补因同伴判断错误而无法接或因其他原因没有接到位的球。参赛队员为了发挥本方的进攻力量而不惜奔跑扑救,给下一次击球的人创造便利条件。因此,经常参加排球运动,可以培养人的良好体育道德作风和团结协作的集体主义精神,以及顽强拼搏的优秀品质。

1.2.2.3 培养人的信息意识,提高配合及应变能力

排球运动在某种意义上是一项依靠判断决定行动的运动,尤其是在现代排球比赛中,准确的判断已成为制胜的重要因素之一。判断的基础是眼观六路、耳听八方,通过观察对方和同伴的动作、击球的声音、场上的布局等,预测将要发生的事情而迅速作出决策。排球比赛也是一项靠集体配合取胜的球类竞赛,个人特长的发挥往往是在同伴发挥特长的前提下取得的。因此,运动员在场上要相互协调,并不断观察同伴的意图,才能默契地与之合作。而排球比赛中,既不能使球落地,又不能持球,使参加比赛的人必须具备应变能力。因此,经常参加排球运动的人,既锻炼了体魄、愉悦了身心,又提高了机敏、应变、协调、配合的能力。

1.2.2.4 培养与锻炼良好的心理素质

经常参加排球运动的训练或比赛,会学到很多控制自己情绪和调节自身心理的手段与方法。如连续失误时如何使自己尽快冷静下来而且不灰心,比分落后时的沉着和不气馁,关键比分时进攻不手软的自信心等,都是对自己良好心理素质的培养和锻炼。

1.2.2.5 **增进健康，强健体魄**

排球运动具有竞技与娱乐并存的特点，不同年龄、不同性别、不同技术水平的人都能参与，或活动，或比赛。经常参加排球运动，不仅能改善人体中枢神经系统和内脏器官的功能状况，同时又能提高人的力量、速度、弹跳、灵敏、耐力等专项身体素质和运动能力。总之，经常参加排球运动会使人们在兴奋与愉快中增进健康，强健体魄。

1.3 排球运动的现状与技战术的发展趋势

1.3.1 排球运动的现状

1.3.1.1 综观各项赛事，近年来世界女排强队如林

巴西：巴西女排攻防全面，小球技术好，在场上没有明显的漏洞。

意大利：意大利队是一支打法全面的队伍，她们有强攻，也有亚洲式的快攻和防守，在德国世锦赛上曾力克古巴、美国、中国等队夺得冠军。意大利女排走的是全面、整体的路子，其3号位进攻比其他欧洲球队运用率更高，速度也更快。该队的后排防守能力十分突出，与亚洲球队比起来毫不逊色，这给全队创造了更多反击的机会。

古巴：古巴队是世界排坛的传统强队，拥有很多方面的优势。她们的高点强攻和快攻成功率高，在进攻中能经常保持三个攻击点。她们的发球非常有攻击力，常常破坏对手的一传，使对手战术无从施展。

美国：美国队向来不弱，甚至一度是欧美高举高打与亚洲传统快攻结合得最好的一支队伍。

俄罗斯：俄罗斯队一直是高举高打的代表，队员身材条件好，网上优势明显。

1.3.1.2 从2007年欧洲女排锦标赛看欧洲女排的现状

以2007年欧洲女排锦标赛为例，2007年欧洲女排锦标赛于9月20～30日在比利时和卢森堡举行，以意大利女排夺冠而落下了帷幕，第二名为塞尔维亚女排，第三名为俄罗斯女排，第四名为波兰女排。

参加本届欧洲女排锦标赛的队伍水平参差不齐，意大利、俄罗斯、塞尔维亚、波兰和荷兰队在一个档次上，德国队次之，其他队伍实力差距较大。

各队的战术打法基本上以简单实用为主，而且越来越趋向于男子化，是以前快、短平快和背飞为主的快攻战术，配以4号位以及后排的立体强攻。一些比较复杂的打法基本销声匿迹，如前交叉、后交叉、大跑动进攻、夹塞等。原因在于欧洲选手的个人进攻能力强，二传组织水平有所提高。各队多采用3号位快球掩护，结合两边拉开，或者以单脚背飞为掩护，利用后排的立体强攻战术。二传手凭借这些简单实用的打法来寻求一对一的机会。

另外，欧洲几支强队都在防守体系上下了工夫，防守能力提高已形成趋势。计算机技术的大量运用，使各队的赛前准备工作更有针对性，从大量的战术发球运用到整个拦网防守体系，都更加讲究科学性。在这里特别要提到的是，计算机的统计及录像分析对各队的比赛水平提高起了很大的帮助。几支优秀队伍的集体防守体系是从发球开始到拦网及防守，形成了一整套比较完善的战术体系。

与以往相比，大力跳发球有减少的趋势，现在很多队采用跳飘及找人发球战术，效果不

错。优秀选手基本上都能比较熟练地掌握大力跳发球与跳飘两种手法,并在比赛中运用自如。

此次比赛,意大利籍教练员深受欢迎,这也成为本届欧洲锦标赛的一大特点。获得前六名的队伍中只有塞尔维亚队是本土教练,荷兰队是小塞林格,其余四队都是意大利教练,而且在意大利教练执教的队中,副教练、体能教练、统计员均是意大利人。

意大利队名将西莫纳、皮其尼尼、托古特等老队员,不愿意参加夏季的集训,想多休息。意大利排协决定不再使用这些老队员。由意大利年轻队员在本届锦标赛的出色表现可以推断,几位老队员重返意大利队的希望比较渺茫。意大利队员的平均身高在参赛的16支队伍中是最低的,两个主攻都在1.85米左右;两个副攻稍微高一点,也只有1.88米;二传及接应二传分别是1.72米和1.77米。然而,她们的身体素质非常好,个人技术娴熟,能攻善守,攻防全面。可以说,意大利女排是目前世界上少有的几支防守优秀的队伍之一,再加上双自由人战术的运用,使她们得到更多的反攻机会,确保进攻质量,整体感觉是攻防全面,失误较少,战术简单实用。

塞尔维亚队之所以取得第二名的好成绩,也源于这个队有自己的特点。她们身材出众,打法凶悍,尤其场上的斗志比较旺盛。她们属于力量型的打法,各个攻手实力平均,经常可以发动多方位的进攻。她们人才济济,在接应二传受伤的情况下,大胆启用了一名年仅19岁的选手,身高达到了1.96米。这名运动员有高度,而且手腕控制球好,是一名不可多得的强力攻手。但是,塞尔维亚队技术还比较粗糙,而且起伏较大。首场负于排名第13位的斯洛伐克队,就是一个典型的例子。据说,塞尔维亚队后备力量充裕,如果年轻队员兴起,这支队伍在未来的四五年之内,将跻身世界顶尖球队之列。

俄罗斯队保持2006年世界锦标赛的原班人马,打法没有太多的变化,整体水平有下滑的趋势。尤其是三位名将沙拉科娃、高迪娜和加莫娃,已过巅峰时期。2006年获世界锦标赛最有价值球员称号的沙拉科娃,水平下降明显。所以,俄罗斯队连续两场以0:3负于意大利队。

波兰队又召回了名将格林卡,由前意大利国家队教练执教,队员个人有实力。但是,由于二传水平较差,后排防守还不稳定,起伏比较大,属世界二流水平的队伍。但不排除她们在某一场或某一次世界大赛中有战胜一流强队的可能性。

荷兰队未进四强,主要因为2:3负于塞尔维亚队后,半决赛又以1:3负于波兰队,但这支队伍的实力有目共睹。由于她们将所有的国家队成员都集中到一支俱乐部,常年在一起参加比赛,成为目前世界上准备最充分的一支备战奥运会的队伍。从欧洲锦标赛的成绩看,荷兰队还不够成熟,在有一定压力的情况下,水平不能充分发挥,还缺少大赛的经验。

德国队与前五名还有一定的差距。她们的主要问题是发挥不够稳定,二传水平不高。但是,这支队伍有很大的提高空间,因为她们的后备力量比较雄厚,一批20岁出头的队员开始兴起。原来教练员整体水平不高的问题,随着意大利教练执教会有很大程度的改善,在未来的三四年内可能会有明显提高。但是德国女排要想进入奥运会,还有很艰苦的路要走。

这次锦标赛的第七名至第十六名队伍,基本上属于世界的二三流水平。有些队是因为条件有限,缺少高水平的运动员。例如,法国、捷克、保加利亚、斯洛伐克等。另一些队伍主要是因为排协没有能力集中全国最好的运动员,乌克兰队也是如此,所以她们连决赛都没有进入,但是她们的青年队、少年队都在欧洲比赛中取得了很好的成绩。

总之,欧洲女子排球运动发展总的趋势与世界同步,朝着体能强化、技术全面、打法简单、战术实用的方向发展。

1.3.1.3 世界男排发展现状

目前男排世界强队有巴西、波兰、俄罗斯、意大利。中国队排在十名以外。

在悉尼奥运会上看到世界排球技术发展很快,令人耳目一新的是男排各队的集体配合战术更加丰富,意大利、巴西、阿根廷、西班牙、荷兰和俄罗斯队的战术都有新的发展,4号位的平拉开、3号位的远网快球、远网短平快被普遍采用,常常出现二打一的效果。他们都是尽力避免"明打明"的强攻,只要有机会,均设法组织快攻战术,这一指导思想无疑促进了排球运动向高、快、活、变的方向发展。

1. 接发球采用三人或两人接发球

美国队自20世纪80年代末首创了二人包干接发球战术,并围绕该战术创造了摆动进攻等一系列进攻战术,使世人耳目一新。目前,随着自由防守人的出现,世界男排各队,如古巴、意大利、巴西等队均采用二人接发球阵形,已成为当今接发球战术的范例。另外,接发球后直接二次进攻是21世纪新的突破,垫球后直接组织进攻,不经过二传的调整,直接由进攻队员进行扣杀将是排球进攻战术的又一新内容。它可以打破目前的一传、二传、三攻的有序"进攻链",形成新的"接—扣"环节。

2. 二传

二传技术在经过严格、巧妙地组织一系列快速多变战术后,在21世纪仍将是组织进攻的桥梁。二传技术必须突出运用高点、出手快的传球技术,不仅要拥有组织前排各种进攻的传球技术,而且还要有组织前后排立体进攻的二传技术,不断追求横向与纵向结合的多点交叉的立体进攻。同时,二传队员还要具备一定的攻击能力。

3. 进攻

现代排球拥有的高快结合进攻、跑动进攻、空中位移进攻、后排进攻、各种时间差进攻等战术仍是21世纪发展的重要内容。但它将在战术配套和组织进攻结构上有新的突破。进攻战术的指导思想将由前排多人的掩护进攻发展到前后合一的立体进攻,其特征有如下几个方面。

1) 强攻是进攻战术永恒的主旋律

统计资料证明,强攻在比赛中所占的比重远远超过一系列快攻的总和。在"一攻"中,强攻所占的比例在50%以上,在"反攻"中,它占的比例为60% ~70%。特别是近几年,由于后排进攻的人数增加,使得后排进攻成为强攻的又一表现形式。它的攻击次数占总进攻次数的26%,已成为前后排主体进攻的战术系统。强攻在排球比赛中占有重要地位,它不仅组织进攻简单,对组织进攻的条件要求不高,而且它最能表现出运动员勇敢、刚烈的气势。实践证明,一个队如不具备世界一流的强攻手,就不可能在世界排坛中冲顶。因此,21世纪的排球,其主旋律还是培养和造就世界一流的"重炮手",来支撑优秀队伍的主框架。另外,强攻手的进攻形式将有前排与后排纷呈的趋势。

2) 快速多变仍将是进攻战术中的制胜因素

快速多变战术最初是亚洲各队以小打大的成功模式,但随着世界排球运动的发展,这些战术很快被各队所掌握,甚至在运用战术的速度上超过了亚洲各队。就快速多变战术的发展趋势而言,它是排球进攻战术的一套完整的战术体系。它不仅有丰富的内容,如"前后飞”、“三差”等独立进攻的个人战术,而且还有与主攻相互配合的各种掩护进攻,如“夹塞”、各种“交叉”和“双快—游动”等集体战术。强攻和快攻已形成不可分割的整体,推动着排球进攻战术的发展。

3)后排进攻将是主要的发展趋势

从进攻区域来看,后排进攻已不是最初为弥补前排强攻不足的新技术,而是发展到由前沿到纵深、由一点到多点、由前排相互配合到前后排有机结合的立体进攻。从进攻次数上看,后排进攻在一攻中约占26%,在反攻中约占40%。

4. 拦网

采用积极的外侧包球拦网、重叠拦网、摆动拦网(手在空中移位)和有战术意图的拦网。拦网技术在经过了“盖帽”、“屋檐”和“直臂式”拦网之后,现今已在技术上没有大的突破。但从拦网战术方面,已发展到密集、分散、重叠、换位以及空中移位和二次跳起拦网等。目前,世界各队都会把拦网这项既简单又复杂,既直接又省力的得分技术作为训练的重点。它将随着后排进攻的不断发展变化,出现具有针对性的一系列拦网技术,包括起跳时机更加精确、拦网区域更加严密和不同形式的集体拦网。

5. 后排防守

后排防守是组织反攻的基础,比赛中重视和加强全面防守技战术的运用,才能适应当前进攻战术的发展。综观世界各种大赛,诸强队在后排防守上有了长足的进步。具体表现为:防守时注意力高度集中、重心低、信心足、反应快、判断准和效果好。能运用各种高难防守动作和手法顽强防守,尤其是从意大利男排提出的“排球场上没有防不起来的球”之后,比赛场上更是勇于扑救。巴西、荷兰等队的一些队员运用单臂滑行鱼跃、横滚等救球技术防起大量的重扣和险球。在男排队伍中,这种精彩场面屡屡再现,防守成功率高达40%。这使近年来男排比赛更加紧张激烈,扣人心弦。熟练掌握各种防守技术的手法和技巧,把个人防守能力和灵活的防守布局紧密地结合起来,根据不同的对手、不同的打法和轮次,灵活地将“心跟进”与“边跟进”防守阵形结合运用,可以使队员养成自觉判断防守的能力,提高防守意识。

1.3.2 排球技战术的发展趋势

1.3.2.1 技术

1. 技术动作分类趋于模糊

现代排球比赛攻防转换的节奏加快了,攻防的概念也发生了变化。发球不只是比赛开始的技术,而且是极强的进攻技术。球速可以达到100千米每时,超过了扣球速度。拦网已是最前沿的进攻技术。防守击球的本身也是进攻的开始,是进攻战术发起的重要环节。

2. 技术动作模式的发展变化

现代排球的高水平比赛中,由于球速的增快和战术变化的莫测,防守动作由原先准备姿势—判断—移动取位—击球的模式发展到边判断边取位—反应动作—控制球的模式。判断与取位同时进行,反应动作则以身体的适当部位去拦截球,如肩、臂、手、脚等。而这些部位与球接触的瞬间,控制球的反弹方向和力量便是现代防守的动作要领。正面双手垫球的动作在防守中已罕见,取而代之的是耸、翘、抬、挡、拍等多样化的击球动作。

扣球动作也是如此,身体后仰、双脚制动的起跳模式早已不是经典了。冲跳、单脚起跳使战术空间更为广阔。

3. 跳发球技术的多样化

跳起大力发球的球速很快,但只依靠单纯大力跳发已不再流行。跳发平飘、轻飘,跳发侧旋、下旋,轻发落点或发组合性能球等技战术已逐渐流行。

4. 高防守技术和脚踢球技术

由于移动速度跟不上球速,且上手击球动作的广泛运用,低重心取位靠后的防守动作被取位靠前重心升高、以身体面积封堵扣球角度的防守技术替代。脚踢球技术已由无意识的偶然运用向有意识运用发展,多在拦网后保护、防守补位和追救高远球时使用。

5. 垫击二传技术

远网冲跳扣球增大了可扣球空间和适应能力,对二传球的落点要求放松了,因此垫击二传球有抬头趋势,甚至出现了垫传战术球的技术。

6. 近网和快节奏的后排扣球技术

后快球由原先的距网 2 米左右向距网 1 米左右处推进,成为后近体快球。此外,单脚冲跳扣球也缩短了后排扣球与球网的距离。在快球掩护下的后排第二球以及强攻球的弧度均有降低的趋势,加快了进攻的节奏。

7. 单手拦网技术

有意识地使用单手屈腕拦网,增加了拦击高度和伸过球网的距离,提高了攻击性。

1.3.2.2 战术

1. 多中心的快攻战术

由于后近体快球的运用,使前后排交错掩护的立体进攻战术体系得以丰富和发展。以快球和快球掩护为中心的快攻战术,由原先的近体快、短平快两个中心,发展成为近体快、短平快、后近体快三个中心,极大地丰富了战术的变化和组合。

2. 发展与变化的防守战术

1)压缩防守战术

与位置拖后的扩大防守相反,防守队员在预判时向前场压缩,以小角度封堵扣球路线。防守中上手击球的大量运用,使封堵落点靠后的长线球成为可能。

2)密集防守战术

这是根据对方扣球技术的特点进行主动防守的战术形式。由 2~3 人集体拦网,封堵对方的主要扣球路线或区域,放开另一条线,由后排集中兵力(2 或 3 人)蹲堵,只留 1 人在拦网的堵拦区内机动保护。

3)三角防守阵形

当对方进攻速度快、进攻点变化多时,多形成一对一拦网,不拦网的前排队员也来不及撤下。此时后排采用三角形防守阵形,而且根据对方特点可采用正三角或倒三角站位,也可以有浅三角和深三角的站位变化。

4)防守阵形中的进攻因素

由于后排进攻在防守反击中的普遍运用,在防守阵形的位置安排中,不仅仅考虑到防守能力的侧重,而且考虑到后攻力量的发挥。在防守中后排队员还根据预设的后攻战术来变换防守位置。

1.3.2.3 12 人排球思想和换人战术

全攻全守的打法发挥了比赛场上 6 个人的最大潜力,而排球技术的专门化和个性化构成了12人排球的基础。利用每一个队员的特长,形成围绕每一个队员的特色战术系统,使每一个队员登场后,便会有一套独特的战术打法。这样利用换人战术,充分调动12个人的潜力,形成12人排球思想。

1.3.2.4 教学训练发展态势

1. 教学

现代社会和科学技术的发展以及由此引起的教育思想转变,推动着教学理论和教学方法的革新。近年来,排球运动教学改革研究的主要动向如下:

(1)教学目标由原先的单纯追求"三基"向"全面培养学生能力"的"素质教育"转变。

(2)教学模式由原先单一的以教师传授为主导的系统教学模式向"程序教学"、"范例教学"、"掌握教学"、"发现教学"等多种模式发展。教学方法出现了"图示法"、"讨论法"、"条件控制法"、"组集诱导法"、"目标引导法"等。

(3)教学研究过去多集中在以教师为中心的"教法"研究上。现在开始注意到以学生为中心的"学法"研究上,摸索"教"与"学"两个方面的教学规律。

(4)培养排球专项能力的教学与以健身为目的的教学的分化。

2. 训练

以下主要介绍当今欧美较为流行的一些训练思想与训练方法。

1)提倡逆向思维

"总结、继承与发扬"是我们习惯的思维定式,而"批判与否定自己"是鲜见的。欧美教练提倡打破自己原有的思维定式框架。他们认为一成不变地看问题会出现错误,应该经常地变换立场,变换角度地看问题。审慎、批判地对待自己的思维方式和训练手段,有助于打破常规和有新的突破。

2)发挥教练员的主导作用

将教练员作为队员的对立面来进行训练,是20世纪60年代大松博文的典型训练思想之一。而欧美教练员的主导作用的体现是设计训练方法,以调动队员的积极性和建立队员之间的对抗。

3)重视教练员与队员之间的关系

欧美教练极为重视教练员与队员之间相互尊重信任、民主友好的关系。他们尊重和调动队员的积极性,启发队员的主动精神,反对家长命令和处罚式的教学关系,尽可能地让队员参加训练和管理工作。在训练过程中强调进行积极评价和反馈,反馈以表扬鼓励为主,尽量不当众批评。

4)以科学研究指导训练,以先进设备指挥比赛

球队中聘请心理学、生物学、生理学、运动医学以及计算机专家参与训练决策。运用现代科技手段和科学研究(简称科研,余同)成果指导训练。运用便携式计算机、录像机和无线电通话设施指挥比赛。

5)讲求训练实施

训练中不追求延长训练时间,不浪费一分一秒,注重训练质量。练习尽可能接近实战,少做分解练习,少做单纯的技术训练,多做对抗练习,以对抗提高训练强度和密度,在对抗中解决技战术问题。

6)注重反攻训练和防守训练

反攻是主要得分环节之一,因此要注重反攻训练。防守是反攻的基础,教练员在训练防守时,不仅要求运动员提高防守能力,更重要的是要他们学会怎样预判。

1.3.2.5 排球运动心理训练发展态势

现代排球的高运动水平和竞技对抗逐渐接近人体生理和心理能力的极限,教练员和运动员没有良好的心理品质是不能胜任高水平比赛的。心理训练已越来越被人们所重视和广泛运用。当前,心理训练发展态势主要表现为如下几个方面:

(1)对教练员自身心理素质的提高与重视。

(2)教练员重视心理学知识的学习。

(3)聘请心理学专家担任顾问或参与训练。

(4)以运动员心理的健康为最高目标进行心理训练。

(5)将心理训练融入整个训练过程之中。

1.3.2.6 排球运动体能训练发展态势

现代排球的高运动水平和竞技对抗,对运动员体能提出了更高的要求。世界各国教练员极重视运动员的体能训练。当前,世界排球强队在体能训练上多采用如下办法:

(1)聘请体能训练专家进行训练。

(2)训练指标及训练过程由计算机管理。

(3)多采用非田径式的体能训练方法。

(4)多在排球场地上进行体能训练。

1.3.2.7 排球运动科学研究态势

现代科学技术的飞跃发展,必然要深入社会的各个领域。排球运动科学研究的发展,也必然会借助现代科学技术的新成果、新概念,其研究的深度、广度以及与其他学科的紧密结合,必然也会引起科研成果的丰收。

目前,排球运动科学研究的主要动向是:

(1)电子计算机技术的应用研究,如落点统计、技战术的人工模拟、训练的控制管理、人才库、数据库等。

(2)排球技术动作的生物力学研究,如跳发球技术、冲跳技术以及对球运行轨迹的研究等。

(3)系统理论的应用研究,如训练的程序化、模式化、系统管理、优化训练、优化教学等。

(4)测量与评价,如选材、身体素质的测试与综合评价、训练手段的优化组合、竞技能力的综合分析与评价等。

(5)排球运动员的生理特点研究,如供能特点、最大吸氧量、肌纤维类型等。

(6)排球运动员的个性心理特征研究,如量化分析、心理训练等。

(7)青少年运动员的选材与培养研究。

(8)营养与恢复的研究。

(9)规则与裁判法的研究。

(10)场地器材的研究。

(11)有关职业化的研究。

(12)娱乐排球多种形式的研究。

第二部分　排球运动的体能训练及素质训练

排球运动所需要的身体素质与其他运动项目一样有其专项特性，因此排球运动的体能训练是根据排球运动的特点，采用专门的训练方法和手段，有效地发展适合排球运动所需的各种特殊的身体能力。

2.1　排球运动的体能训练

2.1.1　体能训练的基础知识

2.1.1.1　技术与体能

技术是指在比赛规则允许的条件下所采用的各种合理击球动作和配合动作的总称。技术全面是指运动员必须加强基本功和基本技术练习，全面掌握各种攻防技术，尤其是位置轮转所需的全面技术，力求做到能攻善守、攻守兼备。

体能是指人体各器官系统的机能在体育活动中表现出来的能力，包括力量、速度、灵敏性、耐力和柔韧性等基本的身体素质，以及人体的形态和基本的活动能力（如走、跑、跳、投掷、攀爬等）。

2.1.1.2　运动强度、运动密度与运动量

在教学训练过程中，负荷量的大小对练习效果有重要的影响，弱负荷的刺激不能引起身体机能的变化，过强的负荷则超过人体的适应能力，会有损于健康。

运动强度是指单位时间内所做的功。

运动密度是指每一次锻炼中运动与运动之间间隔的次数和时间的长短。

运动量是指练习所给予人体的生理负荷量，是运动强度、运动时间和运动密度三个部分的总和。

在教学练习实践中，运动的密度、强度与运动量的变化呈正相关，但运动的密度和强度并不是规律性地变化的。有时练习的密度大，运动强度却不大，如排球练习中的对传练习；有时练习的密度小，运动的强度却比较大，如排球练习中的扣球练习。但也有密度大强度也大的情况，如排球的连续打防练习等。因此，在安排教学训练时应注意各种影响因素。

2.1.2　一般体能训练

一般体能训练是指根据专项体能的需要，在运动训练中以各种身体训练的形式、训练方法和训练手段，来全面提高运动员的基础运动素质，增强各器官系统的一般机能和改善身体形态，掌握一般体能训练的理论与实践知识，为运动员专项体能最大限度地提高，打好多方面的基础。

2.1.2.1　发展力量的基本训练方法

1. 极限训练法(为了加大肌肉块和增强肌肉)

进行重复次数多、速度较慢、负重量为最大重量的 50% ~70% 的练习,做到极度疲劳为止。

2. 大负重练习法

以运动员所能举起的最大重量的 80% ~90% 的负重进行的多次练习。例如,运动员能肩负 100 公斤(1 公斤 =1 千克,余同)的最大重量蹲起,100 公斤的 90% 为 90 公斤。负这样的重量下蹲,每组到疲劳为止。组间休息 4 ~5 分钟,一次练习 5 ~8 组。

3. 重复练习法

以极限速度多次克服非极限的阻力(以最快速度完成的非极限负重练习)。重复次数为 20 ~30 次,组间休息 2 ~4 分钟,一次练习 6 ~8 组。

4. 循环练习法

循环练习法特点是依次通过几个"站",在各站上完成具有一定练习作用的练习。从练习的目的来看,循环练习是与技术练习相结合的力量练习——速度力量练习。如图 2-1 所示,第一站发展腿肌,第二站发展肩带肌,第三站发展腿部和躯干肌,等等。

发展力量的练习必须与放松练习相交替。负大重量的练习应间隔 1 ~2 天进行。

力量素质又可分为最大力量、速度力量、力量耐力三种类型。

发展肌肉力量的生理过程为:刺激—反应—适应—增加刺激—反应—适应—增长力量。

排球运动员力量训练有动力性、静力性、等动练习,应以动力性练习为主要形式。

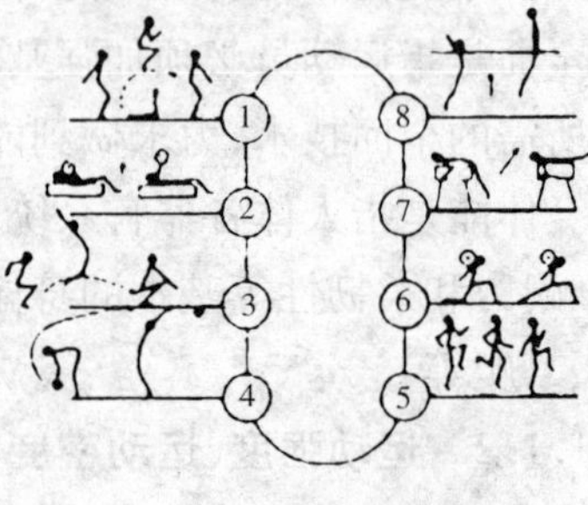

图 2-1　循环练习法

2.1.2.2　发展速度的基本训练方法

1. 游戏法和比赛法

在比赛条件下以极限的动作速度和移动速度完成练习。分组完成练习可提高这一方法的效果,如图 2-2 所示。

2. 变速法

大强度(进行 10 ~15 秒)的动作与小强度(15 秒以上)的动作有节奏地交替进行。

3. 重复法

以最快速度重复进行练习 10 ~15 秒,每次间隔 1 分钟以内。

图 2-2　拉网捕鱼游戏

速度能力是指运动员完成运动动作的快慢。速度能力由三个部分组成:第一部分是简单和复杂的动作反应速度,即动作的反应潜伏时间;第二部分是单个动作的速度,即在无外部阻力的条件下完成动作所需要的时间;第三部分是动作频率,即单位时间内完成动作的数量。

2.1.2.3　发展耐力的基本训练方法

1. 匀速练习法

匀速练习法的实质是,在脉搏为 150 次每分的条件下,以比较均匀的中等速度进行长时间的练习(20 分钟以上)。越野跑、滑雪、游泳等都是这种练习形式。

2. 重复变速练习法

重复变速练习法的特点是有计划地加快练习的速度,致使产生“氧债”(短时间的),而这些“氧债”应待以后用中等速度进行练习和随意休息时加以消除。提高练习强度之前,应在脉搏为 140 ~160 次每分的条件下进行练习,而在提高强度后,应在脉搏为 180 次每分的条件下进行练习。例如,发展一般耐力可采用:2 千米跑(每跑 300 米后加速跑 30 ~50 米)、500 米游泳(每游 90 米后加速游 10 ~15 米)、两名运动员进行接发球练习 20 分钟(每练习 2 分钟后进行穿梭跑 30 米)。

3. 循环练习法

依次进行发展力量、速度、灵敏性的练习,可采用不同的结合法。

4. 比赛法

比赛法减少队员配备(3 ×3、4 ×4、4 ×3、5 ×3 等),能控制时间间歇,提高进攻和防守中的小组配合和全队配合,有助于发展耐力,如图 2-3 所示。

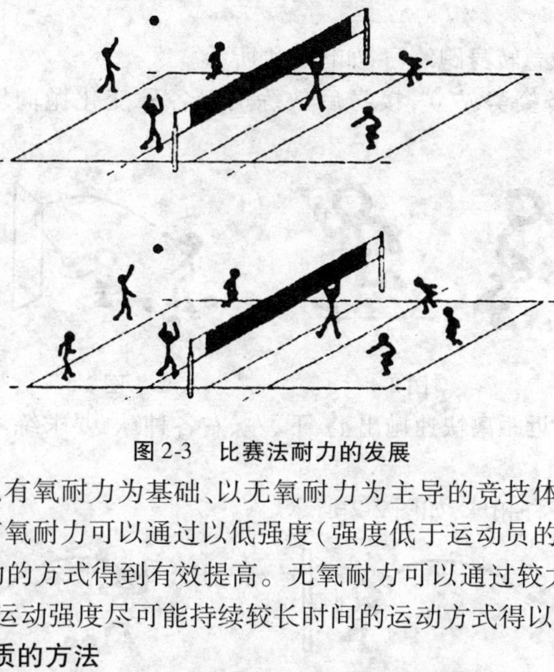

图 2-3 比赛法耐力的发展

排球运动是一种以有氧耐力为基础、以无氧耐力为主导的竞技体育项目。耐力分为有氧耐力和无氧耐力。有氧耐力可以通过以低强度(强度低于运动员的糖无氧酵解供能的无氧阈)、长时间持续运动的方式得到有效提高。无氧耐力可以通过较大强度(供能方式以无氧供能为主)或不降低运动强度尽可能持续较长时间的运动方式得以提高。

2.1.2.4 发展灵敏素质的方法

发展灵敏素质应逐渐地由简入繁,既要掌握向左的练习,又要掌握向右的练习,要在双人练习和分组练习中加强运动员的对抗性。灵敏素质练习要求运动员注意力很集中,动作准确和快速。因此,最好把这些练习安排在练习课的前半部,在运动员注意力集中的时候进行。

为了发展灵敏素质,一般采用能让运动员借助机智和快速动作解决突变局面的各种练习。球类运动(篮球、足球、手球等)的活动性游戏、器械操练习、技巧运动、能克服障碍的个别田径运动项目(跨栏跑)最符合这类练习的要求。在不习惯的条件下或不平常的姿势下进行的排球基本练习也有助于发展灵敏素质。

2.1.2.5 发展柔韧素质的方法

运动员有机体的柔韧素质是指人体各关节的活动幅度和肌肉、韧带的伸展能力,直接影响着技术动作的节奏感、协调性、动作幅度和完成技术动作的效能。在一堂练习课的准备部分一般采用主动、被动的静力拉和牵拉练习，使运动员各相应部位完全活动开，以避免在练习时肌肉韧带拉伤。在大运动量负荷专项练习之后，专门的动力性或静力性柔韧练习，可以使挛缩的肌肉放松，保持肌肉的弹性。

有弹性的伸展练习可发展柔韧素质，但练习组数及次数不宜多（每组练习重复 10 ~ 15 次），动作速度和幅度逐渐加大。组间休息做一些放松练习。发展柔韧素质的主要手段是小重量的负重练习、双人练习、器械操练习、一般发展练习与排球技术动作相近的练习。

2.1.3　排球专项体能训练

排球专项体能训练是指以专项运动动作或与专项运动动作在特点上相似的运动动作为训练形式，采用各种训练方法和手段，提高专项技战术所需要的专项运动素质、机体各器官系统的专项机能，形成专项身体形态、掌握专项体能训练的理论与实践知识。它能最大限度地提高运动员的专项运动成绩。

2.1.3.1　**移动的练习**

（1）看手势信号做急转身跑练习，如图 2-4 所示。

（2）距墙 2 米准备姿势站立，接身后教练员以各种变化抛向墙体的反弹球练习，如图 2-5 所示。

图 2-4

图 2-5

（3）守门员练习，近距离快速抛出上、下、左、右各种球，要求练习者将球挡出，如图 2-6 所示。

（4）接近距离的各种扣球，如图 2-7 所示。

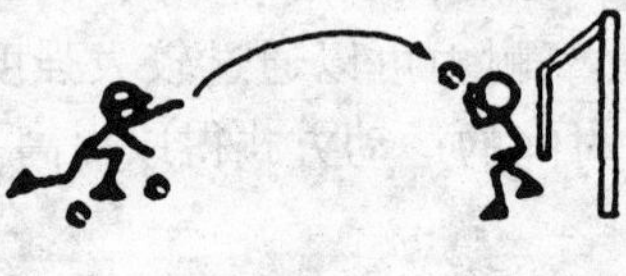

图 2-6

图 2-7

（5）隔幕布接各种抛球，如图 2-8 所示。

（6）滑步移动练习，要求步幅小、频率快，如图 2-9 所示。

图 2-8

图 2-9

（7）交叉步移动练习，如图 2-10 所示。

(8)向一侧晃动变向做滚翻或鱼跃,如图 2-11 所示。

图 2-10

图 2-11

(9)36 米移动,如图 2-12 所示。

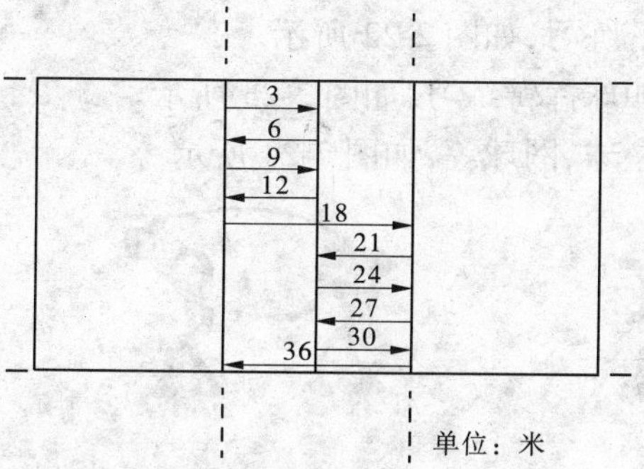

图 2-12

(10)快速冲刺 30 米、60 米、100 米。

2.1.3.2　弹跳力的练习

(1)连续深蹲蛙跳,如图 2-13 所示。

(2)连续跳起空中收腹,如图 2-14 所示。

(3)跳起单手交替摸篮圈,连续进行,如图 2-15 所示。

图 2-13

图 2-14

图 2-15

(4)负砂衣连续直腿跳、半蹲跳、深蹲跳,如图 2-16 所示。

(5)双脚起跳连续过栏架,如图 2-17 所示。

(6)跳台阶练习,如图 2-18 所示。

图 2-16

图 2-17

图 2-18

(7)负杠铃全蹲、半蹲练习,如图 2-19 所示。

(8)两腿分立于凳上,手提壶铃蹲跳练习,如图 2-20 所示。

(9)负杠铃提踵练习,如图 2-21 所示。

图 2-19

图 2-20

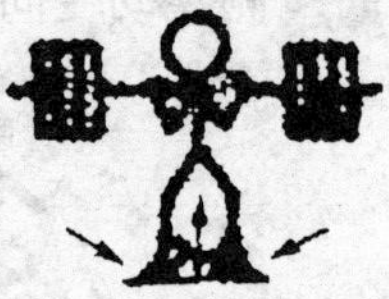

图 2-21

2.1.3.3　**挥臂用力的练习**

(1)徒手连续快速挥臂练习,如图 2-22 所示。

(2)手持轻杠铃片做扣球挥臂练习,如图 2-23 所示。

(3)用扣球手对墙掷垒球、网球等,如图 2-24 所示。

图 2-22

图 2-23

图 2-24

(4)徒手用扣球手法挥臂抽击高点的树叶,如图 2-25 所示。

(5)用橡皮筋带辅助练习挥臂扣球的爆发力,如图 2-26 所示。

(6)持小哑铃或杠铃杆连续做屈腕动作,如图 2-27 所示。

图 2-25

图 2-26

图 2-27

(7)杠铃卧推练习,如图 2-28 所示。

(8)杠铃连续向斜上方快速推举练习,如图 2-29 所示。

图 2-28

图 2-29

2.1.3.4　**腰腹部的练习**

(1)垫上仰卧起坐练习,如图 2-30 所示。

(2)背肌练习,如图 2-31 所示。

(3)斜板仰卧起坐练习,如图 2-32 所示。

图 2-30

图 2-31

图 2-32

(4)肩负杠铃做左、右转体练习,如图 2-33 所示。

(5)双手持杠铃片做体绕环练习,如图 2-34 所示。

(6)在攀登架上做举腿绕环练习,如图 2-35 所示。

图 2-33

图 2-34

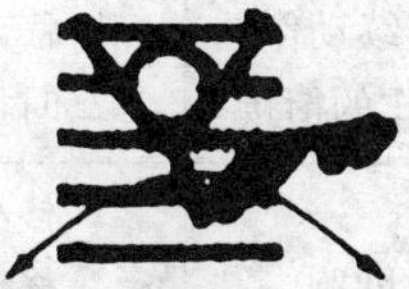

图 2-35

2.2 排球运动身体素质的训练

2.2.1 排球技术与身体素质

技术是指人体在运动过程中完成专门动作的能力,这种能力包括在大脑皮质主导下对不同肌肉群的协调能力,即在一定的时间内正确完成使用肌肉的能力,这就需要按一定次序,在稳定的空间和时间内去合理运用力量和速度。

从表 2-1 可以看出,排球技术的发展和提高,要求学习者具有良好的身体素质。可以说,身体素质是运动技术的基础,但随着运动技术水平的提高,身体素质也会得到发展。身体素质的提高又为进一步提高运动技术打下了良好的基础。所以,排球运动技术与身体素质的关系是相辅相成、相互促进、相互影响的。

表 2-1　排球技术与身体素质的关系

排球技术	技术因素	身体素质
准备姿势	准备姿势	1. 小腿屈肌肌群用力(保持屈踝关节状态); 2. 大腿屈肌肌群用力(保持屈膝状态); 3. 臀大肌等用力(保持屈髋状态); 4. 深层背部肌群用力(保持上体前倾状态); 5. 放松能力
移动	反应动作	在场上反应接球动作——速度素质和灵敏素质
	移动步法	1. 移动速度(前、后、左、右变向移动)——灵敏素质; 2. 小腿屈肌肌群用力(踝关节蹬伸)、大腿伸肌肌群用力(膝关节伸展)、臀大肌等用力(腰部伸展)——爆发力,肌肉耐力; 3. 踝关节屈伸——柔韧素质

续表 2-1

排球技术	技术因素	身体素质
传球垫球	击球用力	1. 手部肌群用力(手指屈伸)、前臂屈肌肌群用力(手腕抖动)、大臂伸肌肌群用力(肘关节伸展)、浅层背部肌群用力(抬臂)、深层背部肌群用力(抬起上体)、胸部肌群用力(保持抬臂姿势)、腹部肌群用力(保持上体前倾),大腿伸肌肌群用力(膝关节伸展)、小腿屈肌肌群用力(踝关节蹬伸)——爆发力; 2. 垫球时压腕、肩关节伸展、上体后仰、上体扭转、髋关节屈伸和跨步、踝关节屈伸——柔韧素质
	连续动作(动作的衔接)	1. 移动速度(前、后、左、右变向移动)、反应速度(滚动、前扑、鱼跃等); 2. 时机节奏,放松能力——协调素质
扣球拦网	助跑	1. 移动速度——速度素质; 2. 移动步法——灵敏素质; 3. 时机节奏,放松能力——协调素质
	起跳	1. 大腿伸肌肌群用力(膝关节伸展),小腿屈肌肌群用力(踝关节蹬伸),臀大肌等用力(腰部伸展),腹部肌群用力(控制腰部),深层背部肌群用力(上体抬起),背阔肌等用力(手臂后摆),三角肌、斜方肌等用力(手臂后摆)——爆发力; 2. 手臂后摆,上体后仰——柔韧素质
	空中击球	1. 三角肌、斜方肌用力(手臂上摆),深层背部肌群用力(上体转动后仰),腹部肌群用力(上体转屈),胸大肌、背阔肌等用力(手臂摆动),大臂伸肌肌群用力(肘关节伸展),前臂屈肌肌群用力(手腕甩动),手部肌群用力(手指屈伸)——爆发力; 2. 时机节奏,放松能力——协调素质; 3. 肩关节伸展、上体后仰、上体转动、手腕屈伸——柔韧素质
	落地后的连续动作	1. 落地后的连续动作的反应——速度素质、灵敏素质; 2. 落地后的脚步移动——灵敏素质
发球	抛球	对球的控制能力——协调素质
	击球	1. 三角肌、斜方肌、肩胛肌、胸大肌、背阔肌等用力(手臂摆动),深层背部肌群用力(上体转动),腰部肌群用力(上体转屈),大臂伸肌肌群用力(屈肘关节),前臂屈肌肌群用力(手腕甩动)——爆发力; 2. 时机节奏,放松能力——协调素质; 3. 上体转动后仰,肩关节伸展——柔韧素质
	击球后的连续动作	移动速度——灵敏素质
比赛		除上述各项素质外,连续动作能力非常重要——耐力素质

人的身体素质可以分为多种,它们都与排球技术有着密切的关系,但是从排球技术形成的专项身体素质来看,力量素质、速度素质、柔韧素质、耐力素质、灵敏素质、协调素质、弹跳素质与排球技术的关系更加紧密。

2.2.2　排球技术与力量素质

2.2.2.1　力量素质概述

力量是指运动过程中肌肉活动时克服阻力的能力。肌肉收缩是人体运动的动力，在中枢系统的统一调节下，肌肉活动是人体运动的核心，体内其他器官系统的活动，都是起保证肌肉工作的作用。在练习任何动作技术时，都需要克服一定的阻力（如重力、摩擦力等），所以，对排球运动项目来说，力量素质是最基本的身体素质，如扣球、大力跳发球等。力量素质的发展水平更是起着决定性的作用。因此，在排球技术的发展与提高过程中，力量素质的提高是不可或缺的。

2.2.2.2　力量素质的种类

1. 力量素质的表现形式

力量素质的表现形式是多方面的，一般包括最大力量（单纯力量、绝对力量）、速度力量（爆发力）、耐久力量（力量耐力）等。

1）最大力量

最大力量是指完成某一动作（练习）时，各相关肌群协力所能克服的最大负荷的能力。最大力量专注于使肌肉产生最大张力，从这个角度看，也可称为单纯力量。

2）速度力量

力量和速度的结合即速度力量。它不仅要求发挥尽可能大的肌张力，而且要求在短时间内快速收缩，使之达到最大功率输出，使负荷以最大加速度移动，即人们通常所说的爆发力。

3）耐久力量

耐久力量是指力量与耐力的结合，即维持自身一定力量水平上的持续工作的能力。

2. 静力性力量和动力性力量

根据肌肉收缩的机械特征，力量可以划分为静力性力量和动力性力量。

1）静力性力量

静力性力量是指肌肉收缩时产生的力量，可以是完成某些静止不动的用力动作，或在整个动作过程中肢体不产生明显位移的力量，又叫做等长力量。任何运动都是从某一定姿势开始的，而姿势的维持依赖等长收缩使关节固定，如排球运动中的准备姿势。

2）动力性力量

动力性力量是指肌肉收缩或拉长时，使身体或身体某部分产生位移或推动别的物体产生运动的力量，又叫做等张力量。

3. 绝对力量和相对力量

按照体重和力量的关系，可将力量划分为绝对力量和相对力量。

1）绝对力量

绝对力量是指用最大力量所能克服最大阻力的能力，如举重、投掷等与特定动作联系在一起所表现出来的力量。

2）相对力量

相对力量是指每千克体重所表现出来的力量，主要反映运动员某一特定动作的绝对力量与体重之比（绝对力量/体重 = 相对力量）。相对力量对克服体重的运动项目如跑、跳跃是特别重要的。如果绝对力量不变或变化很小,但增加体重,那么相对力量就会变小。为有效地增加相对力量,可从两方面入手:首先,要在训练中控制体重的增加;其次,主要从改善功能调节,而不是以增加肌肉质量来增大力量。

认识和熟悉按不同标准区分的各种力量形态,是在训练中正确选择训练手段(练习)的基础,是教练员必备的基本功。

2.2.2.3 影响力量素质的因素

力量素质的提高和发展是以人体肌肉的形态、结构机能、生理生化机制的改变为基础,是以神经中枢的兴奋和抑制过程的强度与集中以及相适应的神经元过程充分协调为前提而建立起来的各种用力动作的条件反射的结果。也就是说,一个人肌肉力量的大小要受到与其生长发育水平、性别、体型、肌肉自身结构特征以及生理生化和训练方面的各种各样因素制约。因此,了解上述因素对力量素质的不同影响,对于力量素质训练的效果有着密切的关系。

1. 与人体生长发育有关的因素

1)性别

按一般规律,男子的力量通常比女子要大,这主要是由于肌肉大小的差异所致。例如,一般成年男子肌肉重量占体重的40% ~45%,而女子则占35%。科学研究证明,女子的力量平均约是男子的2/3,但并非所有肌群均成此比例。若男性力量为100%,女性的前臂屈、伸肌群力量约为男性的55%,手指内收肌、小腿伸肌约为男性的65%,髋关节屈、伸肌,小腿屈肌,咀嚼肌约为男性的80%。在力量训练的影响下,女子力量的增长和肌肉体积的增大都比男子的要慢。因为“肌肉肥大”主要受体内睾丸酮激素的调节,正常男子这种激素比正常女子的多,所以无论肌肉力量增加多少,女子的“肌肉肥大”总不如男子。

2)年龄

力量素质的发展有着明显的年龄特征,其生理机制是由肌肉发育与年龄决定的。一般规律是:10岁以前,随着人体的生长发育,无论男孩或女孩,力量一直缓慢而平稳地增长,而且两者区别不大。从11岁起,男、女孩的最大力量的差异开始显露,男孩增长稍快,而女孩增长缓慢。青春期过后,力量仍在增长,但其增长速率很低。女性达到最大力量约在20岁,男性约在25岁,而后随着年龄的增长,力量增长速率减退。

力量素质发展的敏感期是13~15岁,这时最大力量进入快速增长的第一个高峰期。这个年龄段力量的增长与体重的增长同步,最大力量增长快,但相对力量却增长不大。这时的肌肉向长度增长比向横度增长要快,因为此时也正是身高的快速增长期。16~17岁是最大力量快速增长的第二个高峰期。这时肌肉向横度增长的速度加快了,最大力量和相对力量增长均很快,这是发展力量素质的最重要时期。18~25岁,力量的增长变得缓慢。此后如不坚持锻炼,随着年龄的增长,力量将逐渐减小,然而如果坚持良好的训练,男子力量增长可达35岁左右。至于速度力量的“敏感期”还要早一些,男子在7~15岁、女子在7~13岁发展比较快,这与速度素质“敏感期”较早密切相关。

概括起来,青少年力量的增长有如下特点:快速力量先于最大力量,最大力量先于相对力量,长度肌肉力先于横度肌肉力,躯干肌肉力先于四肢肌肉力。

3)体型

多年实践证明,运动训练能影响人的体型,而体型也能影响人的运动能力。同样,体型的差异与力量的大小有着密切的关系。根据实践观察，体格健壮的粗壮型人由于肌肉较发达，因此表现的力量也较大；体型匀称的人力量次之，但这种体型的人一般比较精干，肌肉线条比较清晰，往往会具有比较好的速度力量；体型细长的人力量比较差；肥胖型的人看起来似乎最大力量应好，因为这种体型的人体重重，若从相对力量的角度看，则其力量水平就不高了。

不同体型的人其力量素质客观存在的差异，是不同运动项目选材时应该认真考虑的问题之一。

4)身高与体重

俗语讲"身大力不亏"，说明体重重的人往往力量大，体重轻的人则力量小些。当一名运动员的体重与其最大力量的比值不变时，则体重与最大力量成正比。也就是说，体重增长，则其最大力量也随之增长。然而，身高与力量的关系就比较复杂了，两者之间似乎必然联系不大。如果某人高又壮实，则力量也较大；若其高但细长，则力量就不会大。如果某人矮又粗壮，则力量也不会小；若其又矮又瘦，则力量会更小。所以，在体育运动项目选择中，常常把体重与身高联系起来考虑，用体重/身高(克/厘米)指数来衡量，即1厘米身高体重有多少。指数大，则力量一般也比较大。

5)睾丸酮激素

据科学研究证明，睾丸酮激素水平的高低与力量的大小也有密切的关系，睾丸酮激素水平高的人往往一般力量比较大。所以，有专家认为可以通过测定血液或尿中的睾丸酮激素水平来进行力量性项目的选材。

2.肌肉的形态、组织结构

人体的运动是在中枢神经系统调控下通过肌肉的收缩产生的力而完成的。因此，有目的地改善肌肉的形态、组织结构对发展力量素质具有重要意义。

1)白肌纤维在肌肉中的比例

肌肉力量的大小取决于不同类型肌纤维在肌肉中所占的比值。肌纤维类型通常分为白肌纤维(快肌纤维)、红肌纤维(慢肌纤维)和中间肌纤维三种。人体肌肉中，无论男性或女性，无论老、中、青、少皆含有白肌纤维和红肌纤维，只是两者的比例不同而已。竞技体育中，从事时间短、强度高的运动项目的运动员肌肉中含有较高的白肌纤维，而从事时间长、强度低的运动项目的耐力性运动员肌肉中则含有较高的红肌纤维。原因是，白肌纤维的无氧代谢能力比红肌纤维的强得多。虽然白肌纤维和红肌纤维均含有促使ATP－CP系统(磷酸原系统)快速作用的酶，但白肌纤维中酶的活性比红肌纤维中的大3倍。同样，白、红肌纤维均含有促使糖酵解的酶，但白肌纤维中此种酶的活性比红肌纤维中的高2倍以上。白肌纤维中支配其运动的神经元传导速度快，使白肌纤维达到最大张力的时间只需红肌纤维的1/3。所以，白肌纤维最适于做短距离、高强度的运动项目。红肌纤维的有氧代谢能力比白肌纤维的强。因为红肌纤维有氧氧化酶系统活性高，且其毛细血管的数量、线粒体的大小和体积、肌红蛋白的含量等均大于白肌纤维，能使人维持长时间工作不易疲劳，所以红肌纤维适合于强度小、工作时间长的耐力性运动项目。

人体肌肉中，红、白肌纤维的比例受遗传因素的影响，有的人白肌纤维比例大，有的人红肌纤维比例大。同一个人的不同部位肌肉的红、白肌纤维比例也不同。在不同负荷、不同动作速度进行运动的条件下，参加肌肉收缩的肌纤维类型也不同。一般规律是：在一定负荷强度下用较慢的速度完成动作，红肌纤维起主导作用；如快速完成动作，则是白肌纤维起主导作用。

综上所述，力量素质的表现主要由肌肉中白肌纤维数量的多少决定。白肌纤维比例高，则肌肉收缩力大。同时，肌纤维类型及肌纤维在肌肉中的比例也是不同运动项目选材的重要指标之一。

2）肌肉的生理横断面

肌肉的绝对肌力取决于该肌肉的生理横断面的大小。肌肉的生理横断面愈大，肌肉收缩时产生的力也愈大，两者接近正比例关系。肌肉的生理横断面为该肌所有肌纤维横断面的总和。肌肉横断面增大是由肌纤维增粗造成的。肌纤维的增粗表明肌纤维中的能源物质三磷酸腺苷（ATP）和磷酸肌酸（CP）增加，肌结缔组织增厚，肌糖原含量增多，毛细血管开放密度加大，肌凝蛋白质含量增多，从而提高了肌纤维的质量，大大提高了每根肌纤维的负力，进而提高了最大力量。

3）参与活动的肌纤维数量

每块肌肉是由许多纤维构成的。肌肉收缩时，并非所有的肌纤维都能被同时动员起来参与活动，动员参与活动的肌纤维数量越多，则收缩时产生的力越大。运动生理学揭示：由于遗传的作用，每个人肌肉中的肌纤维数目，红、白肌纤维比例，从出生 5 个月后就已确定，1 年后形成，以后随年龄增加，通过训练或其他科学方法，无法改变肌肉中的肌纤维数量及红、白肌纤维的比例，只能改变纤维形态及红、白肌纤维功能和参与活动的肌纤维数量。运动场上的新手最多只能动员 60% 左右肌纤维参与活动，而优秀运动员能动员 90% 左右的肌纤维参与活动，这与训练后中枢神经发出的神经冲动强度和频率加大有关。

4）肌肉的牵拉角度

肌肉收缩牵拉骨骼进行运动时，犹如在杠杆上运动。在整个活动中，随着杠杆的移动，肌肉在不同位置的不同角度上牵拉，其力量大小是不一样的。例如，当负重屈肘做弯举，肘关节角度在 115° ~120°时，肱二头肌张力最大，30°时张力最小。膝关节弯曲在 164°和 130°时腿的力量几乎表现一样，屈膝低于 130°时，腿的力量则下降。肌肉不同的牵拉角度对力量素质的影响及完成技术动作用力正确与否关系较为密切。这是进行技术分析、改进技术动作必须慎重考虑的问题之一。

5）肌肉收缩的形式

不同的肌肉收缩形式对肌肉力量的大小及其特点带来不同的影响。不同的运动项目各有不同的用力特点，因而也就需要不同特性的力量。不同特性的力量要用不同的发展力量素质的训练方法去发展，而不同的力量素质训练方法又是在肌肉不同的收缩形式的基础上形成的。肌肉收缩的主要形式如下。

（1）动力性向心克制性收缩。

动力性向心克制性收缩的特点是肌肉工作时，肌肉长度逐渐缩短。随着关节角度的变化，肌肉在缩短过程中张力也发生改变，如手持哑铃的弯举动作。无论何种运动项目，在发展运动员的力量素质时，掌握好发挥最大肌力的关节角度可以得到事半功倍的效果。动力性向心克制性收缩是力量训练的主要形式。

（2）动力性离心退让性收缩。

动力性离心退让性收缩的特点是肌肉收缩时，张力增加的同时肌肉的长度也增加。例如,负重肘关节,负重慢慢下蹲等,这时阻力是在运动过程中起作用的力。国内外许多学者研究认为,肌肉在做离心退让性收缩时可以产生更大的张力。实验证明,肌肉做离心退让性收缩时所产生的张力比同一肌肉做向心克制性收缩时所产生的张力大40%左右。

(3)静力性等长收缩。

静力性等长收缩的表现是肌肉的力在对抗固定的阻力时收缩形成的。特点是肌肉收缩时,其张力发生变化,但其长度基本不变,在整个动作过程中肢体不会产生明显位置移动。例如,体操中的平衡动作、倒立及摔跤中双方的僵持阶段、手持哑铃做侧举动作等。肌肉极限或次极限负荷的静力性收缩比动力性收缩能够动员更多的肌纤维参与工作,能有效发展最大力量和静力性耐力。

(4)等动性收缩。

"等动"就是"恒定"的意思。等动性收缩的特点是在整个关节活动范围内肌肉始终以某种张力收缩,而收缩速度始终恒定。由于肌肉等动收缩,如自由泳的划臂动作,肌肉的长度和张力都发生变化,因此它的优点是集等长收缩和等张收缩之所长,使练习者肌肉在各个关节角度上用力基本均等,且均具有足够刺激。

现在有目的地进行等动性收缩,一般皆利用特制的等动练习器,通过速度控制器的机械作用,以保证不管张力多大,肌肉收缩的速度始终保持恒定。同时,还可以保证肌肉在整个活动范围内达到理想的生理负荷(主观上尽量以最大力量为前提)。

3. 中枢神经系统的调节机能

大脑皮质具有相适应的神经兴奋和抑制过程,又具有最适宜的灵活性,从而积极动员了植物性神经系统和内分泌功能,能够协调肌肉在运动训练中发挥更大的功率,即神经过程强度越大、越集中,肌肉力量发挥越大。这也说明了中枢神经系统的机能状态是如何直接影响肌肉的力量。

1)神经过程的频率和强度

肌肉的收缩由神经传导电脉冲引起,一次脉冲可引起肌肉收缩一次。若在肌纤维还没有完全松弛时,新的脉冲信号又传来,就会出现肌肉的重叠收缩,能产生更大的力量。科学的训练促使练习者中枢神经系统传出的神经冲动频率高、强度大。在同一时间里,动员肌肉内越多的运动单位进行收缩,产生的力量就越大。参加比赛的运动员由于兴奋性高而且兴奋的程度集中,神经过程的强度也比平时大得多,因此一般皆比平时训练能发挥出更大的力量。当发生意外事件,如失火时,人由于高度的神经冲动,往往能搬起平时无法搬动的重物,从而表现出惊人的力量。

2)神经中枢对肌肉活动的支配和调解能力

体育运动中,完成一个最简单的动作也需要许多块肌肉共同来实现。不同的肌肉群是由不同的神经中枢所支配而进行工作的。不同神经中枢之间的协调关系得到改善,就可以提高主动肌同对抗肌、协同肌、固定肌之间的协调能力,使上述肌肉群在参加工作(完成某一动作)时能各守其职、协调一致,尤其是对抗肌肉神经中枢处于抑制,对抗肌保持放松状态,减小了其产生的阻力,保证主动肌、协同肌群发挥更大的收缩力量。

有专家研究证明,肌肉收缩的最佳效果不是由于肌肉,而是由于神经冲动的合理频率的提高,促进运动员的情绪高涨(兴奋性提高),从而引起调动肌肉工作能力的较多肾上腺素、去甲肾上腺素、乙酰胆碱及其生理活性物质的释放,使力量增大。因此,中枢神经系统的机能状态可以直接影响肌肉的力量,并对力量素质的发展和发挥起极为重要的作用。在完成某一技术动作时,若中枢神经系统传出的神经冲动频率高、强度大,则肌肉所产生的力量就大。

4. 营养系统的供能能力

肌肉工作时营养的供应直接影响到肌肉力量的发挥。最大力量的增长、速度力量的提高、力量耐力的持久将取决于 ATP - CP 供能系统、糖酵解供能系统、有氧供能系统的供能能力,即无氧非乳酸性供能、无氧乳酸性供能、有氧供能。

根据运动生物化学理论可知,ATP 是肌肉收缩的直接能源。CP 供能、糖的无氧供能、糖的有氧及脂肪的有氧供能,都必须以 ATP 的形式供肌肉收缩。当人体激烈活动时,肌肉中的 ATP 首先能起发动作用,促使 CP 同步分解再合成 ATP 供能。与此同时,磷酸立即参与糖的无氧酵解,产生 ATP,以补充肌肉中的 ATP 浓度。当 ATP - CP 系统供能接近生理允许的极限消耗时间(5.66 ~5.932 秒)时,开始启用无氧糖酵解提供的 ATP 与 ATP - CP 系统消耗的能力共同供能,直至糖的无氧酵解供能占优势,但此时运动强度下降。

极限运动 8 秒后,开始糖的有氧慢酵解生成丙酮酸进入三羧循环氧化生成 ATP,以补充肌肉中 ATP 的浓度。当运动 30 秒左右时,由于糖的无氧酵解被抑制,迫使运动强度降低(即每秒每千克肌肉消耗的 ATP 数量减少),乳酸作为有氧供能的衔接能源供能。随着运动时间的延长,糖的有氧供能及脂肪的有氧供能可维持肌肉长时间的活动。

对发展力量素质来说,无氧非乳酸性供能最为重要。因为在较短时间内的力量增长,以较快的速度完成技术动作效果最佳。进行力量练习时,还应注意动员白肌纤维参加工作,因为白肌纤维中 CP 含量较高。由于进行力量练习时肌肉活动的强度很大,工作时间很短,又常伴有憋气,特别是静力练习时肌肉持续紧张,血管被挤压,血液流动不畅通,往往造成缺氧。在这种情况下,肌肉收缩的能量供应主要依靠能源物质的无氧分解,其表现特征是磷酸肌酸大量消耗,肌糖原生成乳酸,血液中乳酸也升高。因此,若发展力量素质,必须提高肌肉的无氧代谢能力。

5. 心理因素

人体运动中由于心理障碍造成神经过程处于抑制状态,以致不能充分发挥出最大肌肉力量,如不愉快的运动经历、对运动损伤的恐惧、成功信心的缺乏、焦虑和紧张等都会引起神经系统对肌肉调节功能的减弱。因此,有目的、有意识地培养人学会自我情绪调节,善于集中自己的注意力,具有临危不惧的顽强意志等是发展力量素质极为重要的心理条件。优秀运动员在比赛前通过"意识集中"、"心理准备"或各种"自我暗示",使人的机体各系统同步进入紧急工作状态,解除抑制,在完成的各种技术动作中可发挥出极限的肌肉力量。

心理因素是影响力量发挥的重要因素之一,已引起教练员和体育科研人员的注意。如何克服消极心理因素,尽快进行心理调节,促进训练水平的提高,是体育运动训练的新课题。

6. 训练因素

运动训练中的许多因素(如负荷强度、动作速度、动作幅度、练习的组数、每组练习重复的次数、每组练习的间歇时间等)都会对力量的大小和特性产生很大的影响。

1)负荷强度与重复次数

多年的运动实践证明,练习时若负荷重量大,重复次数少,则发展最大力量的效果较好,尤其肌肉群受到超负荷练习后,力量素质会得到有效的发展;若重量与次数皆适中,则增大肌肉体积较显著;若重量小,重复次数多,则主要发展肌肉耐力。

每组练习的间歇时间较长,使机体消耗的能量得到恢复再进行下一组练习,那么发展力量的效果就好;反之,机体生理、生化等指标均下降,在疲劳状态下仍进行力量练习,肌肉力量的发挥也呈下降趋势。

2)动作速度

练习时,完成技术动作速度的快慢对发展力量的特性带来重要的影响。例如,练习时尽量加快动作的速度,尤其是单个动作速度,能有效地发展爆发力;练习时既注意加快单个动作速度,也注意加快动作的频率(重复若干次数),能发展一般速度力量。一般对动作的速度不作过多要求,若强调每次练习的负荷量或次数,能发展最大力量或速度力量。

3)以肌肉收缩形式为基础的不同训练方法

以等张的离心或向心、等长、等动等不同的肌肉收缩形式为基础的不同的训练方法对力量的大小或特性将产生巨大的影响。等长收缩的静力性练习主要能提高静止性用力的力量,等张收缩的动力性练习能明显提高肌肉的爆发性力量和灵活性。

4)原有的训练基础

训练基础较差者开始训练后,力量会增长得很快,而训练基础好的人,力量增长速度就比较慢了,如果停止力量训练,增长的力量就会逐渐消退。力量的消退速度大约为提高速度的1/3。也就是说,力量提高得快,停止训练后消退得也快。经过长时间训练逐渐提高的力量,停止训练后,保持的时间也长。有的专家研究,只要每6周进行一次力量训练,就可延缓力量的消退速度。如果每1~2周进行一次最大力量训练,则基本可以保持所获得的力量。

7.其他因素

1)营养物质的补充

补充必要的营养物质对力量的增长有着明显的影响,其中最重要的是蛋白质。构成肌肉组织的主要成分是蛋白质,从事力量训练的人必须比发展其他身体素质补充更多的蛋白质,才能保证正常的新陈代谢,特别是合成代谢的需要,而且这种补充不能单纯地依靠天然食品来完成,而是需要补充蛋白质制剂,甚至直接补充氨基酸。

人体中的许多矿物质对机体的生命活动起重要作用,其中对肌肉力量影响最大的是钾和钠。钾的作用是使肌肉收缩,而钠的作用是使肌肉放松。缺钠可引起食欲不振、体重下降、血压降低、力量减弱、肌肉痉挛,等等。所以,运动员在夏天大量排汗后饮水时应补充食盐。缺钾会影响蛋白质的合成,使肌肉的正常活动受限制。严重缺钾者,骨骼肌的收缩功能会丧失。钾对肌肉收缩具有极为重要的作用。因此,如何合理地、科学地摄取和补充钾、钠是进行力量训练时应引起重视的问题。

2)温度

运动时体温的适宜升高可提高人体中枢神经系统的兴奋性,加强呼吸、血液循环机能,降低肌肉的黏滞性,加快收缩和放松的化学反应,加大关节的活动范围,从而有助于肌肉收缩力量和收缩速度的发挥。希尔早在20世纪50年代就发现,体温升高2 ℃力量就有提高。格罗兹研究发现,手臂浸在50 ℃的热水中8分钟,力量也有提高。温度对力量和其他身体素质的良好作用是显而易见的。运动员在训练和比赛之前要做好充分的准备活动,其目的之一就是使身体发热,较快地提高运动能力。

此外,气味、声音、血型、生物节律等对力量的发挥也有一定的作用。例如,举重运动员出场前闻浓度很高的氨水气味、爆发性用力时运动员自己的吼声、观众的助威呐喊声等。日本生理学家认为,O 型血的人肌肉弹性好,收缩有力量,神经中枢易高度集中,在跳跃项目中成绩突出。

综上所述,决定和影响力量素质的因素是多种多样的,认识和理解这些因素有助于力量素质训练的科学性、有效性、合理性。

2.2.2.4 发展力量素质的训练方法

力量素质的训练方法多种多样,排球运动员从事力量训练的目的是以力量素质为基础,进而提高运动员的弹跳力、移动能力和挥击能力。发展力量的目的不同,力量训练的手段与方法也不同。

1. 负荷性质

1)等长力量练习

等长力量练习即静力性力量练习,是运动员克服不可能克服的阻力的练习。等长力量练习的力量可随意调节,如举杠铃可以轻推,也可竭力推。静力性力量练习对发展静力性力量是必要的,同时也有助于发展最大力量。

2)等动力量练习

等动力量练习是一种需通过专门器械——等动练习器来进行力量训练的方法。等动练习时肌肉一直以某种张力进行收缩,并且收缩速度始终恒定。等动练习在整个关节活动范围内,在可调节的不同速度条件下,都保持肌肉的最大张力,因而在动作的整个过程中,肌肉都能得到最大力量的有效训练。

3)超等长练习

超等长练习也叫超长练习,即肌肉先做退让工作,并且肌肉被极度拉长,然后尽快转入克制工作。这种练习的目的在于发展爆发力,其生理机制就是牵张反射。

2. 负荷强度

力量负荷强度主要体现在阻力或负荷重量的大小上。在力量训练中,常将负荷分为若干级别。分级标准以最大力量的百分数或竭力重复次数负荷重量的相对值来划分。

力量负荷强度增加,负荷数量必然相对减少,导致负荷总量减少。因此,重负荷的力量训练对人体的影响主要是功能性的,有影响其调节功能、发展最大力量的作用。随着负荷强度减小,负荷数量增加,负荷量加大,对肌肉结构性影响增加,促使肌纤维增粗。同时,对发展肌耐力的作用也增加。轻负荷指一般轻器械练习,轻负荷力量练习的重点在于提高负荷节奏(速度),要求运动员以最大速度完成练习,保证最大功率输出,主要用以发展爆发力。

3. 负荷数量

练习的重复数与负荷强度相关,强度增大,则重复数减少。不同强度与数量的匹配具有不同的作用。发展绝对力量,采用极限强度(90%以上),反复进行 1~3 次的练习。采用较大强度(75%),快速、反复进行 6~8 次的练习,主要是改善肌肉内协调能力,发展爆发力。

4. 负荷节奏

采用练习的负荷性质确定之后,便是负荷强度、数量和节奏这三个基本负荷因素的匹配。调节负荷节奏,即完成练习的速度,它与负荷强度、数量密切相关。应该指出,在完成练习时,对运动员来说,任何负荷强度的练习,都应要求在主观上尽可能地以最快速度完成动作。

5. 负荷方式

负荷方式是指持续或间歇两种方式。力量训练一般都采用间歇训练方式。间歇时间根据训练目标、运动员训练水平、负荷节奏以及发展肌肉的数量而定。

2.2.2.5　发展力量素质的注意事项

力量素质发展水平是影响身体训练水平的关键因素。在实施发展力量素质的过程中，为达到优化控制、取得事半功倍的效果，必须注意以下几点。

1. 力量素质的发展要全面、有重点

在发展力量素质的过程中，一方面应使四肢、腰、腹、背、臀等部位在大肌肉群和主要肌肉群得到锻炼、提高，另一方面也要注意发展那些薄弱的小肌肉群的力量。因为，排球运动中的许多动作是很复杂的，需要身体各部位许多大小不同的肌肉群协同工作才能完成，所以发展不同类型的力量素质也不意味着面面俱到、平均发展，应该在全面发展的基础上针对项目特点而有所侧重。

2. 练习时要使肌肉充分拉长和收缩，练习后要使肌肉充分放松

每次练习时，应使肌肉先充分伸展拉长，然后收缩，动作的幅度要大。因为肌纤维被拉长后可以增大收缩的力量，同时又可保持肌肉良好的弹性和收缩速度。力量练习以后，肌肉常会充血，胀得很硬，这时应做一些与力量练习动作相反的拉长动作，或者做一些按摩、抖动，使肌肉充分放松。这样既可加快消除疲劳，促进恢复，又可防止关节柔韧性因力量训练而下降，同时也有助于保持肌肉良好的弹性和收缩速度。

据肌电研究证明，肌肉越是工作到接近疲劳时，其放电量越大。这说明此时肌肉受到了较深的刺激。这种刺激能促使机体发生良好的生理、生化反应，有助于超量恢复而使力量得到增长。所以，在进行力量练习时，越是最困难的最后一两次动作，越要坚持完成。

3. 进行力量练习时，要全神贯注，念动一致，注意安全

肌肉活动总是在中枢神经系统的调节下进行的，练习时要全神贯注，练习哪里就想到哪里，使意念活动与练习动作紧密配合、保持一致。这样有助于肌肉力量得到更好的发展。特别是进行大负荷练习时不能说说笑笑，注意力应高度集中，否则容易受伤。因为笑的时候肌肉最容易放松，而力量练习的负荷又大，不当心就易造成损伤。此外，为了安全练习达到期望的效果，还应注意加强自我保护和互相保护，尤其在举或肩负极限重量时，更应该注意加强相互保护。

4. 紧密结合专项特点安排力量训练，注意正确的技术动作规格

力量训练时，首先，要根据技术的动作结构来选择恰当的练习，以发展有关的肌肉群力量；其次，要通过肌电研究了解主要肌群用力特点、工作方式、用力方向、关节角度等，来确定力量训练的方法。只有紧密结合专项特点来安排力量训练，才能收到更好的效果。

每一个力量练习动作都有各自的技术规格要求，练习者只有按照技术规格要求去操作，才能够真正发展肌肉群的力量。否则，技术动作变了样，参与活动的肌群也就有所改变，就势必影响力量训练的效果。例如，臂弯举的正确动作是身体直立，两臂贴于体侧，只依靠肘关节的充分屈伸来完成，保证屈肘肌群力量得到充分的发展。但是很多练习者做弯举时，为了贪图省力举得重，往往依靠身体的前后摆动来帮助完成动作。这样表面看起来似乎举得还重一些，但实际上发展肱二头肌的效果反而要差一些，因为身体摆动时腰背肌肉、臀部和大腿后面的伸髋肌群也参与了工作。更重要的是，掌握正确的技术动作还可以防止伤害事

故。比如做深蹲练习，正确的动作要求挺胸直腰，腰背肌收紧，以固定脊柱，主要依靠膝关节的屈伸，同时也伴随着髋关节的一定屈伸来完成动作。即使站不起来，腰背肌也要一直保持收紧，等待同伴的保护帮助。这样既安全可靠，又能保证伸膝肌群力量得到很好的发展。可是很多练习者往往总是弓腰练习深蹲，尤其是当站不起来时，腰弓得更加厉害，这样就比较容易造成腰部损伤。

5. 进行力量训练时，要掌握正确的呼吸方法

由于憋气有利于固定胸廓，提高腰背肌的紧张程度，因此可提高练习时的力量，所以极限用力往往要在憋气的情况下进行。有的学者进行背力测定研究发现，如一人憋气时背力最大为133公斤；在呼气时为129公斤；而在吸气时力量最小，为127公斤。虽然憋气可提高练习时的力量，但用力憋气会引起胸廓内压力提高，使动脉的血液循环受阻，从而导致脑贫血，甚至会产生休克。为避免产生不良后果，力量练习时必须注意以下几点：

第一，当最大用力的时间很短，但有条件不憋气时就不要憋气，尤其在重复做用力不是很大的练习时，应尽量不憋气。

第二，为避免用憋气来完成练习，对刚开始训练的人所给予的极限和次极限用力的练习不要太多，并让其学会在练习过程中完成呼吸。

第三，在完成力量练习前不应做最深的吸气，因为力量练习时间短暂，吸的气并不会立即在练习中产生作用；相反，深度吸气增加了胸廓内的压力，此时如再憋气就可能产生不良变化。

第四，用狭窄的声带进行呼气，几乎也可达到与憋气类似同样大的力量指标，因此做最大用力时可采用慢呼气来协助最大用力练习的完成。

6. 训练中要采用大负荷与循序渐进递增负荷

大负荷是指训练的负荷强度和训练总量。一般要用某人所能承受的最大负荷或接近最大负荷来进行训练。因为采用大负荷能迫使肌肉进行最大收缩，能刺激人体产生一系列的生理适应性变化，从而导致肌肉力量的增加。为了达到大负荷，训练时无疑要保持较大的强度或者要保持较大的数量（次数和组数）。

在力量训练过程中，当力量增长后，原来的负荷（主要指重量）就逐渐地变为小负荷了，因此，为了继续保持大负荷，就必须循序渐进递增负荷。比如训练开始时，某人用20公斤做臂弯举，反复举8次出现疲劳，而他能用20公斤连续举起12次时，就可以增加负荷至又能举起8次的重量，从而使其上升一个新的负荷。这样，就可使有关的肌肉群始终在大负荷状态下工作。进行负重练习是力量训练的一个基本特征和基本要求。

优秀运动员的力量训练是建立在超负荷训练的基础之上的。所谓超负荷训练，是指要求肌肉完成超出平时的负荷。超负荷训练通常会引起肌肉成分特别是肌蛋白的分解。超负荷训练会导致超量恢复的产生。在超量恢复的整个过程中，肌肉的成分会重新组合，肌蛋白含量得到提高，从而使肌肉更加粗壮有力。应不断地有目的、有计划地安排超负荷训练，以引起超量恢复，达到迅速发展力量素质的目的。

7. 力量训练要系统科学安排，不间断

根据“用进废退”的原理，力量训练应全年系统安排，不能无故中断。科学研究表明，力量增长得快，停止训练后消退得也快。如果停止了力量训练，已获得的力量将会按增长速度的1/3消退。通过训练获得的力量，停止训练后虽然会逐渐消退，但一部分力量会保持很

久，甚至会永远保持下来。然而，发展力量素质练习不宜在疲劳的状态下进行，这种状态下的练习不是发展力量，而是有发展耐力。力量素质练习应因人、因项、因不同训练周期和训练任务而异，负荷的安排应有周期性、波浪式的变化。力量训练课的次数取决于一系列因素：训练课的主要任务，训练课处于的阶段和周期，各力量素质的发展水平及训练特点，运动员的年龄、性别、健康状况、身体素质及训练水平，等等。其中训练水平是重要的因素之一。实验证明，对刚开始训练的人，每周3次课要比1~2次课或5次课的效果更好。而对训练有素的运动员来讲，训练课的次数则可安排得稍多一些。这是因为刚参加训练的人与训练有素的运动员相比，其恢复过程不同，适应性变化也不相同。根据优秀运动员的训练经验，每周进行1~2次力量训练，可保持已获得的力量；每周进行4~6次力量训练，力量可获得显著增长。由于大肌肉群的工作能力恢复相对较慢，通常在比赛前7~10天，训练中不宜安排用极限负荷进行较大部位肌肉群的练习。

在每个小周期中，尽量使各种不同性质的力量训练交替进行。在一堂课中，可先安排发展最大力量、速度力量的练习，最后安排发展力量耐力的练习。在进行发展力量素质的训练课中，应使各肌肉群交替进行工作。例如，训练课开始时，先进行下肢肌肉群的综合练习，之后进行躯干肌肉群的练习，然后进行上肢和肩带肌肉群的练习。在一堂课上安排发展某些肌肉群练习时，应先促进大量的肌肉群投入工作，然后才可以起动部分或局部肌肉群投入工作。

8.要偏重摆动的动力性练习

在进行发展力量素质练习时，应偏重于摆动的动力性练习，尤其要注意动作的振幅。这样做可使练习者获得用力感和速度感，增强技术动力力量，培养快速完成动作的能力，同时也改进了关节的灵活性。为了增大动作的振幅，要注意结合肌肉的放松和伸展练习，以使肌肉保持弹性和柔韧性。

2.2.3 排球技术与柔韧素质

2.2.3.1 柔韧素质概述

柔韧素质是指人体关节活动幅度的大小以及跨过关节的韧带、肌腱、肌肉、皮肤及其他组织的弹性和伸展能力。柔韧素质是完成大幅度运动技术和快速技术的先决条件，能否完成大幅度技术取决于关节活动范围的大小，而关节活动范围的大小又是决定柔韧素质的首要因素，它与动作技术的质量密切相关。因此，运动员要想做出漂亮的动作，必须练好柔韧素质。虽然排球运动对运动员的柔韧素质的要求不如体操、技巧等运动项目高，但柔韧素质对排球运动员掌握排球技术有着重要的意义。排球运动员肩、臂、腰、髋、腿部各环节的活动幅度，特别是附着于这些关节完成各专项动作的肌肉和韧带的伸展能力，会直接影响到技术动作的节奏感、协调性，完成动作的幅度和技术动作的效果。

运动员柔韧素质不足将导致技术出现以下几点弊病：

第一，有损于动作的掌握，不利于学习某些动作，甚至达不到动作技术的基本要求。

第二，影响力量、速度、协调、平衡能力的进一步发展，互相间的互补作用受到阻碍。

第三，柔韧素质差在学习动作时容易受伤。

第四，限制技能的发展前途，对快速、有力、轻松、富有表现力的动作影响更大。

因此，柔韧素质的练习，对于提高排球技术和促进机体机能的恢复是非常重要的。

2.2.3.2 柔韧素质的种类

柔韧素质有以下四类。

1. 一般柔韧素质

一般柔韧素质指保证一般练习顺利进行所需要的柔韧素质。例如,排球运动员在进行速度练习时,需要加大步幅时所需要的腿部柔韧性。

2. 专项柔韧素质

专项柔韧素质指专项体能或专项技术所需要的机体的柔韧素质,由各专项动作的生物力学结构所决定。如排球运动员扣球时所需要的手臂和腰部的柔韧素质。

3. 主动柔韧素质

主动柔韧素质指依靠相应关节周围肌肉群的积极工作完成大幅度动作的能力。主动柔韧素质不仅反映对抗肌的可伸展程度,同时反映主动肌的收缩力量。

4. 被动柔韧素质

被动柔韧素质指被动用力时关节所能达到的最大活动幅度,是在一定外力协助下完成或外力作用下表现出来的柔韧水平。

2.2.3.3 影响柔韧素质的主要因素

通过研究人体结构及其他有关情况得知,影响柔韧素质的因素是多方面的,主要有骨关节结构,跨过关节的肌肉、肌腱、韧带等的伸展性,关节周围组织的大小,年龄与性别,疲劳程度,温度,神经过程转换的灵活性,活动水平及心理因素等。了解这些因素,能掌握发展柔韧素质的规律。正确运用发展柔韧素质的练习方法、手段是提高素质所必需的,同时对防止受伤和少走弯路也有好处。影响柔韧素质的主要因素如下。

1. 骨关节结构

骨关节结构是依据人体生理生长规律需要而形成的,这种结构装置是被限定的。因为关节运动的幅度被限定在一定范围之内,通过训练是难以改变的。它们的活动范围是根据关节头和关节窝两个关节面之差所决定的,两个关节面之差越大,关节活动幅度也就越大,但骨关节结构因人而异。如肘关节中的肱尺关节,它可使肘屈伸幅度被固定在140°(因肱骨臼的幅度为320°,尺骨半月切迹的角度为180°,它们之差为140°)。如果鹰嘴突较长,会使肘关节不能完全伸直,其伸展会受到一定影响;如果鹰嘴突较短,又会使肘关节过分伸展出现倒弯。这种骨关节结构的生长是先天的,各自差异的骨关节结构通过训练是难以改变的,但通过训练可以使各个关节达到它最大的活动范围,充分挖掘其潜力。对于不训练的人,各个关节具有的活动潜力非但不能发挥,并且还会消退。

关节运动轴决定关节的灵活性,如指关节是单轴关节,只能屈伸;腕关节是双轴关节,可屈伸、内收、外旋、绕球,可见腕关节灵活于指关节。

2. 跨过关节的肌肉、肌腱、韧带

关节的加固主要是肌腱和韧带,肌肉从关节外部补充加固关节力量,控制关节活动幅度。

韧带本身是抗拉性很强的组织,它主要的作用是加固关节,限制关节在一定范围内运动,从而保护关节不致超出解剖允许的限度而受伤。在一般活动中,很少达到这种关节面所允许的解剖限度。这是因为与运动方向相反的对抗肌伸展不足造成进一步的限制所致。如屈膝、伸膝时,当举腿在水平面时,可任意屈膝、伸膝;可当大腿贴胸开始时,屈膝自如,但伸膝感到困难,这是因为大腿后侧肌群及韧带伸展不足。可见发展某一关节的柔韧主要是限制关节活动幅度的对抗肌,使其主动受到牵拉伸展,逐渐增加它们的伸展度,从而扩大了关节的运动幅度。为力求达到解剖的最大限度,就必须完全克服对抗肌的限力以后仍然拉伸,从而牵拉到肌腱,此时肌腱的拉伸完全受外力拉伸力和对抗肌回缩力的作用而拉伸,从而进一步增强了肌肉、肌腱的弹性和伸展性。

具体发展某一关节的柔韧性时,主要发展控制关节屈、伸肌的伸展性及协调能力。如发展膝关节的伸膝能力,主要发展大腿后部肌群及小腿后部肌群的伸展性。发展屈膝能力,主要发展大腿、小腿前部肌群的伸展性。再如发展体前屈的柔韧性,主要发展腰背肌群及大腿、小腿后部肌群的伸展性。发展体后仰的柔韧性,主要发展肩部肌群、胸大肌、腹肌及大腿前部肌群的伸展性。可见,在发展某一部分柔韧性时,应让屈、伸肌相互协调发展才能提高其关节的柔韧性。因此,增大跨过关节的韧带肌腱和皮肤等伸展性是探求提高柔韧性的重要途径,应予以足够的重视。

3. 关节周围组织的大小

关节周围的肌肉块过大或脂肪过多,都影响着柔韧性的提高。如肩部三角肌过大,会影响肩关节的活动范围;肱二头肌过大,会影响肘关节的弯曲程度等。因此,在练完三角肌和肱二头肌的力量后,要做肩肘部的伸展和放松练习,尽量拉长肌纤维和增强肌肉弹性,这样既加大了肩肘部的力量,又增强了肩肘部的柔韧性。此外,皮下脂肪过多的人,肌肉收缩力量相对较弱,加之脂肪占一定空间体积,影响柔韧的有效幅度。所以大腹便便者很难做体前屈使手触地动作,只有减少了腹部的脂肪,前屈的幅度才会增大。

4. 年龄与性别

1)年龄

根据人的生理自然生长规律,初生的婴儿柔性最好。随着年龄的递增、骨骼的骨化过程、肌肉的增长,韧性逐渐加强。柔韧性的增长在10岁以前自然获得发展,10岁以后随年龄的增长,柔韧性相对降低。特别是胯关节,由于腿的前后活动多,加之肌肉组织增大,使左右开胯幅度明显下降。因此,在10岁以前就应给予应有的柔韧练习,使其自然增长的柔韧性得到提高。在10~13岁这个年龄段应充分发展柔韧练习,因为这个年龄段是性成熟前期,骨的弹性增强,肌肉韧带的弹性、伸展性仍有较大的可塑性,给予充分柔韧练习可使各关节幅度达到最大解剖限度,充分提高肌肉韧带的伸展性,这不仅能提高各关节的柔韧性,而且对青春期的身高增长也是有利的。如果在10岁以前柔韧性未得到发展,在10~13岁这个时期仍可弥补,仍可获得应有的柔韧效果。超过这个年龄,将会使运动员经受较大痛苦,费时长、收效慢且易受伤。

13~15岁为生长期。在这个时期,骨骼生长速度超过肌肉生长速度,因此柔韧性有所下降。在这个时期要特别注意身体发育的匀称性,多做全身性的伸展练习,巩固已获得的柔韧效果,不要过分进行柔韧性练习,以免拉伤。

16~20岁,由于13岁以前获得了良好的柔韧效果,在青春期虽有些下降,但在这个年龄段整个身体发育趋向成熟,可加大柔韧负荷、难度,从而在已获得的柔韧基础上,进一步获得专项所需要的柔韧素质。

2)性别

根据生理解剖特点,男子的肌纤维长,横断面面积大于女子的,伸缩度较大,全部肌纤维的3/4强而有力；女子的肌纤维细长，横断面面积小于男子的，伸展性好，对关节活动限制小，全身仅有1/2的肌纤维强而有力。因此，女子关节的灵活性好于男子的。

5. 疲劳程度

当肌肉由于长时间工作产生疲劳时，其弹性、伸展性、兴奋性均降低，造成肌肉收缩与放松不完善，各肌群不能协调工作，从而导致关节柔韧性降低。

6. 温度

当肌肉温度升高时，新陈代谢加强，供血增多，肌肉的黏滞性减少，从而提高肌肉的弹性和伸展性，柔韧性得以提高。

影响柔韧性的温度有外界环境温度和体内温度，体内温度的调节用于补偿外界环境对机体产生的不适应。当外界环境温度低时，必须做好充分的准备活动，提高肌肉温度，增加柔韧性。当外界环境温度高时，将排出一定量的汗液降低温度，以免肌肉过早出现疲劳，降低关节的柔韧性。一天之内外界温度不同，但更重要的是，一天内人体的机能状态不同，柔韧性也会有一定的变化。例如，刚睡醒后柔韧性较差，早晨柔韧性明显下降，中午柔韧性比早晨的好。

7. 神经过程转换的灵活性

神经系统兴奋与抑制过程转换的灵活性与运动中肌肉的基本张力有关。特别是中枢神经系统调节对抗肌之间的协调性的改善，以及对肌肉紧张和放松的调节能力的提高，都会使柔韧性提高。神经过程灵活性高，则肌肉兴奋性强，肌肉、肌腱、韧带的弹性和伸展性好，支配肌肉收缩与放松的能力强，使参与工作的诸多肌肉协调活动，从而使柔韧性提高。

8. 活动水平

不爱活动的人比经常活动的人柔韧性差，其原因是长期坐着不动，膝、髋关节等老是处于特定的位置会使相应肌群变短和僵硬，导致肌肉韧带的正常伸展性丧失，关节活动范围缩小。另外，不爱活动将造成人体内脂肪堆积，也会限制柔韧性的发挥。即使是参加活动的人，中断活动后，柔韧性也会降低。同样是经常参加活动的人，由于活动的方法、手段、量和强度不同，其柔韧性也有差异。所以说，活动水平对柔韧性的影响很大。

9. 心理因素

心理紧张度可通过中枢神经系统影响到人体各部位的工作状况。心理紧张度过强、时间过长会使神经过程由兴奋转为抑制，严重影响各部位的协调能力，从而影响柔韧性。

柔韧素质要经过长期艰苦的练习才能逐步发展，而且练习过程中经常伴有疼痛感，停止练习后又容易消退。因此，发展柔韧性需要毅力和耐心，只有意志坚强的人，才能忍耐住疼痛，坚持不懈地练习，取得良好的效果。一个意志薄弱的人，遇到困难和疼痛就退缩，或者"三天打鱼，两天晒网"式的练习，是很难提高其柔韧素质的。

2.2.3.4 发展柔韧素质的训练方法

1. 主动与被动拉伸练习

柔韧练习也称为伸展练习，根据其不同训练效应，相应地被区别为主动柔韧练习和被动柔韧练习两类，而每类练习还区分为动力和静力两种形式。主动动力柔韧练习是练习者依靠自己的力量，将肌肉、肌腱、韧带等软组织拉长，提高其伸展性的方法，如踢腿、拉肩。主动静力柔韧练习是练习者在最大动作幅度的情况下，依靠肌肉力量保持静止姿势的练习，如扶杆控腿、成桥静止等。被动动力柔韧练习是借助外力，灵活地加大动作幅度的柔韧练习，如利用肋木屈体压腿。被动静力柔韧练习是借助外力来保持固定姿势的练习。

2. 拉长肌肉和结缔组织的训练

拉长肌肉和结缔组织的训练有快速爆发式牵拉和缓慢牵拉练习两种方法,前者在进行牵拉练习时有疼痛感,并且在准备活动不充分时较易拉伤肌肉,如排球运动中扣球时的挥臂练习;缓慢牵拉练习是有关部位肌肉、韧带缓慢拉长至一定程度(有轻微的疼痛感觉)。因超过关节伸展限度小,不易引起损伤和疼痛,并可以有意识地放松对抗肌,所以锻炼效果较爆发式牵拉练习的好,如拉韧带、压腿等练习。

2.2.3.5　发展柔韧素质的注意事项

1. 循序渐进,持之以恒

柔韧素质的发展是需要意志的练习。痛感强,见效慢,停止训练便有所消退,因此持之以恒才能见效。

当初次练习时易见效,第二天再练习有痛感,第一次练习获得效果全部消退并差于第一次练习前的效果。这是由于肌肉被拉长回缩力增加的原因,因此应继续将其慢慢拉开,消除痛感。经过一个时期的练习,该长度的伸展已适应,应进一步拉长肌肉牵拉肌腱,进一步增强回缩力。因为柔韧练习本身就是由不适应到适应逐步提高的过程。

由于肌肉、韧带等软组织的伸展并不是一时一刻就能得到提高的。所以,练习应逐步提高要求,做到循序渐进,不能急于求成。

根据停止柔韧练习一个时期已获得的柔韧效果会有所消退的特点,柔韧性练习要做到系统化、经常化。特别是当某一部位因伤停止练习后,该部位所获得的柔韧效果将全部消退,其恢复期相对延长,因此在某一部位受伤后,其他部位仍应适当练习,否则柔韧性会因停练而消退。

2. 柔韧性练习要因人而异

柔韧性素质练习必须根据专项特点和练习者的具体情况安排,在全面发展身体各部位柔韧性的基础上,要重点练习本专项所需要的几个部位的柔韧性。另外,练习者的具体情况不一样,在进行柔韧性素质练习过程中必须区别对待,突出针对性、应用性,这样才能收到良好的练习效果。

在运动训练中,虽然各项运动对柔韧性都有一定的要求,但一般说来,没有必要使柔韧性的发展达到最大限度,柔韧性的发展程度只要能满足排球运动技术的需要就可以了。

3. 柔韧素质的发展应与力量素质发展相适应

柔韧素质的发展应是在肌力增长下的发展,但肌力的增长不能因体积的增长而影响关节活动幅度。力量练习发展肌肉的收缩能力,柔韧练习能发展肌肉的伸展能力,因此力量练习结合柔韧练习对提高肌肉质量最为有效,既能达到力量和柔韧性的同时增长,又能保证关节灵活性的稳固。

4. 柔韧素质的发展要兼顾相互关联的身体各个部位

在有些动作中,柔韧性的表现不仅仅是在一个关节或某个身体部位,而是牵涉到几个相互有关联的部位。如为发展腰部柔韧性采用“桥”的练习,就是由肩、脊柱、髋等部位的关系所决定的。因此,在练习过程中对这几个部位都应该进行发展,如果忽视某一部位就有可能出现外伤。如果发现某一部位稍差,就应立即采取措施使其得到改善。另外,也可通过其他部位的有效发展使其得到补偿。这样做可以使各部位的柔韧性得到发展,保证专项运动训练的需要。

5. 柔韧素质练习要注意外界温度与练习的时间

外界温度过高或过低，都会影响到肌肉的状态，影响到肌肉的伸展能力。一般地说，当外界温度在18 ℃时，有利于柔韧性的发展，因为肌肉在这个温度下，伸展能力较好。温度过高，肌肉紧张或无力都会影响其伸展能力。

一天之内在任何时间都可以进行柔韧性练习，只是效果不同。

早晨，柔韧性会明显地降低，所以早晨可做一些强度不大的拉韧带的练习。一日之中在10～18时人体能表现出良好的柔韧性，此时可进行一些强度较大的柔韧性练习。

6. 柔韧性练习之后应结合放松练习

每个伸展练习之后应做相反方向的练习，使供血、供能机能加强，有助于伸展肌群放松和恢复。如压腿之后做几次屈膝练习，体前屈练习之后做几次挺腹、挺胯动作，下完腰后做几次体前屈或团身抱膝动作等。

7. 柔韧素质的发展要从小培养

我国体操界、武术界、技巧界柔韧性练习都是从小开始的，并在这方面积累了丰富的经验。排球运动应吸取经验，从小发展柔韧素质。由于柔韧素质是在人体自然生长发育的过程中实现的，因此能得到保持和巩固，不易消退。此外，柔韧素质发展的敏感期是5～10岁，所以在此期间要抓紧练习，并在10岁以前使柔韧素质得到较好发展。

8. 柔韧练习时要防止受伤

柔韧练习主要是运用各种方法拉长人体关节肌肉、韧带的长度。但如不注意科学的方法，非常容易出现肌肉拉伤事故。因此，要提高柔韧练习的最终效果，必须要防止在练习时受伤。一般在柔韧练习前可做一些热身活动，减少肌肉的黏滞性。在拉长肌肉的过程中，不宜用力过猛，特别是在柔韧被动练习时，教练员施加的外力要循序渐进，要了解运动员的个性特征，还要及时注意运动员的练习反应，以便合理地加力与减力，保证柔韧练习的正常进行。

2.2.4 排球技术与耐力素质

2.2.4.1 耐力素质概述

耐力是有机体克服长时间工作过程中产生疲劳的能力。耐力是维持人体持续运动的能力，是人体健康和体制强弱的重要标志。在技术学习过程中需具备相应的耐力水平。在排球运动技能学习过程中，扣球、拦网、防守、攻防转换都需要运动员具备良好的耐力素质。

疲劳是一种生理现象，有机体经过长时间的活动，必然要产生疲劳，使其运动能力下降，限制运动的时间及水平的发挥，这是有机体的一种自我保护。但是，疲劳又是提高有机体工作能力所必需的，它是有机体机能恢复与提高的刺激物，没有疲劳的刺激，机体机能就不会得到提高。

疲劳产生的原因是多方面的：长时间的活动后，体内能量物质大量被消耗，又得不到及时补充，于是产生疲劳；活动后某些代谢产物（如乳酸、二氧化碳等）在肌肉中大量堆积，使肌肉收缩能力下降，造成肌肉疲劳；活动后血液中pH下降，细胞外液水分和离子浓度以及渗透压发生变化，使内环境稳定性失调，从而导致疲劳。以上因素的变化使皮层神经细胞能力降低，神经活动过程抑制占主导地位，形成大脑皮层的保护性抑制，出现疲劳。

根据不同的工作特征，疲劳可分为脑疲劳和体力疲劳。不过在体育运动中，更值得重视的是体力疲劳。当疲劳出现时，运动速度、力量、神经肌肉的协调配合能力就会下降，从而导致灵敏性和动作准确性降低，妨碍技术水平的正常发挥，甚至会造成动作失误，影响运动成绩。如排球运动员在连续做扣球练习时，体能下降易产生疲劳，导致扣球动作变形，产生"下网"或"出界"现象。因此，提高运动员克服疲劳的能力，在运动技能的实践中非常重要。

2.2.4.2 耐力素质的种类

1. 根据氧代谢特征分类

1）有氧耐力

有氧耐力是指有机体在氧气供应比较充足的情况下，坚持长时间工作的能力。通过有氧耐力训练可以提高运动员机体输送氧气的能力，为以后提高运动负荷提供前提条件。

2）无氧耐力

无氧耐力是指在运动过程中，运动员机体在氧气供应不足的情况下，能坚持较长时间工作的能力。无氧耐力工作使机体长时间处于供氧不足的状态下，这样就会产生"氧债"。

排球运动是一种以有氧耐力为基础、以无氧耐力为主导的运动项目。排球运动耐力水平的高低，对排球运动技能水平的高低具有很大的影响。

2. 根据耐力素质的表现形式分类

1）心血管耐力

心血管耐力是指机体在运动中，循环系统保证氧气到达细胞以支持身体的氧化供能过程和运送代谢残渣的能力。

2）肌肉耐力

肌肉耐力是指运动员在一定外部负荷或对抗一定阻力（外部阻力或人体本身阻力）的情况下，能坚持较长时间或多次重复运动的能力。例如，排球运动员在比赛中要进行反复的扣球、拦网、发球、防守等动作。因此，保持良好的肌肉耐力，有利于运动员保证运动技能水平的发挥。

3）速度耐力

速度耐力是指运动员将获得的较高速度或最高速度一直保持到终点的能力。

2.2.4.3 影响耐力素质的因素

1. 中枢神经系统的调节能力

耐力练习要求运动员的中枢神经系统具有长时间保持兴奋和抑制节律性转换以及运动中枢与内脏中枢的协调活动能力，借以保持肌肉收缩和舒张的良好节律以及运动器官与内脏器官活动之间的协调及配合。中枢神经系统工作能力下降是造成疲劳的主要原因，为了保持良好的运动能力，应防止中枢神经出现疲劳。

2. 机体能量储备的合理利用

排球运动员在技术学习过程中，机体的机能节省化、协调性的完善、力量的合理分配都能有效地提高能量储备的利用率。机能的节省化主要反映在随着运动技能练习水平的提高，在单位时间内能量消耗减少；协调性的完善可以减少不必要的能量消耗；力量的合理分配可以提高能量的利用效率。

3. 有氧能力

有氧能力是指机体在氧参与下产生能量的能力，它也决定着运动员的耐力水平。有氧能力强可以保证速度的稳定,并可以使有机体各个系统在疲劳、内环境产生变化时,机能积极性仍然保持在必要的水平上。

4. 骨骼肌的糖无氧酵解供能能力

无氧耐力的供能主要来自于肌糖原的无氧酵解,肌糖原主要受肌纤维百分比构成和糖酵解酶催化活性的影响。无氧系统能量的释放与运动强度直接相关,从事不同代谢性质运动项目练习的运动员,其肌纤维百分比构成和糖酵解活性有各自的项目特征。

5. 个性心理特征

在运动中个体的参与动机和兴趣以及面临活动的心理稳定性、努力程度、自持力和意志品质对耐力的发展起着非常重要的作用。尤其是在长时间运动出现疲劳的情况下,意志品质的作用体现得尤为明显。例如,在排球比赛中,经过多个回合的攻防较量还无法得分,在进攻队员和防守队员都出现疲劳时,哪一方拥有坚强的意志力,就可能成为得分的一方。

2.2.4.4 发展耐力素质的训练方法

耐力素质练习的方法较多,而且各种方法都有其各自的特点。总的来说,这些特点基本上又体现在耐力素质练习过程中,在练习强度、持续时间、间歇时间与方式、重复次数等因素的组合和变化上。目前,常用的耐力练习方法主要有以下几种。

1. 持续练习法

持续练习法是指在相对较长的时间里(不少于 30 分钟),以较为恒定的强度持续地进行练习的方法。持续练习法具有持续刺激机体的作用,有利于改善大脑皮层神经过程的均衡性,提高心血管系统和呼吸系统的功能,能有效地利用体内储备的能量,有利于发展有氧耐力和一般耐力。

持续练习法由于持续时间较长,又没有明显的间歇,所以总的练习负荷量较大。但是练习时的强度较小,而且比较恒定,变化不大,一般在 60% 的强度上下波动。练习对机体产生累积性的刺激比较和缓。持续练习时,内部负荷心率一般控制在 140 ~ 160 次每分为宜。

2. 重复练习法

重复练习法是指不改变动作结构和外部负荷表面数据,在相对固定的条件下,按照既定间歇要求,在机体完全恢复的情况下反复进行练习的方法。重复练习法能使能量物质的代谢活动得到加强,并产生超量补偿与积累,既有利于发展有氧耐力,又有利于发展无氧耐力。重复练习法每次练习的负荷量与强度可大可小,根据具体任务、目的而定。由于每次练习前均需恢复到原来开始练习前的水平,即心率在 100 ~ 120 次每分的水平上,故每次练习可以保证强度在中等偏大或极限强度(90% ~ 100%)范围内,从而使有机体的耐力水平得到有效的提高。如长时间的重复练习,强度稍大于持续练习法,有利于有氧耐力的提高,而强度在 90% 以上的练习,则有利于无氧耐力的发展。

3. 间歇练习法

间歇练习法是指在一次(或一组)练习之后,按照严格规定的间歇时间和积极性间歇方式,在机体未完全恢复的情况下从事下一次(或一组)练习的方法。间歇练习法与重复练习法较相似,主要区别在于间歇上的不同要求。重复练习法的间歇是采用完全恢复的间歇负荷和无严格规定的间歇方式(多以消极性的静息为主)进行的。而间歇练习法则是以未完全恢复的间歇负荷和积极性的间歇方式进行的。运动员总是在未完全恢复的状态下进行下一次练习,有明显的疲劳积累,对机体的刺激强度较大,有利于提高机体的心肺功能和无氧代谢能力。

间歇练习法的持续时间与练习强度之间形成一种对应关系:强度大、时间少;强度小、时间稍长。据此间歇练习法可分为低强度间歇练习法和高强度间歇练习法。

构成间歇练习法的基本要素有练习的数量、强度、间歇的时间与方式、重复次数等。不同的练习目的对这些要素的组合变化要求也不相同。如以周期性项目中跑的练习为例,发展一般耐力时,每次练习的距离要长、组数要多,中小强度;发展力量耐力时,负荷量较轻,中等强度,练习次数和组数较多。又如可在练习中提高每次练习的强度(适用于周期性短跑项目和举重项目)、增加重复练习的次数(适用于周期性长跑项目和球类项目)和调整间歇时间等基本要素,加大对运动员机体的刺激,贯彻超量负荷原理,从而提高有机体的能力。

4. 变换练习法

变换练习法是指在变化各种因素的条件下反复进行练习的方法。由于耐力练习比较枯燥,采用变换练习法可以在一定程度上提高运动员的练习兴趣和积极性,从而提高练习的效果。

变换练习法所变换的因素一般有练习的形式、练习的时间、练习的次数、练习的条件、间歇的时间、方式与负荷等。以上因素只要改变其中一个,就会由于这一因素的变化对运动员机体造成负荷刺激的变化。因而变换练习法的核心是变换运动负荷。变换练习法可以提高练习的兴趣和积极性,在运用时要注意贯彻循序渐进原则,各种因素的变换一开始不能太突然,以免机体不能适应,造成受伤。

5. 放松练习法

放松练习法是指运用游戏或比赛的方式进行练习的方法。这种方法能较快地提高运动员练习的兴趣和积极性,放松并在练习中充分发挥主动精神,使机体能够承受较大强度的负荷,有利于提高有氧耐力和无氧耐力。

6. 高原训练法

高原训练法主要利用高原空气稀薄,在缺氧情况下进行训练。这有利于刺激机体改善呼吸及循环系统的机能,提高最大吸氧能力,刺激造血功能,增加循环血中红细胞和血红蛋白的数量,提高输氧能力。因而,高原训练具有提高运动员对“氧债”的承受能力,进而提高有氧耐力和无氧耐力的水平。

7. 循环练习法

循环练习时的各项内容及编排必须符合专项特点的要求进行选择和设计,同时应根据“渐进负荷”或“递增负荷”的原则安排练习。

以上所介绍的耐力练习方法基本上是单一类型。在实际发展耐力素质的练习过程中,往往还要采用综合练习法,即组合练习法和循环练习法。通过各种方法的综合排列,使得练习过程变化更大,更具选择性,从而有效提高耐力水平。

2.2.4.5 发展耐力素质的注意事项

1. 耐力素质练习应遵循人体生长发育的规律

耐力素质的发展水平与其他素质一样,在相当程度上受到人体生长发育水平的影响。如果耐力水平与生长发育水平不一致,非但不能收到良好的练习效果,可能还会严重地损害人体健康。因此,根据排球运动员的发育水平合理地安排耐力练习,是发展耐力素质过程中一个非常重要的方向。一般来说,儿童、少年时期正处于一般耐力和有氧耐力的敏感发展期,在这期间可进行一般耐力和有氧耐力的练习。男 14～16 岁,女 13～14 岁以后进入无氧耐力的敏感发展期，这时就可进行无氧耐力的练习。另外，耐力练习时的负荷安排也是一个重要因素，通常以130次每分、150次每分、170次每分的心率指标作为儿童、少年小、中、大的适宜负荷强度标准。青春期后，负荷要求就要大得多。此外，耐力练习方法与手段的采用也要根据不同对象的生理、心理特点，从实际出发。

2. 注意在耐力素质练习中体现个体化特点

要最大限度地发展耐力水平，就必须在练习中体现大负荷练习的原则。然而，由于运动员之间训练程度、机能水平、项目要求等方面都存在着不同的差异，因此耐力练习的方法与手段应有所不同，而且练习的强度、练习的持续时间、间歇的时间与方式以及重复练习的次数也应根据实际情况具有差异性。

3. 耐力练习中应注重呼吸方法、节奏和深度

发展耐力素质，特别是发展有氧耐力水平，正确的呼吸是十分重要的。呼吸的作用在于摄取发展耐力的必要氧气。机体摄取氧气是通过呼吸频率和加深呼吸深度来实现的，二者之间，后者更重要。耐力训练对氧气的需求量大，运动员更应重视呼吸问题。经过训练的运动员的呼吸，不是靠加快呼吸的频率，而是以加深呼吸的深度，特别是呼气的深度进行的。只有呼气深，呼吸道中的二氧化碳吐得多，才能吸进更多的氧气。同时，应培养运动员用鼻子呼吸的习惯(游泳除外)，因为鼻腔有黏膜可以净化空气，也可以使氧气暖和一些再吸入气管，还可减少尘埃和冷气进入肺部。有人还认为，用嘴呼吸会出现以横膈膜升降的浅呼吸，用鼻呼吸就可避免这种现象。

各项目的运动员都应注意练习呼吸节奏与动作节奏的协调一致。呼吸节奏紊乱，就会使动作节奏遭到破坏，也会使能量物质的消耗增加，不利于耐力水平的提高。

4. 耐力练习应注意激发练习者的主动性

排球运动员在练习中是否主动投入，对练习的效果有很大的影响。主动投入时，中枢神经系统、内脏系统和肌肉系统等都能处在一个良性状态下，为机体承受较大的运动负荷创造好的条件，有利于耐力水平的提高。耐力练习中影响练习主动性的因素较多，主要和兴趣、意志品质、目标追求、思想认识等有关。所以，耐力练习除采用多种多样的方法与手段激发运动员的兴趣外，还要注意培养运动员刻苦耐劳、坚韧不拔的意志。另外，也可用生动的例子说明耐力水平与运动成绩之间的关系，使运动员从思想上加深对耐力练习的认识，并融于行动之中。提高运动员的练习主动性还可通过建立逐级目标来达到，根据运动员的实际情况，制定合理的逐级目标，每当运动员达到一个目标，就及时给予表扬和鼓励。这样做能有效地提高运动员的练习信心，会使运动员以更大的热情主动投入到耐力练习之中。

5. 注意有氧耐力练习与无氧耐力练习相结合

有氧耐力和无氧耐力虽然在代谢过程中表现出较大差异，但是两者存在着非常密切的关系。有氧耐力是基础，无氧耐力的发展是建立在有氧耐力提高的基础上的。通过有氧耐力练习能使心脏体积增大，从而为无氧耐力的发展打下坚实的基础。在发展有氧耐力的过程中穿插一些无氧耐力练习，能改善运动员的呼吸能力和循环系统的功能，有利于提高机体输送氧气的能力，对提高有氧耐力水平极为有利。由此可见，有氧耐力和无氧耐力之间是相互联系、相互促进的。所以，在耐力练习中要注意两者的结合，至于有氧耐力练习和无氧耐力练习的比例，应视实际情况而定。

6. 要根据各专项的特点要求，科学安排运动负荷，有的放矢地进行耐力训练

教学训练的实践证明，不同强度的负荷对发展某一代谢能力的作用不同，如短跑运动员必须在有氧代谢能力的基础上，重点发展无氧代谢能力，以短距离大强度负荷为主；马拉松运动员必须重点发展有氧代谢能力，以强度不大的慢跑为主。不同强度的负荷对人体内有氧及无氧代谢供能上的比例不同。

7. 发展耐力素质时，应严格技术要求

长时间进行有氧耐力训练时，应对运动员的技术运动严格要求，要使之保持正确、协调。这可使神经系统的兴奋与抑制过程合理、稳定，有节律地交替，从而推迟疲劳的产生。

8. 耐力练习后应注意消除练习者的疲劳，使其尽快恢复

耐力练习时间长，消耗的能量大，所以训练后积极补充能源物质很重要，它能使练习者机体更快地恢复及获得超量能源的储备。另外，要采取有效的措施和手段，使神经系统及肌肉得以放松和及早消除疲劳，为下次练习创造条件，这对耐力性项目的运动员极为重要。因为恢复性措施及恢复性训练直接影响系统训练及大运动量训练的效果。

9. 在耐力练习中要注意加强医务监督

由于耐力练习时间较长，运动负荷较大，对人体各系统的影响也比较深刻。如果运动员在健康水平不佳或者机能能力有障碍的情况下进行大负荷的耐力练习，就容易对人体各系统的功能造成严重的损害。所以，在耐力练习时加强医务监督就非常必要。

耐力练习中的医务监督一般包括两方面的内容：一是练习前的机能评定，简单的有血压、心率情况以及运动员的自我感觉等；二是练习时运动员对负荷安排的承受情况，如重复动作的变异程度、运动员练习时的面部表情等。一旦发现异常情况就应根据实际情况，或减量或中止练习，以防不测。

2.2.5 排球技术与速度素质

2.2.5.1 速度素质概述

速度素质是人体素质的一种重要的身体素质，在竞技运动中具有极为重要的作用，它是人体快速运动的能力。在排球运动中，移动速度、进攻速度、击球速度、反应速度均与比赛胜负有着密切关系。因此，速度素质的发展水平很大程度上决定着运动成绩的高低和比赛的胜负，是衡量排球运动员身体训练水平的重要指标。在排球运动中，反应速度、动作速度、移动速度各有特点，在排球运动技能的学习过程中都会综合表现出来。

2.2.5.2 速度素质的种类

1. 反应速度

反应速度是指人体对外界刺激的反应快慢，即运动员接受刺激后，产生应激反应的速度。反应速度还表现为运动员完成动作时对各种动作结构、动作节奏快慢变化的控制能力和应变能力。如二传队员利用余光观察对方拦网队员的位置，作出相应的传球路线，避开拦网队员。

2. 动作速度

动作速度是指人体或人体某一部分快速完成单个动作或成套动作的能力。在单位时间内完成动作数量多，则动作速度快，反之则动作速度慢。如排球运动员在扣球时的挥臂速度。

3. 移动速度

移动速度是指在周期性运动中,单位时间内快速位移的能力。移动速度与步长、步频以及两者的比例有关,也与运动技能的熟练程度有关。

2.2.5.3 影响速度素质的主要因素

速度素质包括反应速度、动作速度与位移速度。三者之间既有联系,又有区别,特别是在内部机制方面,反应速度和动作速度、位移速度具有较大的差异,前者着重表现在神经活动方面,而后两者则着重表现在肌肉活动方面。

1. 影响反应速度的因素分析

反应时是决定反应速度快慢的基础。反应时也称反应潜伏期,是指运动员接受刺激与作出肌肉动作之间的应答时间。反应潜伏期的存在涉及以下过程:第一,某些感觉器官被刺激而唤起兴奋;第二,兴奋沿传入神经传到中枢;第三,一旦兴奋冲动传到大脑中枢,就要根据过去的经验进行分析,刺激方式越复杂,在中枢分析的时间就越长;第四,沿着传出神经,把中枢所发出的冲动传到相应的肌肉群;第五,肌肉根据刺激的特点与要求,作出相应的回答。整个过程都有时间延搁,其中以在大脑皮层内延搁的时间最长。

由于反应潜伏期具有以上特征,所以反应时间的长短主要取决于以下因素。

1)感受器(视、听、触觉等)的敏感程度

感受器越敏感,越能缩短对各种信号刺激的感受时间。感受器的敏感程度在相当程度上受到注意力集中程度与指向,以及感受器疲劳程度的制约。如射击运动员长时间地进行瞄准练习后产生视觉疲劳,反应时就会延长。

2)中枢神经系统机能

中枢延搁是大脑中枢对刺激信号分析的结果。刺激信号的选择性越大,反射活动就越复杂,历经的突触也越多,分析的时间也就越长。中枢对刺激信号的分析时间主要和两个因素有关:一是中枢神经系统的兴奋性,二是条件反射建立的巩固程度。例如,中枢系统兴奋性高时反应时就缩短,疲劳时反应时则延长。又如,随着动作技能的日益成熟,反应时就会明显缩短。简单反应时平均可以缩短11% ~18%,而复杂反应时则平均可以缩短15% ~20%,并且反应的稳定性也有很大程度的提高。

3)效应器(肌纤维)的兴奋性

有材料表明,肌肉紧张时比放松时反应时要缩短7%左右。另外,肌肉疲劳时反应时明显延长。根据以上分析,注意力的集中程度与指向、疲劳程度与反应过程的巩固程度对反应速度有相当大的影响,在反应速度的教学与训练中要引起充分的重视。

2. 影响动作速度、位移速度的因素分析

动作速度与位移速度的主要特点都是通过肌肉系统最大限度的快速活动形式,在最短的单位时间内完成动作。由于人体肌肉活动的形式与质量受到形态、生理、心理、力学、技术等方面的影响,故影响动作速度、位移速度的因素也表现为多方面。

1)人体形态

人体形态对速度的影响主要在于四肢的长度。在其他条件相同的情况下,上、下肢的长度与该部位的运动速度成正比。上、下肢的长度越长,该部位的运动速度就越快。人体四肢的运动形式是肢体绕关节轴的转动,效应部位(手或脚)离轴心的距离越远,运动速度就越大。拳击和击剑运动员手臂越长,出拳与出剑的速度就越快,径赛运动员下肢的长度也是影响运动成绩的重要因素。所以,对运动速度要求较高的体育竞技项目,都把人体形态作为一个重要的选材指标。

2)神经活动过程的灵活性

神经活动过程的灵活性主要指运动神经中枢兴奋与抑制之间快速的转换能力以及神经与肌肉之间的协调能力。人体部位各种形式的快速运动,都是神经中枢活动高度协调的表现。只有这种高度协调,才能保证在快速运动时,迅速地吸收所有必要的肌肉协作参与活动,并抑制对抗肌的消极影响,发挥出最高速度。另外,神经活动过程的灵活性不仅能影响肌肉的猛烈收缩,而且对肌肉随意放松的能力也有直接的作用。随意放松肌肉是由神经中枢合适的抑制状态造成的。运动员在发展位移速度时,如果能充分放松肌肉,就能较长时间维持高速运动。

中枢神经系统兴奋与抑制转换的持续时间与转换速度有关,转换速度越快,转换持续时间越短。在进行高速度活动时,中枢神经很快就会疲劳,从而降低运动速度,甚至会使运动完全停止。所以,发展最高速度时,要考虑中枢神经系统的特点,时间不能过长,否则将会适得其反。

3)力量发展水平与技术

在许多运动项目中,力量的发展水平与技术因素是影响动作速度和位移速度的重要因素。从力学公式中可以知道,力量等于人体质量与加速度的乘积,力量是引起人体加速度的原因,力量越大则加速度也越大,加速度越大,人体运动速度就越快。由于人体质量与人体加速度成反比,故要最大限度地提高人体加速度,对力量的要求更偏重于相对力量。相对力量越大,肌肉就越容易在运动时克服内、外部阻力,产生快速的收缩速度。

另外,动作速度和位移速度往往也要受到技术的影响,运动员的快速能力在很大程度上取决于完善的运动技术。动作的幅度和半径大小、工作距离的长短和时间、动作的方向、角度及部位等均与速度的快慢有密切关系。合理、有效的技术可以通过缩短运动杠杆,正确摆正重心,有效地使用能量等作用而快速完成动作,并能使动作完成得更省力、更协调。

4)肌纤维的类型和肌肉用力的协调性

肌肉的快速收缩是速度素质的基础。从肌肉的结构来说,人体骨骼肌分为快肌纤维(白肌纤维)、慢肌纤维(红肌纤维)和中间型纤维三种。快肌纤维主要靠糖酵解供能,并具有较高的脂肪、三磷酸腺苷(ATP)、磷酸肌酸(CP)含量,但活动时容易疲劳。不同的人体内,快、慢肌纤维占的百分比是不同的,这种百分比受遗传影响,后天不可能相互转化,只能通过中间型肌纤维的作用进行功能上的代偿。人体肌肉快肌纤维百分比越高,快速运动的能力也越强。例如,速度性项目优秀运动员的快肌纤维比耐力性项目运动员的多得多。世界大赛短跑项目的前几名基本上都是黑人,原因也是黑人的快肌纤维比其他人种的多的缘故。

另外,良好的肌肉弹性以及主动肌和对抗肌之间的协调交替能力也是实现快速运动、准确完成动作技术的重要保证。关节的柔韧性对大幅度完成动作(如步幅)的作用十分明显,这对要求快速奔跑的项目十分重要。因此,在发展速度(特别是位移速度)的过程中安排适量的柔韧练习,对速度素质的提高有积极意义。

5)肌肉中能量物质的储备与分解以及再合成的速度

肌肉收缩的速度首先取决于肌纤维中动用化学能的速度与强度,以及化学能转变为收缩机械能的速度与强度。这在很大程度上取决于兴奋从神经向肌肉传导的速度与强度,以及释放和分解三磷酸腺苷(ATP)的数量与速度。所以,速度与肌肉中三磷酸腺苷的含量有关,与神经冲动传入肌肉时三磷酸腺苷的分解速度有关。

其次,快速能力是以肌肉收缩和舒张的迅速转换为前提的。要使肌肉舒张,并能进行下一次收缩,必须使它收缩时消耗的三磷酸腺苷有比较完全的恢复和再合成。如果三磷酸腺苷完全耗尽,肌肉就不能继续工作。因此,速度又取决于肌肉收缩的间歇中三磷酸腺苷再合成的速度。

肌肉快速收缩中,三磷酸腺苷的再合成是靠肌肉中磷酸肌酸(CP)分解释放出能量来完成的。磷酸肌酸也是速度素质的物质基础。人体快速运动的能力越强,其肌肉中磷酸肌酸的含量就越高,同时肌肉中糖酵解的活动能力也越强。同样,速度训练除能增大三磷酸腺苷的再合成能力外,还能增加肌肉中能量物质的储备和能量物质迅速被利用的能力。

6)注意力的集中程度

动作速度、位移速度除受以上所述因素影响外,还和运动员注意力的集中程度有很大关系。注意力的集中程度实际上是一种心理定向能力。这种能力不仅能影响中枢神经系统兴奋与抑制快速转换的速度,而且对肌肉纤维的紧张程度与收缩效果有重大作用。

另外,注意力集中程度的作用还表现在人体对快速随意运动的感觉与控制,这对发展人体快速运动能力是十分重要的。因此,在发展速度素质练习中,对运动员注意力的要求千万不能忽视。此外,运动员是否有勇敢顽强的精神,是否有坚定不移的信心与意志,是否有果断的性格,能否保持适度的兴奋和稳定的情绪等心理素质的能力等,都是影响运动员速度素质的提高和发展的重要因素。

除上述影响速度素质的内在因素外,速度素质的提高还受到一些外部因素的影响,如气候、温度、环境等。这一切在发展速度素质的过程中都应引起充分的重视。

2.2.5.4 发展速度素质的训练方法

1.结合专项需要

速度素质的练习应结合运动员所从事的运动专项进行。在排球运动中动作复杂多变,要求运动员能在瞬间对各种复杂多变的情况作出应答反应。例如,拦网队员在拦网时通过观察扣球队员的手法,做出相应的拦阻线路和手部动作。

2.分解运动法

分解运动法就是分解应答反应的动作,使它在较为简单的条件下,通过提高分解动作的速度来提高反应速度。例如,排球运动中在防守时采用“高姿势站位”,这样有利于提高移动速度。

3.完善技术法

动作速度的提高在很大程度上取决于完善的运动技术。这是因为动作幅度大小,工作距离长短,工作时间多少,动作的方向、角度及用力部位等都与动作速度快慢密切相关。例如,有的运动员在扣球时没有“背部的反弓”,导致扣出球的速度较慢。只有熟练地掌握正确合理的运动技术,善于放松协调地完成动作,才能最大限度地发挥主动肌的功能,从而发挥已有的动作速度水平。

4.结合力量练习

发展力量是提高移动速度的途径之一,尤其是发展爆发力。排球运动员经常进行力量训练,但是这种力量训练的目的是为提高速度素质服务的。结合力量训练时,运动员应以较快或很快的速度重复某一负重的力量练习，使其获得较好的速度力量，以促进移动速度提高。

5. 放松训练法

人体在充分放松状态下，肌肉张弛有度，能减小肌肉本身的内阻力，增大肌肉合力，使速度素质得到提高。生理学研究证明，肌肉紧张度达60% ~80%，动作就会失去协调性，已有的快速能力将无从发挥。例如，在垫球时，肩关节过度紧张会致使垫球动作僵硬。

2.2.6 排球技术与灵敏素质

2.2.6.1 灵敏素质概述

灵敏素质是指运动员在各种突然变换的条件下，快速、协调、准确地完成动作的能力。它是运动员运动技能和各种素质在运动中的综合表现，是一种复杂的素质。对大多数的运动员而言，敏捷性是一项相当重要的运动能力，甚至是决定胜负的关键所在，如排球运动的"鱼跃救球"、扣球时准确的"空间感"等，都需要具备良好的灵敏素质，才能将技术发挥得淋漓尽致。而敏捷性能力与肌力、反应时间、速度、爆发力以及协调性有密不可分的关系，甚至可以说是这些基本运动能力的综合表现。没有良好的灵敏素质，运动技能也难以发挥到较高水平。

排球运动员的灵敏性主要表现如下：

(1)能根据不同性质的来球做出相应的运动技能；

(2)能在最准确的时机完成应该完成的运动技能，即"时空感"；

(3)对空中运动着的球和人有准确的时间、位置判断，从而做出正确的运动技能。

2.2.6.2 影响灵敏素质的因素

1. 感觉器官的功能

运动分析器与本体感受器的灵活性与准确性，以及肌肉收缩的协调性与节奏感是影响灵敏素质的重要原因。皮层神经过程的灵活性与分析综合能力强，神经过程的灵活性好，兴奋与抑制转换得快，机体在环境发生变化时能够迅速地作出判断和反应。随着运动形式的变化，动作的性质及强度都将发生变化，肌体必须迅速对情况作出判断。通过长时间的系统训练，可使上述能力得到全面提高。

2. 智力与思维的发展水平

在运动中，各种运动技能的灵活应用，战术思想的具体实施，大脑神经活动过程兴奋与抑制的转换程度和快速工作能力的平衡，均取决于良好的智力水平和敏捷的思维判断。例如，优秀的排球运动员在竞赛中不仅能表现出高超的运动技能，而且也能表现出敏捷的思维能力，能迅速解决竞赛过程中出现的复杂和潜在的技战术问题。

3. 学习运动技能时经验的积累

长期学习各种运动技能，可以丰富运动员的实践经验，巩固运动技能的掌握程度。灵敏素质是多种运动技能和身体素质在运动中的综合表现。只有掌握的运动技能数量越多且越熟练时，灵敏素质才能更加充分地表现出来。如果动作协调稳定且高度自动化，那么在活动中就会表现得更加灵活省力。

4. 其他因素

发展灵敏素质需要有一定的力量、速度、耐力及柔韧性等素质，这样才能真正地适应复杂的环境变化，作出准确的反应。此外，灵敏素质还受年龄、性别、体型和疲劳程度等因素的影响。在儿童期，男、女灵敏素质差别不大；在青春期以后，男子明显优于女子。一般情况下，过高而瘦长，过胖或“梨形”的人缺乏灵敏性，但不同运动项目对体型的要求不一样。身体疲劳时，动作反应迟钝，爆发力、速度及协调性等都会下降，灵敏素质也会显著下降。

2.2.6.3 发展灵敏素质的训练方法

灵敏素质是人体综合能力的反映，受遗传因素的影响很大。佩奇托认为，所有运动员都应不断学习本专项和其他专项的新技能，否则协调（灵敏）能力以及进一步学习的能力就可能下降。发展灵敏素质需从排球运动的专项特点出发，综合发展爆发力、反应力、速度等一系列的动作。

1. 结合运动技能的目的性

不同的运动项目要求有不同的灵敏技能，如排球运动员肩、臂、腰、髋、腿的练习程度就完全不同。为了获得良好的训练效果，就应当紧密结合专项训练。

2. 结合其他项目动作训练

在排球运动中，运动员在防守时经常做出鱼跃和滚翻的动作，这就要求具有良好的灵敏素质。因此，结合体操运动中前滚翻、后滚翻、侧滚翻、鱼跃前滚翻的动作进行辅助练习，有利于提高排球运动技能。

3. 结合反应判断训练

反应可以分为两类：一类是对即将发生的动作有事先预知，并作出规律的动作反应，称为单纯反应，如排球接发球时，接发球队员可通过球的运行轨迹事先判断球的落点；另一类则是动作不预定，依刺激条件而作出下意识的动作反应，称为复杂反应，如排球运动员在接大力快速的扣球时，下意识地用身体的某部位进行击球的动作。就对灵敏性的影响而言，复杂反应显然比单纯反应更为重要。

4. 结合爆发力训练

爆发力是力量与速度的综合表现，由于在敏捷性的动作表现上，会反复出现起动、制动、再起动的过程，因此具有良好的爆发力对灵敏素质的提高尤为重要。

以上主要介绍了排球运动技能与协调、柔韧、平衡、灵敏、力量的关系。实际上，排球运动技术的形成与各种素质都有密切的关系，而且有着专门性的影响，只不过在排球运动技术中，这些素质占优势而已。因此，进一步深入研究运动素质与排球运动技术的依赖性和互补作用是非常重要的。

2.3 排球运动员的心理素质训练

2.3.1 心理素质训练

2.3.1.1 心理素质训练的概念和性质

1. 心理素质训练的概念

广义来讲，心理素质训练（mental training）是有目的、有计划地对受训者的心理过程和个性心理特征施加影响的过程。狭义来讲，心理素质训练是采用特殊的方法和手段，使受训者学会调节和控制自己的心理状态，进而调节和控制自己运动行为的过程。心理素质训练是现代竞技运动训练系统中不可缺少的一部分，它影响和制约着运动员的身体、技术、战术水平的改善与提高，可促进运动员心理过程的不断完善，形成专项运动所需要的良好个性心理特征，获得高水平的心理能量储备，使运动员的心理状态适应训练和比赛的要求，为达到最佳竞技状态和创造优异成绩奠定良好的心理基础。

心理调节能力和技术能力、战术能力、身体能力一样，受后天环境和实践活动的影响，可通过训练获得和提高。心理调节能力的训练遵循一般素质训练的规律，必须长期地、系统地进行，指望心理素质训练的方法一学就会、一会就用、一用就灵、立竿见影，是不切实际的。心理素质训练追求迁移效果，即不但使运动员对某种情境中的某个问题的心理调解能力得到提高，而且使其对其他情境中的其他问题的应付能力也得到提高，不但使运动员在自己的运动生涯中受益，而且使其终身受益，即最终目的是使运动员勇敢地、从容地、理智地、巧妙地面对一切困难，去争取成功。

2. 运动心理素质训练的性质

在体育运动中的心理素质训练简称为心理训练，有广义和狭义两种理解。

(1)广义的心理训练是指在体育运动中，有意识、有目的地对运动员施加影响的过程，使其心理状态发生变化，达到最适宜的程度，以满足提高运动技术水平和增进身心健康的需要。

(2)狭义的心理训练是指采用专门性的具体训练方法来改变运动员或学生的某一具体心理因素，以适应体育教学、训练和比赛的需要。

(3)广义、狭义两种心理训练的不同如下：

①广义的心理训练是采用各种方法对运动员的心理施加影响的过程，狭义的心理训练则是采用心理调节的专门技术手段进行训练。

②广义的心理训练是着眼于心理状态的普遍适应和改善，狭义的心理训练则要求提高具体的心理素质或克服某种心理障碍。

③广义的心理训练涉及的问题较多，一般短期内不易看到直接效果，狭义的心理训练则要求具有明显而较快的心理训练效果。

在实际应用中，两种心理训练是紧密联系、相辅相成的，不应当人为地把两者割裂开。

2.3.1.2 心理训练的重要作用

1. 提高心理活动水平

运动竞赛的实践证明，优异运动成绩的创造和激烈比赛的获胜取决于多种因素，其中身体素质是保证运动质量的生理物质基础，运动技术是基本条件，而心理素质是两者能够发挥作用的内部动力。平时没有良好的心理训练，没有一定的心理素质水平，即使具有较好的身体和技术训练，在比赛中也很难取得好的成绩。有人提出比赛的成功率30%归于心理，70%归于其他，是有一定道理的。

运动实践表明，心理因素是运动员或学生在教学、训练和比赛中控制、调节自己的生理活动与技术动作的主导因素。原因如下：

(1)心理活动水平太低，就不能对生理活动和技术动作进行有效的控制与调节，在这种情况下，尽管具有较好的身体素质和技术水平，也不能使其充分发挥作用。

(2)如果心理活动水平过高，充足的生理活动能量会冲击心理状态，进而产生心理紧张，冲击肌肉动作，使其用力过大、动作变形，造成比赛或训练的失误。

因此，必须用心理训练的方法提高心理活动的强度(激活水平)，使其达到能进行自我控制、调节的水平，以适应教学、训练和比赛的需要。

2. 控制心理活动强度

运动实践表明，运动员或学生在竞赛活动中，不仅要付出巨大的体力消耗，心理强度的强弱也是技术动作等能否充分发挥的重要保证。在教学、训练和比赛中，要求运动员或学生必须具有一定的心理强度。如果心理强度不足，则无法实现对身体素质和技术动作的主导作用。但是这种心理活动的强度要适宜，不能太强，太强了会因对身体素质和技术动作的不适当调节造成失误。在体育教学、训练和比赛中，一切运动技术动作的充分发挥都必须靠适宜的心理活动强度才能实现，也就是需要保持一定的身心力量平衡。如果失去平衡，身心任何一方超过了需要的限度，就会导致技术动作的变形，直接影响教学、训练和比赛的效果。因此，教师在教学和运动训练中，要对运动员或学生进行一定的心理训练，使其心理活动水平适合于身体素质、技术动作的同步发展和提高，以适应比赛的要求，始终维持身心力量的协调性。

3. 掌握和改进动作技能

在体育教学和运动训练中，学生对运动技术的学习不单是对肌肉活动的训练，而且也是对大脑的心理机能的训练，运动技术的学习过程实际是智力和体力活动结合的过程。因此，心理训练和技术训练同等重要，并且是相互密切联系的。如念动训练就体现了两者的密切关系。念动训练主要是指运动员有意识地、积极地利用头脑中已形成的运动表象进行训练的方法。头脑里有了运动表象才能去做动作，在念动训练中，运动员的注意力要集中。当在头脑里详细“描绘”出将要做的动作时，就会在头脑中“看见”这个动作，而且也会对完成这个动作所使用的力量有所体会，即产生完成该动作的动作表象。通过多种感知相结合的动作表象的回忆，就能达到巩固和改进动作的目的。

4. 消除疲劳，恢复体力

在教学、训练和比赛中，运动员或学生承受了较大的运动负荷，因此在紧张的比赛活动和大运动量训练时，往往出现疲劳和体力不佳，心理训练有助于帮助他们消除疲劳和恢复体力。据研究表明，大运动量训练后，进行五分钟心理自我调整训练，其身心恢复情况几乎和一小时的自然睡眠或传统的恢复手段相同。这些方法早已在运动实践中被人们所采用。心理自我调整训练之所以有如此显著的效果，是因为它是借助于神经与肌肉之间相互适应的现象，对自己的心理施加影响而产生积极作用的结果。

此外，心理训练还能帮助运动员或学生克服恐惧、消除紧张和心理障碍。例如，通过生物反馈训练，对消除过度紧张、恐惧和焦虑心情有很大作用，对治疗一些疾病也有好处，如通过脱敏训练就可使运动员或学生比较冷静地对待比赛等。由于技术动作的失误而产生的心理障碍，也只有采取专门性的心理恢复或心理治疗措施才能收到良好的效果。心理训练对集中或转移人的注意力，调节和培养人良好的活动动机，发展人的意志品质等都有积极的作用。

2.3.2　排球运动员一般心理训练

在体育运动中，对运动员或学生进行心理训练的方法很多。如用于一般心理训练的方法有集中注意力的训练、感知觉的训练、思维能力的训练、专门化知觉的训练、克服恐惧心理的训练和意志训练等。在准备具体比赛的心理训练中，常采用的心理训练方法主要有模拟训练、自我暗示训练、放松训练、注意力集中训练、生物反馈训练和动作表象训练等。凡是对某种心理现象施加影响，使其发生变化的措施都可称为心理训练。但是，在体育运动中，由于运动员专项、年龄和个体心理特点的不同，对所从事的各个专项的运动员或学生进行心理训练时所采用的方法也应当有所不同。下面分别介绍几种不同的心理训练方法。

2.3.2.1 放松训练

放松训练是一种专心致志地使自己身心放松的方法。运动员、学生进行一次大运动量的技术、战术训练或比赛之后，他们的体力、脑力消耗很大，在一般情况下，这种体力和脑力的恢复可以自然完成。但是，往往在大强度的训练和剧烈的比赛中，有的单靠自然休息还不能恢复体力、脑力，其产生的疲劳现象（主要是精神疲劳）都会影响训练水平的提高和比赛成绩。实践证明，进行良好的放松训练，对有效地减缓和消除疲劳有重要作用。

放松训练（relaxation training）是以一定的暗示语集中注意，调节呼吸，使肌肉得到充分放松，从而调节中枢神经系统兴奋性的方法。目前，人们普遍采用的是美国芝加哥生理学家雅克布逊首创的渐进放松（progressive relaxation）方法、奥地利精神学家舒尔兹提出的自生放松（autogenic relaxation）方法和中国传统的以深呼吸与意守丹田为特点的松静气功等三种放松方法。各种放松练习方法的共同点是：注意力高度集中于自我暗示语或他人暗示语、深沉的腹式呼吸、全身肌肉的完全放松。

1. 放松训练的作用

1）放松与暗示效应

放松练习后，大脑呈现一种特殊的松静状态。这种状态有别于日常的清醒状态、做梦状态或无梦睡眠状态，可以通俗地称它为半醒的意识状态。此时，人的受暗示性很强，对言语及其相应形象特别敏感，容易产生符合言语暗示内容的行为意向。

2）身体放松与心理放松

在平时的日常生活中常有这样的体验，心理紧张时，骨骼肌也不由自主地紧张，如肌肉发抖僵硬，说话哆嗦，全身有发冷的感觉等，而当心理放松时骨骼肌也自然放松。由此可见，大脑与骨骼肌具有双向联系。因此，肌肉活动积极，从肌肉往大脑传递的冲动就多，大脑就更兴奋（准备活动就起这种作用）；反之，肌肉越放松，向大脑传递的冲动就减少，大脑兴奋性就降低，心理上便感到不紧张了。

2. 放松训练的方法

放松训练的具体方法有很多，如自我暗示放松训练、自律训练、肌肉骨骼放松训练、超觉静坐、催眠术等。进行放松训练时，一方面，以一定的自我暗示套语使肌肉得到充分放松，体会到四肢的沉重和温暖感，同时由于呼吸频率放慢而对心率、血压等植物性机能产生良好的影响。另一方面，当身心处于放松状态时，大脑皮层的兴奋度降低，同时借助于重复默念有积极肯定愿望的公式套语使意念更集中到放松的感觉上。

心理放松训练可以有效地消除紧张情绪和神经系统的疲劳现象，是一种调节身心、控制情绪的最好方法之一，但绝不是短时期内能够奏效的，必须坚持系统的反复训练，才能达到预期的效果。

2.3.2.2 生物反馈训练

生物反馈（或生理回馈）是利用电子仪器将与心理、生理过程有关的机体生物学信息（如肌电、皮电、皮温、心率、血压、脑电等）加以处理，以视觉或听觉的方式显示给人（信息反馈），训练人们通过对这些信息的认识，有意识地控制自身的心理、生理活动，即通过中枢神经系统(Central Nervous System,简称 CNS)调控以往难以调控的植物性神经系统(Autonomic Nervous System,简称 ANS)的功能或者调控运动行为。例如,运动员在训练或比赛中出现了情绪紧张,在生理上表现为植物性神经系统控制的机体部分发生一系列变化,如心率加快、血压升高、毛细血管扩张等。使用电子仪器显示各种信号主要是视听信号,告诉运动员紧张情况下的主要生理机能反应,从而将紧张控制在适宜程度,这就是生物反馈的作用。

生物反馈训练不仅具有调整情绪状态、消除过度紧张、改善机体各器官系统机能的作用,而且还可以提高运动感知能力,加速运动技能的形成,使技术动作更为协调。如运动员练习动作时,利用肌电仪让运动员在示波器上直接观察肌电变化,可以提高运动员的肌肉用力感觉,精确区分完成动作的用力肌肉、用力时间和用力强度,从而加速运动技能的形成与完善。在耐力性项目的运动中,使用心率监测仪使运动员能够直接听到自己的心率变化情况,以便调节和控制练习的强度。

1. 生物反馈训练的功能

生物反馈训练的功能可以归纳为三大系统的生物反馈:从属于骨骼肌肉系统的生物反馈、从属于自主神经系统的生物反馈以及从属于内分泌系统的生物反馈。第一种系统的生物反馈训练最容易引起反应,对自主神经系统的生物反馈训练可以引起中等程度的变化,但表现出极大的个体差异,对腺体的生物反馈训练多通过间接的途径实现。

2. 生物反馈训练的作用

生物反馈是指人的活动结果又成为信息反映在头脑中。生物反馈就是使人知道内脏活动的信息,了解内脏器官活动的效果,从而学会控制内脏器官的活动。生物反馈训练又称"内脏学习"、"自主神经学习"或"教育自己的内脏"。它是利用现代电子仪器把自身内脏活动的信息显示出来,使自己知道并了解自己行动的效果,从而有意识地去控制行动。这种训练方法实际上是使训练者把生理功能变化的方向和自己的感觉联系起来,逐步学会在某种程度上调节自己的生理功能并向有利方向变化的训练方法。这种方法对消除过度紧张、恐惧和焦急心情很有作用,对治疗一些疾病也有作用。运动员或学生在训练和比赛时,往往出现情绪紧张等现象,这种现象必然在生理方面有所反应,特别是植物性神经系统控制的各部分发生变化,如心率加快、毛细血管扩张、血压升高等。通过生物反馈训练学会如何控制自己的这些反应,进而消除紧张,使肌肉放松到理想状态和最佳的心理激活水平,同时也可以调节心率及血压,改善情绪状态。

这种方法的效果要经过较长时间的训练才能显示出来,因为对植物性神经系统进行调节和控制,时间太短是不行的。实践证明,生物反馈训练不仅可以稳定运动员的情绪,消除紧张心理,而且能加速消除疲劳。

2.3.2.3 表象训练

表象训练(imagery training)是教练员、运动员和体育运动心理学工作者运用得最为普遍的一种心理技能训练方法。它被视为心理技能训练的核心环节,是在暗示语的指导下在头脑中反复想象某种运动动作或运动情境,从而提高运动技能和情绪控制能力的方法。表象训练有利于建立和巩固正确动作的动力定型,有助于加快动作的熟练程度和加深动作记忆。赛前对成功动作表象的体验将起到动员作用,使运动员充满必胜的信心,达到最佳竞技状态,这有助于消除肌肉酸痛和单调乏味的感觉。

1. 表象训练的依据

念动现象及心理神经肌肉理论是当产生一种动作表象时,总伴随着实现这种动作的神经冲动,大脑皮层的相应中枢会兴奋,原有的暂时联系会恢复,这种兴奋会引起相应肌肉进行难以觉察的动作。运动表象时引起的这种运动反应称做观念运动反应(或念动动作)。

2. 表象训练的方法

表象训练也称念动训练、回忆训练或想象训练。念动训练主要是运动员或学生有意识地、积极地利用自己头脑中已形成的运动表象,并配合适当的语言暗示进行训练的一种方法。运动表象有的也称动作表象,它是综合的表象,它包括视觉表象(如动作的形态、过程)和动觉表象(如内部用力感觉、节奏)。念动训练时往往配合有语言暗示(如关键要领),语言可制成"套语",使之固定化、程序化。这种内部重复演练动作表象的训练过程,能使表象过程中相应动作部位产生肌电活动。根据有关研究资料证明,进行念动训练时,只要运动员或学生能准确地进行表象活动,这种训练就是行之有效的。

3. 表象训练的注意事项

表象训练应注意以下几点:

(1)运动表象愈清晰准确,完成的动作就愈准确。在头脑中准确地重现出某个动作形象并不是一件容易的事情,运动员或学生要在这方面进行反复练习。

(2)运动表象必须是视觉和动觉相结合的综合表象。如果只呈现视觉表象,那么念动训练的效果就会受到影响。通过实际练习,运动员或学生可进行自我检查与对比,以提高运动表象。

4. 运动表象的形成过程

运动表象的形成过程分为两个阶段,在建立阶段,运动员首先形成有关动作的大致轮廓,但动作的时间、空间、力量特点都不大清楚,主要成分是视觉表象;在相对准确化阶段,运动表象中反映的动作的时间、空间、力量特点逐渐清晰,主要成分是动觉表象。

2.3.2.4 认知调节训练

一般来说,运动员情绪的调节与控制可以从两个方面着手:一是采用以生理调节为主的方法,如放松训练;二是采用以认知调节为主的方法,如合理情绪调节训练和暗示训练,这种认知调节训练,就是要提高运动员的情境评价能力与问题处理能力,以便在复杂的比赛情况下依靠运动员自己解决问题。

认知调节训练(cognition-regulation training)也可以称为认知—行为调节训练(cognition-behavior-regulation training),它源于20世纪50年代开始发展起来的行为矫正技术(behavior-modification technique),行为矫正是连接临床心理学和实验心理学的主要桥梁。

一般来说,认知调节行为过程有四个阶段。第一个阶段是探查阶段,此时,心理学家要了解服务对象各方面的情况,比如,他是如何看待周围世界的,是如何建立和组织自己的认知系统的。第二个阶段是教育阶段,此时,心理学家帮助服务对象建立一种新的认知模式,把问题看做是可以解决的,并采用具体的方法解决问题。第三个阶段是巩固阶段,继续进行帮助。第四个阶段是评价阶段,评价帮助措施和服务对象的行为变化在他生活中的意义。当然,这四个阶段并无明显区分,新问题的产生或旧问题的解决都可能导致人们在这四个阶段之间的不断跨越。

2.3.2.5 暗示训练

暗示训练(self-suggestion training)是利用言语等刺激物对运动员的心理施加影响,并进而控制行为的过程。我国的气功与印度的瑜珈运用了许多自我暗示的方法。19 世纪初,德国学者舒尔茨到印度,对瑜珈的暗示法进行了调查研究,他回国后在给病人治疗时,把患者分为给药组和给药加暗示组,经过一段治疗发现,自我暗示对疾病治疗有显著效果。1932 年出版了《自我暗示训练》一书,从而揭开了对自我暗示进行科学研究的序幕。

运动心理学的研究表明,自我暗示能够提高动作的稳定性并能增加成功率。

2.3.2.6 模拟训练

模拟训练实际是一种适应性训练或叫脱敏训练,这是将训练安排在比赛条件相似的环境下进行的一种训练方法,能使运动员逐步适应比赛的特殊环境,有利于提高临场的表演效能及比赛水平。同时,通过模拟训练,排除运动员或学生参加比赛时产生的不良心理状态。为了达到这个目的,必须对即将参加比赛的对手、场地、设备、照明、器材、观众、气候、时间等条件掌握得十分清楚,才能进行模拟训练。模拟时还要注意在生理、心理、环境等各方面尽量做到与赛前实际情况类似。

模拟有实战实景模拟和语言形象模拟两种。实战实景模拟就是创造与比赛实际相类似的条件进行训练,培养运动员的适应能力。如条件许可应使运动员提前到达比赛地点和场地进行训练,或者到与比赛地点的气候、环境相类似的地方进行训练,进行和比赛同样要求的测验,制定和执行与比赛地点"时间差"相同的作息制度,都属于实战实景的模拟训练。语言形象模拟是利用语言来描绘未来竞赛时的情形、对手的行动和自己的行动,这种模拟要配合图表、图片、照片、录像、电影等,使之具体化。经过模拟训练,有利于技战术从运动训练场转移到比赛场上。

在模拟训练中,由于项目不同,采用的模拟训练方法也有所不同。如在"一对一"的项目中,可以选择一些适当的竞赛对手进行实战训练。这些训练都应在模拟的类似条件下进行。我国运动员在出国比赛之前,也曾做过模拟训练的尝试,包括对运动员作息时间的安排,在比赛中可能出现的问题,环境因素的干扰等,都进行了设计,这对克服运动员的紧张心理和对比赛环境的适应都是大有好处的。

2.3.2.7 注意力集中训练

注意力集中(attention concentration)是坚持全神贯注于一个确定的目标,不为其他内外刺激的干扰而产生分心的能力。这种能力一般包括四个方面:意愿的强度、意愿的延长、注意力集中的强度和注意力集中的延长。

运动员注意力的集中是非常重要的。根据实验研究,注意力集中能力对射击运动员提高运动成绩十分重要。注意力集中的强度依赖于精神机能,而注意力集中的保持和延长却取决于肉体机能。当精神疲劳时,注意力集中的强度就变弱;当肉体疲劳或有病时,注意力集中的延长机能就降低;当情绪不好、杂念多时,注意力也难以集中。因此,注意力的训练是一个综合的努力过程,所采用的训练方法也是多方面的。

实验研究指出,行之有效的集中注意力的训练应注意以下几个方面:

(1)对从事的活动要有强烈的兴趣,来自内部的兴趣动机更能使人全神贯注。

(2)在日常生活中养成办事有头有尾的好习惯,不能有见异思迁的习惯。

(3)练习视觉守点、听觉守音的集中能力。

(4)在比赛中把自己忘掉,用身体体会进入集中注意力的境界。

(5)在比赛中把环境忘掉,不是想比赛和名次,而是如何敏捷地做动作。

(6)消除担心、害怕心理及其他原因,避免情绪波动。

此外,在心理训练中,有的学者研究,采用看手表、注意物体、注视墙上的圆圈等方式的练习也颇有成效。看手表的练习是指先看表的秒针,注意力集中在秒针上,先看一分钟、两分钟、三分钟,找出自己能坚持注视秒针的时间。如注意始终不离开秒针能坚持一分半钟,把这个时间记下来,然后进行练习时,每次坚持一分半钟,连续3~4次。每次练习后休息10~15秒,经过多日训练,每次练习的时间逐渐延长,当能集中注视秒针达到五分钟后就转入注视分针的练习。当能集中注视五分钟时,说明集中注意能力得到提高。这样的练习可以在任何时候进行,尤其是在大脑疲劳、注意力不易集中的情况下进行练习,会收到更好的效果。

2.3.2.8 智力训练

人们在掌握和表现运动技能的过程中必须具备的心理特征有三个研究特点:第一是智力结构中的一般因素或一般智力发展水平;第二是测量工具多为标准化的智力测验,如韦氏智力量表和瑞文标准推理测验;第三是多数学者认为体育活动能够促进人的智力发展。

根据国内外研究结果,可归纳出如下一些趋势:

(1)高水平运动员具备中等或中等以上水平智力。

(2)体育专业学生的智力发展水平与文、理科学生的智力发展水平无显著差异。

(3)运动专项不同,取得优异成绩所要求的智力特征也不相同。

(4)运动技能的类型不同、水平不同,智力因素对技能获得的影响也不相同。

(5)运动技能学习阶段不同,智力因素对掌握运动技能的影响也不同。

(6)智力缺陷儿童的智商分数越低,技能操作成绩也越差,掌握运动技能也越困难。

(7)在所完成的操作任务难度和智商分数之间有中等程度的相关。

上述研究结果强调应当在具体运动情境条件下来把握和理解运动智力,另外"必须具备的心理特征"主要是运动员的认知因素,即与运动信息加工过程中编码、储存、提取、决策问题有关的知觉、注意、记忆和思维等因素。

另外,正确理解运动员的智力水平具有重要的意义,它有助于消除某些人认为运动员"四肢发达,头脑简单"的错误观念,有利于运动员的选材工作。

在选材工作中,不但要关注运动员是否具备了成为高水平运动员所必须具备的中等以上的智力发展水平,而且要关注运动员在具体运动情境中解决问题的能力。对运动员智力的正确理解,还可以使人们正确认识体育运动与智力发展的关系。

2.3.2.9 意志训练

人的意志品质是决定人心理的一个因素。在训练中可以有意识地设置一些快速变化的困难,培养运动员当机立断,正确估计危险程度,毫不犹豫地完成决定的果断精神。一般来说,克服主观困难的方法可采用说服教育、榜样作用、自我命令等。克服困难的方法可采用改变负荷和练习难度、降低要求和改变环境条件等。通过在训练中锻炼并提高运动员的自制能力,使其能自如地控制情感,养成坚定的意志品质,保证运动员在比赛中能充分发挥其竞技能力。

2.3.2.10 表情调节

表情调节(expression intervention)是有意识地改变自己面部和姿态的表情以调节情绪的方法。情绪状态与外部表情存在着密切而有机的联系,因此会产生伴随一系列生理过程的变化,并因而引起面部、姿态等外部表情的变化。如愉快时兴高采烈,笑容满面,手舞足蹈;愤怒时横眉竖眼,咬牙切齿,紧握双拳;沮丧时垂头丧气,肌肉松弛,萎靡无力等。既然情绪状态与外部表情存在着密切而有机的联系,就可以通过改变外部表情的方法而相应地改变情绪状态。如感到紧张焦虑时,可以有意识地放松面部肌肉,不要咬牙,或者用手轻搓面部,使面部肌肉有一种放松感。当心情沉重、情绪低落时,可以有意识地做出笑脸,强迫自己微笑,即使做不到,可以看看别人的笑脸,或者想一想自己过去最高兴的某件事,也可以想一想自己过去最得心应手的比赛情境。

2.3.2.11 活动调节

大脑与肌肉的信息是双向传导的,神经兴奋可以从大脑传至肌肉,也可以从肌肉传至大脑。肌肉活动积极,从肌肉向大脑传递的冲动就多,大脑兴奋水平就高,情绪就会高涨。反之,肌肉愈放松,从肌肉向大脑传递的冲动就愈少,大脑的兴奋水平就降低,情绪就不会高涨。这样,活动调节(movement intervention)利用不同速度、强度、幅度、方向和节奏的动作练习,也可以控制运动员临场的情绪状态。例如,情绪过分紧张时,采用一些强度小、幅度大、速度和节奏慢的动作练习,可以降低情绪的兴奋性,消除过度紧张状态。情绪低沉时,可采用幅度小、强度大、速度快和节奏快的变向动作练习,通过反复练习,可以提高情绪的兴奋性。

2.3.2.12 音乐调节

通过情绪色彩鲜明的音乐控制情绪状态叫音乐调节(music intervention)。音乐能够影响人的身心健康,这一概念早已为人们所接受。例如,人们可以听着催眠曲进入梦乡,唱着歌曲减轻繁重体力劳动造成的疲劳等。研究表明,音乐能使人产生兴奋、镇定、平衡三种情绪状态。音乐给予人的“声波信息”,可以用来消除大脑工作所带来的紧张,也可以帮助人们内在地集中注意力,促使大脑的冥想状态井然有序。因此,人们喜爱的曲子或一种具有特殊节奏的音乐,可使人身心放松,也可使人身心兴奋,处于机敏状态。运动员赛前如果有异常的情绪表现(如过分紧张),听一段轻音乐或喜爱的歌曲,往往能得到调节情绪的良好效果。札斯皮罗夫曾做了一项研究,结果发现,音乐能使运动员有效地摆脱赛前的紧张。

2.3.2.13 呼吸调节

通过深呼吸有可能使运动员的情绪波动稳定下来。情绪紧张时,常有呼吸短促现象,特别是过于紧张时运动员常有气不够喘或吸不上来气的感觉,这是呼气不完全造成的。这时可以采用缓慢的呼气和吸气练习使情绪的兴奋性下降。情绪低沉时,可采用长吸气与有力的呼气练习提高情绪的兴奋水平,这就是呼吸调节(respiration intervention)。这种方法之所以奏效,是因为情绪紧张时,呼吸快而浅,由于快呼吸,使体内吸入大量氧气,呼出大量二氧化碳,二氧化碳呼出过多,会使血流中的二氧化碳失去平衡,时间一长,中枢神经便迅速作出抑制性的保护性反应。这时,采用加深或放慢呼吸频率的方法来消除紧张,经过一小段时间后,就会达到情绪稳定的效果。

2.3.2.14 颜色调节

颜色是视觉刺激物,可以同时引起其他感觉,使人感到冷暖、重量、味道等的不同,称为联觉。在竞赛中也可以利用联觉现象通过颜色调节运动员的心理状态,即为颜色调节。例如,过分紧张时,看绿、蓝、紫等色彩,具有镇静作用。用绿毛巾擦汗,饮用绿色的饮料,到蓝色环境中休息一下,可使过度兴奋得到缓解。如果运动员临场精神状态不振,则应多给以红色或黄色刺激。排球比赛所用球由原来的浅色改为现在的彩色球,除了适应电视转播和利于运动员判断球旋转方向,也是为了调节运动员枯燥的训练,在视觉上增加色彩的刺激,从心理上起到振奋情绪的作用。排球运动员现在的比赛服与以往相比,也是多彩多姿,其中也有用颜色调节心理的原理。

2.3.2.15 语言调节

语言调节或称暗示调节,是使用语言对心理活动施加影响的方法,也可用手势、表情或其他暗号来进行。暗示现象在日常生活中有着广泛的作用。暗示不仅对人的心理和行为产生影响,还可以影响到人的生理变化。暗示作用有积极的,也有消极的。

接受暗示毕竟不是一种根据事实作出判断的品质。一般来说,小孩较成人易接受暗示,女性较男性易接受暗示,普通人易受权威暗示。暗示可分为自我暗示和他人暗示。竞赛之前和竞赛之中,教练员与运动员应尽量用积极语言分析对手情况,制定战术,树立信心。避免使用消极词语,如用“我很镇静”代替“我不紧张”,用“我充满力量”代替“我还没有疲劳”,用“我站得很稳”代替“千万别摔倒”等。教练员应十分注意自己的手势、姿态、脸部表情和眼神,这些都是传递暗示信息的媒介,可能对运动员的心理带来重要影响。如中国女排国家队前总教练陈忠和就深知此道,女排姑娘们比赛时,他在场外总是一副笑脸,及时地给予鼓励和安慰,不断调节队员的情绪,使她们始终处在积极向上、奋勇拼搏的情感当中。同时,运动员自身的表现也可能对队友产生影响。

2.3.3 排球运动员准备具体比赛的心理训练

2.3.3.1 赛前心理训练方法

大赛之前,由于运动员对比赛重要性的认识,会产生某种情绪体验,使身体机能发生某些条件反射性变化。如神经系统兴奋性的变化,脉搏、呼吸、血压、体温及汗腺活动、血糖水平的变化等。

赛前,运动员一般有以下四种状态。

1. 战斗准备状态

运动员对比赛任务有正确的认识,对本队和自己的力量有充分的信心,有全力以赴和争取胜利的愿望,对可能出现的困难有充分的准备。此时,神经兴奋程度适宜,情绪活跃,知觉敏锐性高,技战术表象清晰,精力充沛。这是良好的赛前状态,是平时各方面训练的成果。

2. 过分激动状态

运动员对比赛形势、任务认识不正确,自身强烈的求胜愿望与现实实力情况的矛盾,或缺乏大赛经验等,引起过度兴奋,出现呼吸短促,心跳加快,四肢颤抖,尿频等。它必然也会引起心理活动的反常,如心不在焉,听觉减弱,表象模糊,情绪紧张失控等。这种状况必然不能正常发挥技术水平。

3. 冷漠状态

运动员由于过度疲劳或动机消极,对不利因素考虑过多、缺乏信心而又没有办法时,会对比赛产生冷漠态度。表现为情绪低落,意志消沉,处理问题不果断,浑身无力,不想参加比赛。这种状态肯定是难于夺取比赛胜利的。

4. 盲目自信状态

对比赛的复杂性和困难程度估计不足,过高地估计了本队或本人的力量,盲目相信能轻易取胜。这种状态会使身心懈怠,注意强度下降,知觉和思维迟缓。自信有获胜的把握但对获胜的途径总是朦胧不清,临赛前身心尚未进入准备状态。这种心理状态的运动员在比赛中一旦遇到困难,就会手足无措,甚至紧张失常。

2.3.3.2 赛前心理训练

1. 模拟训练

模拟比赛对手的技战术特点,对比赛环境(噪声、海拔、温度等)、条件(时间、场次间隔等)进行预先适应性训练。如中国女排在大赛前都要练习接古巴的砍式发球,要在大强度噪声的条件下练习。1981 年为适应在日本的“拉练”式比赛,曾转战于北京、石家庄、天津及南京、苏州、镇江之间,并多次用午休时间来训练和比赛,较好地提前适应了正式比赛的环境和条件,取得了比赛的成功。

2. 语言提示

1)关于“摆正位置”、“端正动机”方面的积极提示

教练员正确、客观地分析双方实力对比,使运动员摆正自己的位置。若实力势均力敌,或稍弱一点,要用积极、正面的语言启发运动员立足于“拼”,使队员获得“增力”情绪。若稍强于对手,要用中肯的语言使运动员做好充分的困难准备,树立起在“拼搏”中取胜的信念。教练员用客观、准确的语言说明比赛的目的、意义,帮助运动员调整比赛动机,使个人动机和社会动机统一起来,达到情绪活跃、斗志高昂的最佳赛前状态。

2)关于增强信心方面的积极提示

教练员用鼓励性的语言,多多肯定队员的优点和成功,不轻易地、笼统地否定一个队员,要让队员对自己充满自信。教练员应用准确的语言实事求是地分析双方实力对比,使运动员心里踏实而且有信心。

教练员制定正确的战略战术,扬长避短,能击中对方要害,使队员既充满必胜信念,又有实现胜利的步骤和方法,就会形成高涨而稳定的情绪。教练员用激励性的语言激发队员的斗志,使其具有信心。教练员还可采取某些措施并结合语言提示来进行,会收到更好的效果。如说某个强攻位置需要一位在困难时手不软的人物,我队杨××和李××谁上更合适呢？就是先不确定上场人选,但又提出了条件,以此来激励杨××、李××。

3)运动员个人进行的积极暗示

运动员在对自己的实力和发挥产生怀疑时,就会出现信心不足。增强信心的自我暗示可从以下方面进行:不轻易地否定自己,不怀疑自己的成功;相信自己,允许自己有失误;从以往成功中进行表象,寻找出自信心;挖掘自己的潜力,相信自己有很大的潜力可挖等。

运动员在进行自我暗示时,一定要用积极的语言进行。

4)运动员之间进行的积极提示

队员间的积极语言提示效果非常好,尤其是队员间使用的语言常常很形象、很深刻,因而效果很好。队员间的语言提示可以以两人谈心,3~4 人小组或者 6 个主力队员在一起的方式来进行。

5）赛前出现不良情绪的对策

临赛前夕，运动员出现情绪过分激动状态时，应针对其具体情况，用语言调整比赛动机和期望水平，使其恢复至适宜状态。还可以采用转移注意力、放松训练、安慰疗法等方法来逐渐缓解过激情绪，尽量使情绪恢复至正常状态。

赛前出现情绪冷漠状态时，应针对其具体情况，用语言激励、动员，调动其参赛的积极性。对信心不足的队员除鼓励外，还要帮助他做实际的分析，制定具体的对策，提出一些在遇到困难时“怎么办”的具体办法。对由于过度疲劳或伤病造成对比赛冷漠的队员，要主动安排他们进行积极休息和治疗。

赛前出现盲目自信状态时，教练员要对队员进行作风、责任感方面的说明教育，使其明确自身肩负的责任，从而做到认真地参赛，还要全面地向运动员分析形势、分析情况，使运动员既看到自身的长处，也看到自身的短处；既看到对方的短处，也看到对方的长处，以清醒的头脑去参加比赛。

3. 放松训练

针对赛前心情过分紧张和情绪过分激动的情况可采用放松训练。

1）自我暗示放松

采用经常性心理训练方法，让队员在心里反复默念“镇静，镇静，镇静就是胜利”。

2）转移注意力

改变常规的赛前活动形式和内容，使队员获得心理上的放松。如将会议形式的准备会改为在公园里散步谈心；让队员去做他最感兴趣的事（听音乐、下棋、打扑克、逛公园、看电视等）及其他可转移队员紧张情绪的方法。采用方法应有针对性，要区别对待，切不可勉强队员去从事他不喜欢干的事。

2.3.3.3 赛中的情绪控制

运动员在比赛中情绪体验最为深刻，其变化也最为激烈，而情绪又与肌肉活动息息相关。因此，情绪控制可以说是运动员赛中心理控制的核心。

控制赛中情绪最主要的是要做到两点：一是端正比赛动机，二是制定正确的策略。在此基础上还可以运用以下方法来调节和控制场上情绪。

1. 教练员的语言提示

（1）在运动员发挥基本正常时，教练员用积极的语言肯定场上的现状。由于双方实力相当，即使比分暂时落后也要肯定和鼓励，以稳定场上情绪。

（2）在比赛十分紧张时，教练员对队员提出具体的指示，甚至可以具体到是扣还是吊；吊球吊到对方什么地方，把球给谁扣等。

（3）对一时发挥不好的队员要安慰，甚至说几句替队员解脱的话，以减轻队员的精神压力。

（4）对在场上松懈、不认真的队员，教练员的批评要中肯，表情要严肃，也可以用激将法。

2. 教练员的行为暗示

（1）以教练员的情绪感染队员。人的情绪有易感性，教练员情绪稳定会感染队员，使队员把情绪稳定下来。

（2）教练员语言既精确，又有条理，可使运动员沉着、冷静，情绪稳定活跃。

(3)暂停,换人恰当、及时,可使队员感到比赛井井有条,充满胜利的信心,有助于场上保持活跃的情绪。

(4)及时改变预定打法转变场上情绪。打法不对,比赛受挫,会引起情绪波动。教练员必须迅速准确地改变原定打法,扭转场上的被动局面,才能使场上情绪稳定,保证正常水平的发挥。如中国女排在日本超霸杯赛时,开局发球仍然无力,不能控制苏联队的攻势,场上情绪低落。这时教练员及时提出"拼发球"的策略,有三个队员发球连续得分,一下子转变了比赛局面,场上情绪立刻活跃起来,以3:1战胜奥运会冠军队——苏联队。

3.队员间的语言调节和行为暗示

(1)场上队员间互相大声鼓励,场上与场下互相鼓舞、呼应,使全队形成整体冲击力。

(2)队员间用行动互相弥补,减少场上漏洞,提高整体的战斗力。

4.队员的个人调节

(1)成死球时做放松跑动和几次深呼吸。

(2)自我语言暗示:如"镇静"、"放松"、"我感觉很好"等。

(3)强制自己集中注意力、顽强拼搏等,对裁判的误判和队友的失误,也强制自己不受干扰,继续努力。

2.3.3.4 赛后的心理恢复

运动员在比赛中要承受较大的身体和心理负荷,赛后需要进行心理调整。目前,常用按摩、理疗等,这些手段都是对机体各部分组织进行的主动和被动的机械性恢复,只能反射性地改善和调节中枢神经系统的机能,而不能主动地对中枢神经系统产生直接影响。长期以来,人们对运动员训练和比赛后出现的生理疲劳进行了较为系统的研究,但对运动员由于心理紧张和心理压力而产生的心理疲劳却未引起足够的重视,也很少有人采用心理手段来消除。

1.运用语言暗示及时消除比赛后的心理疲劳

随着竞技体育的发展,比赛越来越激烈,运动员长期承受较大的心理压力,导致运动员表现出心理疲劳现象。当运动员产生心理疲劳时,主观感觉是乏力、意志减弱、情绪不安、烦躁易怒、对训练和比赛兴趣减退等。产生心理疲劳后,经过适当的调整,其疲劳能够得到恢复。如果疲劳得不到恢复,心理疲劳持续积累,便对运动员产生负面影响。语言暗示对消除比赛后的心理疲劳起着非常重要的作用,运用语言暗示可以采用自我暗示诱导放松,也可以采用他人暗示(如利用录音带)诱导放松,这样就可以使运动员的精神和肌肉在语言的诱导和音乐的良性刺激下充分放松,并使大脑入静,从而调节大脑有序地工作。

2.通过认知调整比赛所带来的消极心理反应

在运动竞赛中,成功与失败是竞技体育中永恒的主题。研究表明,在运动竞赛中,运动员的身心处于高度紧张状态中,所有的心理过程都进行得异常迅速、激烈、活跃,高度紧张贯穿于运动竞赛的始终。运动员不论是赛前所出现的紧张,还是赛后出现的心理异常,通常都是一种暂时的心理现象,是人的一种情绪状态,而且多是由于对比赛各种刺激因素及本人参赛的条件作出具有威胁性的自我评价并形成某种强大的心理压力而产生的,因此要教会运动员学会认知,正确看待比赛的胜负,以防止胜利后运动员的兴奋陶醉和失败后运动员的沮丧对将来训练和比赛的消极影响,并消除不正常的进攻心理。比赛后运动员的拼搏和进攻性不会即刻消失,在失败的运动员身上表现得更为突出,必须注意疏导。要提高运动员的自我认识，克服盲目自大，防止丧失信心。

3. 运用生物反馈训练法进行心理康复训练

运动员在比赛中或比赛后，他们的心理状态有时是不正常的，这从生理机制上得到反应，如心率加快、血压升高、毛细血管扩张等。通过电子仪器显示的各种信号，使运动员了解自己在紧张情况下的一些主要生理反应，从而学会如何控制生理机能，进而消除精神的紧张。目前，运动心理学界用遥测、皮肤电阻变化等信息进行反馈。如利用肌电反馈，当肌电信号明显减弱，训练者根据灯光渐灭、声音渐小或图像逐渐平稳就知道自己逐渐放松，努力体会放松的感觉。但需指出的是，运动员掌握这种方法需要经过长期的训练，因为它是属于中枢神经系统对植物性神经系统的调节和控制的过程，绝不是短期训练所能达到的。因此，生物反馈训练必须与其他康复训练结合进行，才能取得较好的训练效果。

4. 通过想象放松训练，解除心理疲劳

想象放松是指运动员想象自己处在某种使他们感到放松的环境之中。运动员仰卧、四肢平伸、处于安静状态、闭上眼睛，注意力集中在大脑所想象的事物上，这种技术的目的是改变人的心理环境。

5. 利用催眠术进行心理康复训练

催眠术是通过心理暗示的方法，使受术者的心理活动达到某种境界，呈现一种介于觉醒和睡眠之间的特殊心理状态。在这种状态下，受术者思维狭窄、意识恍惚，能与施术者保持密切的感应关系，对施术者的每句话、每个字全部接收，绝对服从，对外界的干扰毫无反应。催眠主要是通过一些单调、重复、刻板的刺激和反复运用一些表明胜利睡眠的词语，使受术者的听觉、视觉或触觉产生疲劳，诱发不同程度的催眠现象。用于消除心理疲劳的催眠术，可以在运动间歇或运动后进行。催眠用于消除疲劳能起到令人惊奇的效果，无论是在训练后、比赛间歇，还是比赛后，使用自我催眠或他人催眠都能迅速消除疲劳和继续保持充沛的体力。

6. 通过自我心理调整练习进行心理康复训练

自我心理调整是指借助语言暗示以及与语言一致的思维形象作用于人自身，改变情绪反应以及各器官和系统的机能状态，以肯定的语言方式影响人的自我感觉和活动能力，是心理自我调整方法的基础。自我心理调整有自我说服和自我暗示两个方面。首先，要通过呼吸调整和语言暗示进入朦胧状态，在这种状态中，大脑对于语言以及与语言相联系的思维形象特别敏感；其次，要学会高度集中注意力。神经—肌肉心理练习的目的是使运动员学会有意识地校正体内某些自动化过程，同时这种练习有利于心理恢复。

7. 通过音乐调节法进行心理康复训练

研究表明，音乐能够使人产生兴奋、镇静、平衡等情绪状态。音乐给予运动员的声波信息可以用来消除运动员比赛后的心理紧张和心理疲劳。所以，在运动员比赛后选择一些优美的轻音乐或运动员平时喜爱的音乐，使运动员专注于音乐的欣赏，给中枢神经系统以良性刺激，消除因紧张激烈的比赛在大脑皮层中的强痕迹作用，对功能恢复有积极的促进作用。

运动员赛后心理康复的手段还有很多，如比赛后组织一些文娱活动、郊游、听音乐会等，也可以通过心理咨询，给运动员提供合理宣泄的机会，使运动员把消极的情绪释放出去，达到心理调整的目的。

不论运用哪种方法都必须遵循因人而异的原则，有目的地加以运用。现代社会竞技体育的发展越来越激烈,这就需要运动员有高度发达的神经,在比赛中运动员要承受巨大的心理压力,身体和心理都非常疲劳。因此,运动员赛后心理康复非常重要。赛后心理康复得好与坏,直接影响着运动员今后的训练和比赛,作为运动员或教练员,应像对待赛前心理训练一样重视赛后心理康复。

2.3.4 心理训练的程序与注意事项

2.3.4.1 排球运动员心理训练的程序

1. 一般心理训练的程序

(1)要充实运动员心理学和体育心理学的理论知识,学习操作技能和评定手段。

(2)了解并探讨排球运动训练过程中和竞赛中可能出现的心理学问题。

(3)对运动员进行心理咨询与诊断。

(4)通过心理选材和心理测试评定建立排球运动员的个人心理档案。

(5)根据运动员心理状况制订切实可行的心理训练计划。

(6)在专项运动训练的同时进行一般心理训练和专项心理训练。

(7)定期与不定期结合地进行各种心理诊断,检查与评定心理训练的效果,根据出现的问题不断修订心理训练的计划。

2. 具体比赛时心理训练的程序

(1)对运动员进行赛前心理诊断。

(2)制订赛前心理训练计划,选择适当的训练方法与手段。

(3)实施心理训练计划,进行赛前心理调整。

(4)检查评定赛前心理训练的效果。

(5)预测比赛中可能出现的心理问题,商议解决对策。

(6)赛后进行心理恢复。

2.3.4.2 排球运动员心理训练中应注意的事项

(1)请有经验的心理学专家对运动员进行心理咨询与诊断,以获得准确的第一手资料,从而得出正确的分析,保证心理训练的效果。

(2)心理训练要注意长期计划与即时心理调整相结合,同时在一般心理训练的基础上进行准备比赛的心理训练,使两者有机结合。

(3)心理训练中应注意集体训练与个别训练相结合。集体训练解决一般的、共性的心理问题;个别训练时注意因人而异,根据运动员的个性训练特征(性格、气质等)、心理差异和心理变化动因的不同进行针对性训练。对排球运动员而言,运动员司职何位对心理要求也不同,训练中也要考虑到。

(4)心理训练要纳入训练队的整个训练计划,要与技战术训练、体能训练以及比赛相结合,在实践中检验心理训练的效果,不断获得提高。

(5)教练员要善于观察,了解排球运动中存在的心理规律,能够注意到运动员心理的变化。特别是在重大比赛时,要能及时发现问题、解决问题。

(6)排球运动员、教练员要与心理教练默契配合,互相合作,使科研与训练紧密结合,不断提高排球运动员的心理素质,提高我国排球运动心理训练的水平。

2.4 排球运动中的损伤与预防

2.4.1 排球运动中常见的损伤

2.4.1.1 排球运动中产生损伤的原因

排球运动中产生损伤的主要原因可归纳为以下几个方面：

(1)不合理的设施和器材。例如，球鞋太紧，易引起脚上起泡；场地太滑，极有可能造成踝关节的扭伤等。

(2)不合理的技术动作。

(3)体质差。良好的身体素质将极大地减少受伤的机会。至少应让所有的运动员在一场比赛或一节训练课的前后做伸展运动。

(4)力求完美，超越人体极限。不论身体素质如何，总会出现伤情，即使是专业运动员也会因超越他们的身体极限去救一个难救的球而受伤。

2.4.1.2 竞技排球运动中常见的损伤

排球运动虽然没有直接的身体接触，受到的伤害程度也许不像有身体冲撞的足球、篮球等那样严重，但无论是小得不起眼却很麻烦的水泡，还是需要人长时间照料的严重扭伤都不可忽视大意。因为人的精力、体力及生理状态都有高潮、低潮和极限，人在生理低潮时就有可能发生许许多多的意外伤害。所以，在排球场享受乐趣的同时一定要学会保护好自己。竞技排球运动中常见的损伤如下。

1. 擦伤

擦伤是最常见的一种损伤，擦伤是皮肤受到急剧的摩擦所致。出现擦伤后，可用消毒水清洗创面，再以无黏性的绷带包扎即可。如果是夏天，且创面不大的话，用消毒水清洗干净，抹点碘酒即可。

2. 水泡

水泡是由于挤压、摩擦和湿气等造成的皮下淤水小泡。水泡常见于手上和脚上，所以选择的鞋子一定要合脚。穿上后，以脚后跟可放下一个手指为宜，并最好穿厚一点儿的棉袜。夏天打球出汗后最好及时擦干手臂、手腕上的汗水，避免手心流汗。

3. 挫伤

挫伤是由于钝器打击或剧烈碰撞等所引起的。出现挫伤时，应抬高患肢、冷敷、加压包扎，尽量减少出血。24 小时后，对挫伤处可进行热敷或按摩。

4. 扭伤

动作幅度较大或过于急剧会给关节造成过度的扭曲和伤害。一般情况下，当关节受压力较大时就会出现扭伤。扭伤出现后，应立即停止运动，尽快就医。

5. 跟腱炎

跟腱炎是由于运动强度过大或时间过长，造成跟腱负担太重而引起的各种炎症。如果得了跟腱炎，抬脚时会感觉疼痛，并感觉脚跟肿胀。运动员快速移动时，脚部着地的部位不对，扁平足，足部韧带脆弱，鞋子不合脚，场地地面太硬等都是造成跟腱炎的原因。为了预防跟腱炎，在排球训练和比赛前应充分做好准备活动。患病后，可用冰块按摩或使用消炎注射剂、包扎医疗绷带等方法，严重的必须做手术。

6. 跟腱断裂

在准备活动不充分的情况下进行训练和比赛，在此过程中有强烈的急停、急转是跟腱断裂的主要原因。另外，跟腱韧带疲劳过度也是一个原因。一旦确定是跟腱断裂，应立即停止运动，马上用冰水冷却患处，固定踝关节，抬高患肢，马上送往医院就诊。

7. 腰痛

脊柱负荷过重、腰部肌肉紧张过度、脊柱出现畸形或腰椎间盘突出等是造成腰痛的原因。腰痛的症状表现为腰部僵直，严重的刺痛，无法做简单的转体动作。如果腰椎突出，严重压迫坐骨神经，会使下肢麻木甚至失去知觉。

8. 肱骨外上髁炎

肱骨外上髁炎是由于突然过分伸展肘关节附近的肌腱，使其嵌入肱骨外上踝引起的。多是反手击球动作不正确或是球拍过重、过大造成的前臂肌肉紧张过度或肘关节有炎症。肱骨外上髁炎的症状表现为肘部疼痛，尤其在发力过程中。出现肱骨外上髁炎损伤，应用冰块冷敷、按摩，用绷带固定肘关节，充分休息调养。

9. 肩关节痛

肩关节痛的主要原因是肩关节的屈伸肌、固定关节的韧带及关节囊等软组织运动负荷量过大，多是发球、打高压球用力过猛造成的。症状表现为肩关节在发球、高压球、击球的过程中出现疼痛，并使手臂痉挛。如出现肩关节痛，应立即停止训练或比赛，短时间固定肩关节。

10. 肌肉痉挛

肌肉痉挛主要是由于运动量过大，造成体力严重透支，身体过度疲劳；天气太热、出汗过多而使盐分过度流失或者是气温过低、冷刺激过强而引发的肌肉僵直、抽搐等现象。症状表现为痉挛部位的肌肉突然伴有疼痛和无法控制的僵硬感。如出现肌肉痉挛，应立即拉伸痉挛肌肉。

11. 肌肉拉伤

背肌损伤多是在下蹲击球或转体动作时造成的；腹部肌肉损伤是发球或打高压球用力过猛所致，或是肌肉负担过重引起的；肱三头肌损伤是由于肘关节的突然伸直或食指和拇指握拍太紧，妨碍了手腕的运动，肘关节快速伸直。症状表现为肌肉有轻微的撕裂感。

12. 踝关节扭伤

踝关节扭伤多是由于准备活动不充分、运动中剧烈变向、鞋子不合脚、场地表面凹凸不平或踩球所致。症状表现为踝部剧烈疼痛并伴有肿胀。如出现踝关节扭伤，应立即冷敷，包扎绷带，就医。

13. 膝关节痛

膝关节是人在运动中用得最多，且容易受伤的关节之一。膝关节的疼痛是由于膝关节韧带紧张过度、场地地面坚硬以及先天性膝关节脆弱。症状表现为剧烈运动或负荷过重时疼痛并伴有水肿。如出现膝关节痛，应立即用冰块冷敷、按摩；使用消炎软膏、超声波、缠绷带等方法。

14. 半月板损伤

半月板损伤的主要原因是屈膝制动击球，抢占最佳位置，变向而膝关节同时完成快速伸膝并伴随有旋内旋外的动作。症状表现为半月板突出、变形、剧烈疼痛等。如出现半月板损伤,应立即包扎后就医。

2.4.2 排球运动员损伤的护理及恢复

2.4.2.1 损伤护理阶段的划分

软组织损伤是大多数体育运动中常见的损伤。由于向软组织供血的血管发生破裂,血液堆积于受伤组织周围,出现疼痛、肿胀及皮肤颜色的变化。因此,损伤护理的三个阶段就是根据这种组织内出血的程度而划分的。受伤后经历的三个阶段如表2-2所示。

表2-2 受伤后经历的三个阶段

急性期(0～24小时)	中期(24～48小时)	后期(48小时以上)
受伤后直至停止出血,一般需要0～24小时,适当的处理可大大缩短这段时间	急性期结束,停止出血后,一般在受伤后24～48小时内,伤口仍很容易再次出血,如不采取适当措施,仍有反复到第一阶段的危险	通常在伤后48小时以后,出血完全停止并且不容易发生反复。这时的治疗护理可大大加快恢复过程,此阶段软组织开始逐渐愈合

所有伤势都经历这三个阶段,教练员应认识这个过程,以便根据伤情作出有效处理。

2.4.2.2 紧急处理与急救

使受伤运动员成功地重返赛场,往往要取决于第一个对他伤势作出诊断并采取正确急救措施的人。如果医务人员不在场,教练员就必须作出诊断并决定是否让受伤运动员继续参加比赛或训练。如果伤势严重,自然容易作出决定,但在伤势较轻、运动员仍可活动时,教练员就不容易作决定了。当教练员无法判断时,应先让运动员休息。

1. 紧急情况的处理

处理损伤是一项非常专业的业务,教练员没有经过诊断和处置损伤的训练,如果有疑虑,在合格的专业人员到来以前,教练员不应作任何处置,保持冷静是非常重要的,如果必要,应防止其他人试图施治。

教练员也应该能够:①对运动损伤提供紧急治疗;②在队医不在场的情况下,实施急救;③有效地委托能胜任的助手进行处理。

运动急救的基本做法包括:①对威胁生命的问题进行初步检查;②在进行医疗以前提供维持生命的救护。

为此必须具备的技能包括:①保持通风;②进行心肺复苏(CPR);③控制出血。

教练员在辅助性的检查中还应该能够分辨出损伤是急性的还是慢性的,是软组织还是非软组织,这将有助于提供合理的急救。

2. 损伤处理

立即处理擦伤以及肌肉、肌腱和韧带的损伤,对损伤处理,教练员应采用的原则如表2-3所示。

其中最后两个步骤是最重要的,当抬高受伤部位后,不用绷带固定、加压,而使用冰块降温则浪费时间。要注意加压绷带不能缠得太紧,这会妨碍受伤部位的血液循环。

表 2-3　教练员应采用的原则

(R)休息	(I)冷处理	(C)加压	(E)抬高	(R)恢复
受伤部位应保持静止状态	可把冰块直接或间接地放在受伤部位的皮肤上。如果直接接触皮肤，应保持冰块滑动，如做圆周滑动。 注意：冰块接触皮肤时间过长会引起冻伤，重复性的 5 ~ 10 分钟冷处理要比一次性时间较长的冷处理效果更好	通常采用缠绕消毒或直接用手对受伤部位进行加压	将受伤部位置于高于心脏的位置，如腿部受伤的运动员仰卧，用支撑物把受伤腿托起	恢复（服药或理疗）

在头 2 ~ 4 天内可遵循这一原则，因为它对消肿和减轻对肌肉组织的进一步损伤是必不可少的；在创伤后 4 小时内服用消炎止痛药片能减轻创伤的疼痛和炎症，不要使用局部麻醉剂来止痛。如果觉得肌肉、肌腱或韧带可能完全撕裂，要确保运动员就医。

2.4.2.3　应急处理计划和基本的急救药箱

应急处理计划应包括以下几个方面：①随时准备一个急救药箱；②掌握基本的急救知识；③确信熟悉自己的应急行动计划。

表 2-4 中列出了基本的急救箱必备的一些物品。

表 2-4　急救箱必备的一些物品

橡皮膏和绷带	清洁剂和敷药	其他物品
1. 2 英寸 ×3 英寸的橡皮膏。	1. 纯净水。	1. 保险针。
2. 2 英寸 ×6 英寸的橡皮膏。	2. 消毒液、过氧化氢(用于感染的伤口)。	2. 剪刀。
3. 2 英寸 ×3 英寸的弹性绷带。	3. 棉签。	3. 一次性手套。
4. 三角巾，包扎用的药棉卷。	4. 纱布绷带。	4. 体温计。
5. 个人用“橡皮膏”。	5. 无黏性绷带(如凡士林纱布)。	5. 洗眼杯和纱布块。
6. 氧化锌胶布	6. 纱布	6. 碳酸铵

2.4.2.4　对受伤运动员的安置

如果一名运动员长时间受伤，他会怀疑自己能否重返赛场，或者可能对自己在场上像受伤以前那样打球开始感到恐惧。所有这些想法可能导致运动员对他重返赛场产生一种负面的心理状态，其结果是丧失对排球运动的内在动力。

许多运动员需要有人拉一把，而此时教练员的作用则是必不可少的。运动员受伤期间常常可能是对教练员——运动员二者关系的考验。

1. 教练员可以提供的帮助

(1)保证：让运动员确信伤情将会好转。

(2)与运动员定期接触：定期打电话、拜访等。

(3)带领受伤的运动员与曾经有过类似损伤而已恢复的运动员接触(典范的作用)。

(4)鼓励运动员创造一种积极的家庭环境，鼓励运动员积极地利用他的自由时间(看排球运动的录像)。

(5)活动未受损伤影响的部位。

2. 教练员需要了解的其他方面

(1)对运动员在场内外进行训练的要求:训练其他技能,如自理能力、时间的安排、信心的确立、自尊心的增强、注意力的集中与放松等。

(2)营养上的需要:由于训练强度的降低,运动员的饮食可能需要改变。

(3)康复治疗:制订一个适当的康复治疗计划。

(4)修订运动员的年度计划:①重新审定运动员的比赛计划和训练计划。②确定新的训练目标。③复审比赛目标。④制订一个合理的身体训练计划。

教练员的任务应是给予运动员重返排球赛场的内在动力。

2.4.2.5 受伤后的恢复

1. 影响恢复的因素

下列因素决定着运动创伤的恢复速度:

(1)受伤的类型和程度:伤势越重,恢复时间越长。

(2)早期处理:迅速、适当的早期处理能缩短恢复时间。

(3)治疗方法和次数:选择正确的治疗方法并认真采用能加快愈合的过程。

(4)个人差异:年轻运动员恢复较快,运动员的生理和心理特征不同也会影响愈合时间。

2. 运动员受伤后的恢复

在重返运动场之前,运动员必须完全恢复,以防再次受伤。完全恢复的标准包括:

(1)柔韧性完全恢复,能完成100%的动作幅度。

(2)受伤部位的力量完全恢复。

(3)疼痛消失。

(4)做好充分的心理准备,伤病恐惧消失。

教练员如果不能确定运动员能否重新训练或比赛,应询问队医,以确定其是否完全恢复。

3. 制订受伤后的恢复管理计划

如果制订出一个成功的训练计划是教练员所面临的最大挑战的话,那么运动员受伤后的恢复管理则会居于其次。不管诊治手段如何先进,受伤都会对运动员产生负面影响。骨折和肌肉拉伤不仅对运动员身体,还对运动员心理造成影响。医生可以对受伤运动员提供身体治疗,而教练员则必须尽力满足运动员的其他需要。

如果能制订出一个全面的伤后恢复计划,那么受伤运动员仍能保持基本的训练水平与重返赛场的决心,尽管他还不能跑、跳。关键在于要认识到受伤会对运动员产生多方面的影响,所有的方面都要考虑到,使其得到迅速、全面的恢复。

首先,要充分认识排球与排球训练是一项使人着迷的活动。尽管运动员参加训练的原因多种多样,但他们都有训练的需要,这种需要与受伤不能训练产生了矛盾。当面临中断训练或比赛时,多数运动员否认他们已受伤,但完全接受受伤这一事实是恢复的第一步。他们必须采取现实的态度,意识到那是身体恢复、伤情消除所必需的。

其次,喜爱训练增加了受伤情况的复杂性。运动员会经历各种复杂的体验,会有类似于戒除某种成瘾的生活习惯或物质后出现的症状，包括烦躁不安、精神沮丧、有负罪感、全身疲劳、孤独压抑等，有时运动员还会有失眠、紧张、浑身酸痛、胃痛等症状出现。如果运动员能认识到这些体验是正常的，对这些症状也就易于接受和控制了。减轻这些症状影响的一个办法就是用其他活动在身体和心理上来取代身体训练，这会帮助运动员将注意力集中在能做的事情上，而不是不能做的事情上。一旦制订出活动计划，教练员应和运动员一起建立一系列的目标，目标设立能使教练员帮助运动员更好地控制恢复过程，而不是被伤病控制。

再次，在受伤时，运动员们可能会为他们的体重变化而担心。要让运动员知道良好的营养状况是身体抵抗伤病所必需的，是伤口愈合必要的物质保障。许多运动员为了使他们在外表上看起来像个运动员，强制性地控制体重而延长了伤病恢复时间。运动员应自问一下："是稍微增加些体重，保持健康好呢？还是控制体重的增长，继续处于受伤状态好呢？"教练员要与运动员一起，根据运动员身体需要而不是体重变化来确定营养的摄入量。当然应剔除运动员食谱中脂肪、糖等高热量食品。

4. 受伤运动员可以参加的活动

在运动员受伤后的恢复管理计划中，最重要的内容或许就是保持受伤运动员的积极活动了。这些活动都应是运动员力所能及的，可以帮助他们获得有效的恢复并缓解他们的沮丧情绪。

当然，任何活动都应保证安全，必须与运动员和医生一起确定哪些关节、肌肉、肌腱和韧带需要何种程度的保护，然后选择最为安全的练习方式。还应注意的是，所参加的活动与运动员的专项越相近，运动员恢复后就越能缩短过渡时间，尽快地投入到训练和比赛中去。

水中跑是保持运动员一般有氧耐力最为有效的活动，但运动员需要练习的多样性来保持兴趣。在可能的情况下，为了保持连续性，这些活动在时间上应与日常训练课大致相同。

不论受伤运动员参加什么活动，最为重要的是能保证向训练和比赛平稳、顺利地过渡。伤后治疗的时间越长，向正规训练过渡的过程就越慢。因此，随着训练负荷的逐渐增加应逐步减少替代练习。

2.4.3 竞技排球运动中损伤的原因及预防

2.4.3.1 排球损伤的部位

水平较高的排球选手中，排球损伤多出现在下肢，而在水平较低的排球选手中，排球损伤更多地出现在上肢（肩部和肘部）。排球损伤的部位如表2-5所示。

表2-5 排球损伤的部位

部位	上肢		躯干/背部和腹部	下肢		其他部位（大腿、髋部、头部、眼）
比例	27%	肩部10%	20%	40%	脚12%	13%
		肘部12%			踝关节8%	
		腕部5%			小腿5%	
					膝15%	

2.4.3.2 典型排球损伤的一般特征、起因及防治

1. 脚伤

脚伤的一般特征、起因及防治如表 2-6 所示。

表 2-6 脚伤的一般特征、起因及防治

损伤	一般特征	起因	防治
皮肤问题	水泡、鸡眼	不适合于场地地面的鞋	难以医治
脚底筋膜炎	脚底组织的炎症	截击过程中重复的蹬地动作	可能与脚后跟骨的骨刺有关
趾骨痛症	当脚触地时，趾骨头上部疼痛	1. 脚后跟的力量不足。 2. 弯腰动作不正确。 3. 小腿肌肉僵硬。 4. 压迫脚底的神经瘤（增厚的神经）	可能需要做外科手术或矫形外科手术

2. 踝伤

踝伤的一般特征、起因及防治如表 2-7 所示。

表 2-7 踝伤的一般特征、起因及防治

损伤	一般特征	起因	防治
扭伤	1. 1/3 的急性排球损伤是踝关节扭伤。 2. 踝关节内翻是排球运动中较常见的现象	1. 不适合于场地地面的球鞋。 2. 急速变向。 3. 湿的场地。 4. 场地上有水迹	1. 保证球鞋合脚，不要买减价出售的鞋，也不要用附着摩擦力太大的鞋。 2. 坚硬的鞋帮后跟有帮助
慢性跟腱炎	遍及跟腱周围的结缔组织的慢性炎症	1. 疲劳使双腿协调失去节奏。 2. 在硬地上比赛。 3. 发球动作。 4. 频繁地改变方向	1. 用绷带缠住踝关节，并带着绷带活动以增强踝关节外侧肌肉和肌腱的力量。 2. 良好的心血管功能和综合的肌肉力量
跟腱断裂	跟腱出现断裂	1. 在年龄较大的运动员中更常见。 2. 跟腱过早地退化。 3. 痛感随着活动而增强，休息时缓解。 4. 在 35 岁以上的年龄段最常见	1. X 光检查以确诊是否发生骨折。 2. 伸展开，加强小腿和跟腱的力量。 3. 25% 的情况需做外科手术

3. 小腿损伤

小腿损伤的一般特征、起因及防治如表 2-8 所示。

表 2-8　小腿损伤的一般特征、起因及防治

损伤	一般特征	起因	防治
胫骨疲劳性骨折	1. 小腿的内侧肌腱断裂。 2. 胫骨的细微开裂。 3. 胫骨前肌的疼痛和不适	1. 在中年选手中更常见。 2. 力量和柔软性的减退。 3. 直腿(伸膝)的重复负荷。 4. 训练或比赛的负荷量增加或改变。 5. 活动过量。 6. 靠近胫骨的肌肉群肿胀。 7. 胫骨发炎。 8. 在硬地上重复的跑动。 9 足背屈肌(屈曲踝关节的肌肉)运动过量。 10. 球鞋不好。 11. 训练过度	1. 休息。 2. 休息至腿部无痛感为止。 3. 停止活动。 4. 遵循ⅢCIR 原则。 5. 根据痛感逐步恢复比赛。 6. 学习专门的动作以提高相关肌肉的柔软性和力量。 7. 保持身体素质(在自行车上进行交叉训练)

4. 髌骨和膝关节损伤

髌骨和膝关节损伤的一般特征、起因及防治如表 2-9 所示。

表 2-9　髌骨和膝关节损伤的一般特征、起因及防治

损伤	一般特征	起因	防治
胫骨结节骨软骨炎	膝关节滑囊炎症	膝关节肿胀,膝部内侧半月板脆弱	可能要做外科手术
髌骨半脱位(局部脱位)	膝痛	膝盖骨正面的滑囊最常出现炎症	伸展并增强大腿肌腱和股四头肌的力量,伸展髋关节肌肉和韧带
滑囊炎 髌骨肌腱炎	负荷过大致伤	弹跳或屈膝过多导致疲劳型组织轻微撕裂	1. 击球时,鼓励运动员用一只脚直接向前跨步迎击来球,而不是将这只脚跨向一侧。 2. 检查关节。 3. 休息和理疗
“跳跃膝”	动作重复过多致伤	排球中的剧烈运动引起的疲劳	
半月板损伤	超负荷损伤	疲劳和运动过量	

5. 躯干和背部损伤

躯干和背部损伤的一般特征、起因及防治如表 2-10 所示。

表 2-10　躯干和背部损伤的一般特征、起因及防治

损伤	一般特征	起因	防治
肌肉拉伤	所有击球动作都有使背肌处于损伤的危险	1. 过度伸展动作与转体的结合。 2. 准备活动不合理。 3. 缺乏全面的身体素质或缺乏适当的恢复。 4. 受伤后过早地恢复全面训练。 5. 肌腱的柔韧性差。 6. 疲劳、技术差。 7. 弯腰发球或屈膝接短球时背肌受压。 8. 腹肌力量（较大）和髋部伸展力量（较小）之间失衡	1. 强调每种击球动作使用合理的技术。 2. 强调准备活动和整理活动的重要性。 3. 提醒运动员换上一件干上衣来保暖。 4. 长时间乘车或坐飞机后，让运动员在打球前抽时间做伸展活动。 5. 对于正处于快速发育期的运动员应强调多做伸展运动。 6. 在练习发上旋球以前，让运动员完成髋部和腹部力量及柔软性的训练。 7. 告诉运动员发球时不要过分弯腰，应屈膝和转肩

6. 肩伤

肩伤的一般特征、起因及防治如表 2-11 所示。

表 2-11　肩伤的一般特征、起因及防治

损伤	一般特征	起因	防治
肩带肌肉损伤	1. 控制转肩的肌肉断裂。 2. 运动过量的损伤	1. 肩带肌腱是最容易损伤的部位。 2. 发球和头顶高压球动作产生的力量。 3. 发球时球抛出的位置不正确（太靠近头部或抛在头的上方）	1. 伸展和增强肩关节周围肌肉的力量。 2. 牵拉和增强肱二头肌和肱三头肌的力量。 3. 教运动员发球时使用协调链中人体主要部位（腿部、髋部、躯干）的力量
肩撞击综合症	肩袖肌腱或滑囊之间的挤压	1. 击球动作过猛时技术上出现错误。 2. 肩带肌损伤更常见于男性，因为他们的肩关节周围的柔软性较差。 3. 重复的头上动作。 4. 发球时上抛的球太靠近头部或抛在头部上方	1. 认真对待肩痛，如果肩有伤痛，停止打球并休息。 2. 确信运动员发球时已做了充分的准备活动。 3. 遇寒冷、潮湿和大风天气时，如果运动员必须打球，确保运动员穿暖，及时擦去汗水。 4. 不要连续长时间地用最大的强度练习发球。 5. 理疗

7. 肘伤

肘伤的一般特征、起因及防治如表 2-12 所示。

表 2-12　肘伤的一般特征、起因及防治

损伤	一般特征	起因	防治
肘肌肉韧带损伤	1. 控制肘关节肌肉断裂。 2. 运动过量的损伤	1. 肩带肘关节韧带是最容易损伤的部位。 2. 发球和头顶高压球动作产生的力量。 3. 发球时球抛出的位置不正确(太靠近头部或抛在头的上方)	1. 伸展和增强肘关节周围肌肉的力量。 2. 牵拉和增强肱二头肌的力量。 3. 教运动员发球时使用协调链中人体主要部位(腿部、髋部、躯干)的力量
肘撞击综合症	肘肩袖肌腱或滑囊之间的挤压	1. 击球动作过猛时技术上出现错误。 2. 容易引起神经刺激综合症。 3. 肘关节韧带损伤更常见于男性,因为他们的肘关节周围的柔软性较差。 4. 重复的头上动作。 5. 发球时上抛的球太靠近头部或抛在头部上方	1. 认真对待肘痛,如果肘、肩有伤痛,停止打球并休息。 2. 确信运动员发球时已做了充分的准备活动。 3. 遇寒冷、潮湿和大风天气时,如果运动员必须打球,确保运动员穿暖并及时擦去汗水。 4. 不要连续长时间地用最大的强度练习发球。 5. 理疗

8. 腕和手损伤

腕和手损伤的一般特征、起因及防治如表 2-13 所示。

表 2-13　腕和手损伤的一般特征、起因及防治

损伤	一般特征	起因	防治
腕伸肌和腕屈肌腱鞘炎	运动过量(由于重复活动引起的重复扭伤)	1. 正手击球和发球时的握拍和技术(屈肌肌腱炎)。 2. 反手击球(伸肌肌腱炎)。 3. 握拍过紧。 4. 拍弦磅数的改变	1. 确定引起痛感的精确位置和活动的类型,比赛前后做好充分的伸展活动。 2. 冰敷处理:夹板固定。 3. 使用消炎药物
骨折或脱位	急性外伤	1. 随意增加打球的时间。 2. 击球技术的失误。 3. 跌倒或直接撞击所致。 4. 产生严重的痛感和肿胀,伴随明显的变形	1. 有时可能要做外科手术。 2. 找医生诊断并进行 X 光检查。 3. 许多一般性骨折和脱位通常只需夹板或石膏固定 3 周后,运动员便可逐渐恢复比赛

2.4.3.3　其他运动损伤

1. 中暑(热损伤)

中暑是由于不合理的水合作用引起的,有时它可能成为终身的威胁,但是能够预防。

1)常见损伤的症状

(1)大汗淋漓、发冷和头部阵痛。

(2)恶心、高烧和心率加快。

(3)精神错乱和(或)失去知觉。

2)预防中暑的方法

(1)建议运动员每隔 15 ~20 分钟喝大约半杯凉水。

(2)运动员应该在交换场地期间使用在冰水中泡湿的毛巾降温。

(3)运动员应着白色比赛服反射一些阳光以保持凉爽。

(4)运动员应穿轻质的宽松透气的比赛服。

(5)棉织或网状编织上衣的效果尤其理想,因为此类上衣易于汗水蒸发。

(6)运动员在天热的情况下应戴帽子。

(7)告诉运动员避用含糖高和有咖啡因的饮料。

(8)如果可能,争取将训练和比赛安排在 11 时以前和 14 时以后。

(9)当去干热的环境中打比赛时,用逐渐增大活动量的方法帮运动员们适应气候,以确保他们在一种适中的环境里比赛。

3)运动员有中暑的症状时需采取的措施

(1)避开太阳。

(2)冲一个冷水澡。

(3)用冰袋降温。

2. 运动过量的损伤

运动过量的损伤是技术不好或运动员缺乏足够的力量和柔软性来承受紧张连续的运动负荷引起的。这类损伤包括胫骨骨折、肌腱炎和滑囊炎。

教练员可通过以下方法防止运动过量:

(1)从生物力学的角度纠正危险的技术动作。

(2)在提高生理上的需求以前,帮助运动员在体能方面打下坚实的基础。

3. 劳损和扭伤

劳损是指肌肉的损伤,而扭伤则是指韧带和肌腱的损伤。根据其严重性分为三级:一级只是少数组织的撕裂(轻微肿胀)。二级是有关组织部分破坏(肿胀更严重)。三级是组织完全撕裂(若韧带撕裂,则关节难以活动;若肌肉撕裂,则肌肉的裂口外露或在皮肤表面有感觉)。

导致劳损和扭伤的原因包括:①缺乏柔软性;②技术不好,身体素质不好;③疲劳;④未做准备活动;⑤原来的损伤未得到适当的治疗;⑥急停或起动。

为预防劳损和扭伤,教练员必须了解他们的运动员们训练过度的可能性。

肌肉损伤的种类如表 2-14 所示。

表 2-14　肌肉损伤的种类

肌肉拉伤	肌肉断裂
因准备活动不充分或疲劳而导致肌肉的少量纤维断裂,它通常影响大腿两个关节的活动	当大量的肌肉纤维撕裂时,肌肉内大量出血,产生有疼痛感的肿胀,它妨碍大腿的运动,这就是众所周知的“死腿”。如果运动员怀疑肌肉完全撕裂,则应求医

肌腱损伤的种类如表 2-15 所示。

表 2-15　肌腱损伤的种类

肌腱炎	肌腱断裂
在运动过量后发生损伤,出现肌腱发炎,通常它会影响到跟腱、踝部和腕部	猛烈的用力可能出现肌腱局部或全部断裂,如跟腱的断裂。如果运动员怀疑肌腱断裂,则应求医

滑囊炎是位于人体某些关节附近的液囊(含有液体的囊腔)发生的一种炎症。滑囊位于肘部、膝部、肩部、脚后跟以及髋部内侧。排球运动员的滑囊炎可能出现在肘部和肩部。

所有软组织的损伤通常与组织内出血有关,形成淤血或血肿。损伤恢复得快慢与组织内出血量、淤血的面积、牵涉组织的大小等因素有关。

4. 痉挛

痉挛是骨骼肌暂时发生强直性收缩的一种机能障碍,严重时可能使肌肉暂时失去机能。

1)痉挛的原因

(1)遗传:一些运动员反复在同一肌肉群发生痉挛。这些人一般来说肌肉发达,这似乎说明遗传在这一现象中起了作用。

(2)疲劳:在肌肉反复活动后发生痉挛。产生的原因可能是重复的肌肉活动导致肌肉电解质和能源物质的耗竭。

(3)直接的击伤或损伤:已经经受了剧烈运动的肌肉损伤后常常出现痉挛。

(4)炎热的天气:最常见的痉挛是热痉挛。当在炎热的天气下比赛时,人体使用其主要的热控(排汗)机制,其结果是水分丢失以及电解质失衡。

2)预防痉挛的方法

(1)运动员应接受力量、耐力、柔韧性和有氧耐力的身体训练。

(2)多在炎热的环境中打球,适应炎热的天气。

(3)比赛中保持凉爽:①穿反射阳光的比赛服,包括帽子或帽舌。②用毛巾擦汗,帮助汗的散发。③用冰敷头部、颈部、手臂和腿部。④更换被汗水浸透的上衣和鞋袜。

(4)喝水。

(5)避食油腻的食物。

(6)运动的前后及其过程中大量补液。

(7)每天至少两次摄食奶制品(低脂奶加麦片或一份酸奶作为点心)。

(8)摄食含钾丰富的食物(土豆、番茄、橘子、香蕉等)。

3)处置痉挛的方法

(1)增加流体的摄入量。

(2)伸展和按摩肌肉。

(3)冰敷肌肉,消除痉挛和降温。

(4)避免突然的剧烈的肌肉运动。

(5)用一条绷带以中等力量托住肌肉。

5. 起泡

起泡可能影响运动员的发挥,它们通常发生在以下部位:

(1)手上:常常因为使用新球拍或新缠把的球拍。

(2)脚上:新鞋或潮热环境引起。

为了防止水泡的形成,应遵循以下要领:

(1)使用厚棉布缠球拍把,涂抹药粉、润滑剂或其他防止起泡的物质有助于减少摩擦。

(2)保持手脚清洁,以免受感染。

(3)如有必要,用一根消过毒的针刺破水泡,再用纱布包住这个部位,以防进一步摩擦。

(4)穿新鞋时慢慢适应并在摩擦部位抹上凡士林。

6. 擦伤

擦伤的处理方法如下:

(1)用流水加肥皂或消毒纱布彻底清洗,以清除所有脏物。

(2)如果擦伤处渗出液体,用专用的消毒敷药敷盖,使之不与擦伤面粘连。

(3)如果擦伤处不渗出液体,让它外露,伤口会很快结疤。

7. 击伤

击伤的治疗方法如下:

(1)直接按住伤口,压住伤口的边缘止血。

(2)用流水和消炎药粉或消炎溶液清洗伤口。

(3)切勿使用乳剂。

(4)在伤口上抹上敷药。

(5)有些击伤需要医务人员处理。

(6)如果皮肤已经破裂,可能发生破伤风。每一个从事体育的人都应该接受医生的定期检查,确保他们具有最新的破伤风免疫力。

2.4.3.4 防晒及其他

阳光虽然是生命的不可缺少之物,但是它又存在着危险,因为它会释放致命的紫外线。

1. 紫外线辐射种类

(1)紫外线 A:紫外线 A 的强度全年保持不变,它很可能引发灼伤、过早衰老、起皱纹和某种皮肤癌。

(2)紫外线 B:夏季强度增加,它最常引起晒斑,容易引起过早衰老和皮肤癌。

(3)紫外线 C:这是所有紫外线中最致命的一种,通常它会被臭氧层过滤,但是由于臭氧层受到破坏,它就成为比较严重的问题。

2. 防晒措施

(1)经常选择能防止紫外线 A 和紫外线 B 辐射的用品。

(2)检查运动员是否涂上防晒霜。

(3)为健忘的运动员准备一瓶防晒霜备用。

(4)为运动员准备唇膏。

(5)使用防晒霜时,防晒霜的防晒指数越高,防晒效果越好。

(6)外出前大约 20 分钟抹上大量的防晒霜,使它有时间“粘牢”在皮肤上。

(7)防晒霜一般一天抹两次,或感觉需要时就抹一抹。

(8)没有任何防晒霜能起到 100% 的保护作用,即使防晒指数为 45 的防晒霜也会使一定量的紫外线 A 透过。

(9)当运动员出汗时,确保按时再抹防晒霜。

(10)反戴棒球帽并不可取,因为它虽保护了脖子,却使鼻子和面部彻底处于阳光暴晒中。

(11)不透水的衣服比不透汗的要好。

(12)排球活动尽量安排在早晨和晚上,避开10时至15时之间的阳光,因为此时阳光辐射达到最高强度。

(13)避用皮革坐垫。

3. 眼睛的防护

泥土和草对阳光中紫外线辐射的反射小于5%,而雪和水对阳光中紫外线辐射的反射大约为85%。

(1)当一个人在阳光充足的日子里注视大海时,未加保护的双眼能吸收大约95%的紫外线,其结果可能是产生剧烈的眼痛、白内障甚至视网膜损伤。

(2)应选用一副太阳镜,使眼睛随时得到适当的保护。

(3)球击中眼窝造成的损伤可能产生严重的后果。发生这种情况时应立即进行医治,因为眼睛内伤的程度最初可能并不明显。

2.4.3.5 药物和兴奋剂

1. 排球反兴奋剂纲领

1)总的政策声明

排球反兴奋剂纲领(以下简称纲领)的宗旨就是通过对兴奋剂检测的教育和监督,维护排球运动的完整与所有排球运动员的健康和权利。

纲领涉及的范围包括:

(1)赛期和赛外兴奋剂检查。

(2)对触犯禁用兴奋剂规定的案例给予处分。

(3)对运动员进行违禁药物的指导和适当的帮助。

2)涉及的运动员和比赛

(1)报名或参加由国际网联组织、批准或承认的一项比赛、活动或具有巡回赛排名的任何选手必须遵守此纲领的所有规定并受其约束。

(2)被承认的比赛不限于大满贯赛、戴维斯杯分组赛、联合会杯分组赛、奥运会、女子网协巡回赛、男子职业网协巡回赛、国际网联女子巡回赛、挑战系列赛和卫星系列巡回赛。

3)触犯反兴奋剂规定的案例

兴奋剂是禁用的。根据纲领,以下情况将被视为触犯反兴奋剂条例:

(1)在人体内发现存在一种禁用物质。

(2)一名运动员被发现同意使用或已经使用了一种禁用药物或兴奋剂。

(3)一名运动员没有接受或拒绝接受兴奋剂检查,没有遵守或拒绝遵守此纲领的任何一条规定。

2. 排球运动和烟草

研究已清楚表明,吸烟引发癌症并与其他病症有关,教练员可用自己的行动作出表率,并向运动员们强调,吸烟会影响排球水平的发挥并增加呼吸道感染的危险。

3. 教练员的职责

教练员应熟悉当前禁用的所有药物，并对他们的运动员和家长进行相应的教育，他们必须了解并熟悉排球运动员常被发现使用与误用的药物和药品。

2.4.3.6　损伤的预防在竞技排球中的实际应用

（1）教练员、医生和理疗师必须相互了解对方在损伤的预防、治疗和恢复过程中的职责。

（2）教练员的职责包括损伤的预防、紧急情况的处理、对受伤运动员的安置和帮助运动员恢复。

（3）确保所有运动员定期接受医务检查。

（4）确保设施、场地和器材安全可靠。

（5）教练员可帮助预防的几种损伤包括热损伤、运动过量损伤、拉伤、扭伤、痉挛、起泡、擦伤、击伤等。

（6）为了对损伤立即进行处置（第一反应），教练员应让运动员休息，并对运动员进行冰敷、加压及抬高患肢处理等。

（7）在安置受伤的运动员时，教练员应定期探视、鼓励运动员，并为其制订恢复训练计划等。

（8）教练员应密切注意损伤的主要起因，这些起因包括：不合理的设施和器材、不合理的训练和较差的身体素质。

（9）下肢损伤是排球运动中最常见的损伤，其次是上肢和躯体、背部和腹部的损伤。因此，应确保运动员做充分的准备活动，很好地伸展这些部位。

（10）确保运动员使用强效防晒物品进行自我保护。

第三部分　排球运动的技战术

3.1　排球基本技术

排球基本技术是指运动员在比赛规则允许的条件下采用的各种合理的击球动作和配合动作的总称，它是排球运动的基础和重要组成部分。

排球基本技术有两种：一种是有球技术，包括传球、垫球、扣球、发球和拦网；另一种是无球技术，包括准备姿势、移动、起跳及各种掩护动作等。排球技术主要由步法和手法组成，同时与视野活动、躯干活动和意识活动配合融合为一体。

3.1.1　无球技术

准备姿势是排球技术的基础，它便于完成迅速移动、及时起跳、倒地等动作。

准备姿势的动作要领：两脚左右开立，略宽于肩，一脚稍前，两脚尖适当内收，脚跟稍提起，膝关节保持一定弯曲度，上体前倾，重心靠前，膝部的垂直线应在脚尖前面。两臂放松，自然弯曲，双手置于腹前。目视来球，两脚保持静中待动的状态。

排球运动具有球类运动的共同特点，来球情况千变万化，要随时准备做各种不同的动作，因此必须做好准备姿势，以便应付各种情况。做好准备姿势首先是为了迅速起动，快速移动去接近球，与球保持合理的位置，以便完成各种击球动作。同时，也为了及时起跳、倒地以及做好各种击球动作。

3.1.1.1　准备姿势

运动员在起动、移动和击球前所采用的合理的身体姿势，称为准备姿势。合理的准备姿势是指既要使身体重心处于相对稳定的状态，又要便于移动和完成多项击球动作，为迅速起动、快速移动和击球创造最好的条件。依据比赛（或练习）中完成各项技术动作的需要，按照身体重心的高低，准备姿势可分为一般准备姿势、后排防守准备姿势和前排保护准备姿势三种。

1. 一般准备姿势

技术要点：两脚左右开立与肩同宽。一脚在前，两膝微屈。身体重心位于两脚之间，并稍靠近前脚，后脚跟稍提起，上体稍前倾，两臂放松，自然弯曲置于腹前。两眼注视球并兼顾场上情况，两脚保持微动状态，如图 3-1 所示。

技术运用：当对方正在组织进攻，或球虽在本方但离自己较远不需要及时移动击球时，以及在进行二传、扣球和接速度较慢、弧度较高的发球时，可运用一般准备姿势。

2. 后排防守准备姿势

技术要点：两脚开立略比肩宽。两膝弯曲，脚跟自然提起。上体前倾，重心靠前，膝部的垂直线应在脚尖前面，两臂放松，自然弯曲置于腹前。两眼平视，注意来球。两脚始终保持微动，如图 3-2 所示。

图 3-1　一般准备姿势

图 3-2　后排防守准备姿势

技术运用:后排防守准备姿势是排球比赛中最基本的准备姿势,在接发球时运用最多,在传球、拦网时也常运用。同时,为短距离移动防较低的来球做准备。

3. 前排保护准备姿势

技术要点:身体重心比后排防守准备姿势更低、更靠前,两脚左右、前后的距离更宽一些,膝部弯曲的程度大于后排防守准备姿势,身体重心要更靠前,肩部垂直线过膝,膝部垂直线越过脚尖。两手臂置于胸腹之间,如图 3-3 所示。

图 3-3　前排保护准备姿势

技术运用:前排保护准备姿势主要运用于后排防守(接扣球)、前场保护(接拦回球)以及接低远球和衔接各种倒地动作的接球,以扩大防守范围。

3.1.1.2　移动

运动员从起动到制动之间的位移和动作称为移动。移动的完整过程包括起动、移动和制动三个环节。起动是移动的开始,它是在准备姿势基础上交换身体重心的位置,破坏准备姿势重心的稳定,使身体便于向某一方向移动步法。移动则是在起动的基础上,利用脚步动作来改变运动员在场上的位置,完成技术动作和战术配合的行动。制动是移动的结束,要及时克服身体的惯性冲力,保持好击球前的身体姿势。移动是为了及时接近球,保持好人与球的位置关系以便击球,同时也是为了迅速占据场上有利位置。

1. 起动

起动是指从静止到移动发力动作的过程。它是移动的开始,是在准备姿势基础上变换身体重心的位置,破坏准备姿势的平衡,使身体向目标方向移动。

技术要点(以向前起动为例):在正确准备姿势基础上,迅速抬起前腿,收腹使上体向前探出,同时后腿迅速用力蹬地,使整个身体急速向前起动。起动的快慢是移动的关键,起动的速度取决于反应能力和腰腿部的速度力量。

2. 移动步法

起动后,应根据临场技战术的需要,灵活地采用多种移动步法进行移动。移动的主要步法和动作方法如下。

1)并步

技术要点:两脚前后站立与肩同宽,两膝微屈,上体稍前倾,两手自然放松置于腰腹。并步时,前脚向来球方向跨出一步,后脚迅速蹬地跟上,并做好击球前的姿势。

并步的特点是容易保持身体平衡,便于做击球动作。并步可向前、后、左、右各方向移动。

技术运用:并步主要用于近距离的移动,如传球、垫球、拦网等技术。同时,并步经常与跨步或其他倒地击球技术结合使用。

2)滑步

技术要点:连续并步就是滑步。

技术运用:滑步主要用于短距离移动中,即来球距体侧稍远,并步不能接近球时运用滑步移动接球。

3)交叉步

技术要点:两脚左右开立。向右侧交叉步移动时上体稍向右转,左脚从右脚前向右交叉迈出一步,然后右脚再向右侧方向跨出一大步,同时重心移至右脚,身体转向来球方向,保持击球前的姿势,如图 3-4 所示。

交叉步的特点是:步子大,动作快,便于制动。

技术运用:交叉步主要用于体侧 2 ~ 3 米的来球或二传手和拦网者在网前移动及防守两侧来球时运用。

4)跨步

技术要点:跨步前,膝部弯曲,上体前倾,身体重心移至跨出脚上。跨步时,一腿用力蹬地,另一腿向来球方向跨出一大步,后腿随重心前移自然跟上,两臂做好迎球动作,如图 3-5 所示。

图 3-4 交叉步移动

图 3-5 跨步移动

跨步的特点是:跨距大,便于向前、斜前方降低重心进行低点击球。

技术运用:跨步移动可以单独使用,也可与滑步、交叉步、跑步的最后一步结合使用。当来球低、速度快、距离身体 1 米左右时跨步移动运用较多。

5)跑步

技术要点:跑步时一只脚蹬地起动,另一只脚迅速向前迈出,两脚交替进行,两臂配合摆动,不要过早做击球动作的准备,以免影响跑步速度。球在侧方或后方时,应边转身观察球边跑。

跑步的特点是:移动速度快,便于随时改变方向。

技术运用:跑步移动经常与交叉步、跨步等结合起来运用。当向侧方跑步时,常采用交叉步转身的方法来起动,在接近球时,又常用跨步、倒地和各种跳跃动作来制动,以完成击球动作。

3. 制动

由快速移动转为突停状态的过程称为制动。制动是移动的结束,也是击球动作的开始。制动的方法有一步制动法和两步制动法。

1)一步制动法

技术要点:一步制动时,在移动的最后跨出一大步,降低身体重心,膝部和脚尖适当内转,全脚掌横向蹬地,以抵住身体重心继续的惯性力。同时,以腰腹力量控制上体,使身体重心的垂直线停落在脚的支撑面以内。

2)两步制动法

技术要点:两步制动时,以倒数第二步开始做第一次制动,紧接着跨出最后一步做第二次制动,同时身体后倾,回膝弯曲,重心下降,双脚用力蹬地,使身体处于有利于做下一个动作的状态。

3.1.2 发球技术

队员在发球区用一只手将自己抛起的球直接击入对方场区的技术动作称为发球。发球技术根据动作结构大体可分为六种(以下均以右手击球为例)。

3.1.2.1 正面上手发球

正面上手发球是指发球队员面对球网站立,利用收腹转体动作带动手臂加速挥动,在头的右前上方用全手掌击球过网的发球方法,如图3-6所示。这种发球击球点高,可以充分利用胸腹和上肢的爆发力,加之运用手掌的推压动作使球呈上旋飞行,并使球不易出界。因此,它具有较大的攻击性和准确性。正面上手发球的技术动作环节如下。

(1)准备姿势:面对球网,两脚自然开立,左脚在前,左手托球于体前。

(2)抛球与引臂:左手将球平稳地抛于右肩的前上方,高度适中,同时右臂抬起,屈肘后引,肘与肩平,上体稍向右侧转动,抬头、挺胸、展腹,手掌自然张开。

(3)挥臂击球:利用蹬地,使上体向左转动,同时收腹,带动手臂向前上方快速挥动。在右肩前上方伸直手臂的最高点处,用全掌击球的后中下部。击球时,手指和手掌要张开与球吻合,手腕要迅速做推压动作,如图3-7所示,使击出的球呈上旋飞行。击球后,随着重心前移,迅速入场。

图3-6 正面上手发球

图3-7 手臂推压动作

3.1.2.2 正面下手发球

正面下手发球是指发球队员面对球网,手臂由后下方向前摆动,在体前腹部高度击球过网的一种发球方法,如图3-8所示。正面下手发球的特点是动作简单,容易掌握,准确性高,但由于击球点低,球速慢,攻击性不强。这种发球方法在比赛中已很少使用,适合初学者。初学者学习这种技术后,有利于进行接发球练习和训练比赛时使用。正面下手发球的技术动作环节如下。

(1)准备姿势:面对球网,两脚前后开立,左脚在前,两膝弯曲,上体前倾,左手持球置于腹前。

(2)抛球:左手将球轻轻抛起在体前右侧,球离手约一球高度,同时右臂伸直,以肩为轴向后摆。

图 3-8　正面下手发球

(3)击球：右脚蹬地，身体重心随着右臂由后向前摆动而前移，在腹前以全手掌击球后下部。击球后，随击球动作重心前移，迅速进场比赛。

3.1.2.3　侧面下手发球

侧面下手发球的动作较简单，容易掌握，可借助转体力量来击球，便于用力，适合于女子初学者。这种发球失误少，但攻击性不强，如图 3-9 所示。侧面下手发球的技术动作环节如下。

图 3-9　侧面下手发球

(1)准备姿势：左肩对网，两脚左右开立，约与肩同宽，两膝微屈，上体稍前倾，重心落在两腿之间，左手持球置于腹前。

(2)抛球：左手将球平稳上抛于胸前，距身体约一臂远，球离手高度约一个半球。抛球同时，右臂摆至右侧后下方。

(3)挥臂击球：利用右脚蹬地向左转体的力量，带动右臂向前上方摆动，在腹前用全掌、虎口或掌根击球后下方。击球后，身体转向球网，并顺势进场。

3.1.2.4　正面上手发飘球

正面上手发飘球是指采用近似正面上手发球的形式，击球力量通过球体重心，使发出的球不旋转而不规则地飘晃飞行的一种发球方法，如图 3-10 所示。这种球使接发球队员难以判断其飞行路线和落点。由于发球队员是面对球网站立，便于观察情况和瞄准目标，所以攻

图 3-10　正面上手发飘球

击性和准确性较高，目前在各类水平的比赛中均被男女队员广泛采用。正面上手发飘球的技术动作环节如下。

（1）准备姿势：近似正面上手发球，但左手持球的位置较高，约在胸前。站位离端线的距离变化较大，可站在靠近端线处，也可站在离端线 8 米左右处发球。

（2）抛球与引臂：左手将球平稳地抛在右肩前上方，高度应稍低于正面上手发球，并稍靠前些。在抛球的同时，右臂上举后引，肘部适当弯曲，并高于肩，两眼盯住球的击球部位。

（3）挥臂击球：与正面上手发球一样做鞭甩动作，但击球前手臂的挥动轨迹不呈弧形，而是自后向前做直线运动。击球时，五指并拢，手腕稍后仰，用掌根的坚实平面击球的中下部，使作用力通过球体重心。击球用力要快速，击球面积要小，触球瞬间，手指、手腕要紧张，不加推压动作。击球结束，手臂要有突停动作。

3.1.2.5 勾手发飘球

勾手发飘球是指发球队员侧对球网站立，利用转体动作带动手臂挥摆，使发出的球不旋转而飘晃不定地向前飞行的一种发球方法，如图 3-11 所示。这种发球，由于发球队员采用侧面站立，可充分利用腰部扭转带动手臂加速挥摆，便于发力，对肩关节负担较小，具有较强的攻击性，适合于各种距离的发球。勾手发飘球的技术动作环节如下。

图 3-11 勾手发飘球

（1）准备姿势：侧对网站立，两脚自然开立，左手持球于胸前。

（2）抛球与摆臂：左手采用托送动作，将球平稳地抛至左肩前上方，略高于击球高度。在抛球的同时，右臂放松向体侧后下方摆动，身体重心稍向右移。

（3）挥臂击球：击球时，右脚蹬地，上体向左转动发力，带动手臂挥动。挥动时，手臂要伸直，在左肩的前上方，用掌根、半握拳或拇指根部等部位击球的后中下部，并使身体重心移至左脚。在击球前，手臂挥动的轨迹应有一段直线运动。手触球瞬间，五指并拢，手腕后仰，并保持紧张。击球后，手臂挥动有突停动作，使球与手很快分离。

3.1.2.6 跳发球

跳发球是指发球队员在端线后，利用助跑跳起在空中，像扣球似的将球击入对方场区的一种发球方法。跳发球是近些年来世界排球劲旅越来越普遍采用的一种攻击性很强的发球技术。

由于队员跳起在空中，身体能充分展开并向前游动，不仅可以升高球点，而且缩短了击球点与球间的距离，从而增强发球的力量和攻击性，但与其他发球技术相比，跳发球的技术难度和体力消耗较大。

跳发球的动作同远网扣球相似，它可运用一步、两步或多步助跑起跳的方法，可正对网助跑或斜对网助跑。正面助跑跳发大力球如图 3-12 所示，其技术动作环节如下。

图 3-12　正面助跑跳发大力球

(1)准备姿势:队员面对球网,站在离端线 3 ~4 米处,以右手或双手持球于体侧或腹前。

(2)抛球:用右手或双手将球抛至右肩前上方,抛球高度一般为肩上方 2 米左右,落点在端线附近。

(3)助跑起跳:随着抛球动作,队员迅即向前做 2 ~3 步助跑起跳。起跳时,两臂要协调而积极地摆动,摆幅要大。

(4)挥臂击球:挥臂击球动作类似正面扣球。

(5)落地:击球后,尽量使双脚同时落地,两膝顺势弯曲缓冲,迅速入场。

3.1.3　垫球技术

用除手指弹击动作外的身体任何部位击球的动作称为垫球。垫球是排球的基本技术之一,最常用的是前臂垫球。

3.1.3.1　正面双手垫球

正面双手垫球是指运动员用双手在腹前将球垫起的动作方法。它是最基本的垫球方法,是各项垫球技术的基础,适合于接各种发球、扣球和拦回球,有时也用于垫二传。正面双手垫球在垫轻球、垫中等力量球和垫重球时,其动作方法是有区别的。

1. 垫轻球技术动作环节

垫轻球如图 3-13 所示,其技术动作环节如下。

(1)准备姿势:面对来球,呈半蹲或稍蹲姿势站立。

(2)垫球手形:两手掌根相靠,两手手指重叠,手掌互握,两拇指平行向前,手腕下压,两前臂外翻成一个平面。

(3)垫球动作:当球飞到腹前约一臂距离时,两臂夹紧前伸,插入球下方,同时配合蹬地、跟腰、提肩、顶肘、压腕、抬臂等全身协调动作迎向来球,身体重心随着击球动作向前上方移动。

(4)击球点:保持在腹前高度。

(5)球触手臂部位和击球部位如图 3-14 所示。用前臂的手腕关节以上 10 厘米左右的两小臂桡骨内侧所构成的平面击球的后下部。

(6)击球后动作:在击球瞬间,两臂要保持稳定,身体重心继续协调地向抬臂方向伴送球,垫击动作结束后,立即松开双臂为下一个动作做准备。

图 3-13　垫轻球

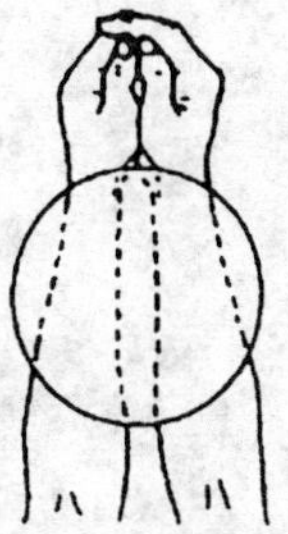

图 3-14　垫球击球部位

2. 垫中等力量球技术动作环节

准备姿势、垫球手形和击球点与垫轻球相同。由于来球有一定力量,手臂击球动作的速度要慢,手臂要适当放松,主要靠来球本身的反弹力将球垫起。击球时,要运用蹬地、跟腰、提肩、压腕、向前抬臂的动作击球的后下部。

3. 垫重球技术动作环节

采用半蹲或低蹲的准备姿势,两臂放松置于腹前。击球用力时,由于球速快,力量大,触球后球体自身的反弹力也大。因此,不但不能主动用力击来球,还应采用含胸收腹的动作帮助手臂随球后撤并适当放松肌肉,以缓冲来球力量。同时,用手臂和手腕动作来控制垫球的方向和角度。击球的手形和部位应根据来球的情况而作变动。当击球点稍高并靠近身体时,仍可用前臂垫球;当击球点低而距身体较远时,就要用屈肘翘腕的动作把球垫在手腕部位的虎口处。

3.1.3.2　体侧双手垫球

在身体侧面用双手垫球称体侧双手垫球,如图 3-15 所示。当来球飞向体侧,队员来不及移动对正来球时,可采用体侧双手垫球。体侧双手垫球的特点是伸臂动作快,控制范围大,但不容易控制垫球方向,准确性不及正面垫球。

图 3-15　体侧双手垫球

3.1.3.3　背向双手垫球

背对垫球目标,从身前向背后双手垫球称为背向双手垫球,如图 3-16 所示。在同伴击起球后球飞得较远而又无法进行正面垫球以及必须将球处理过网时运用较多。背向双手垫球的特点是垫击点较高,准确性稍差。

背对垫球时,要判断好来球的方向,快速移动到球的落点处,背对垫出球的方向,两臂夹紧伸直。击球时,用蹬地、抬头挺胸、展腹和上体后仰的动作带动两臂向后上方摆动抬送,以前臂触球的前下方,将球向后上方击出。背向垫球的击球点一般应在肩前上方。

图 3-16 背向双手垫球

3.1.3.4 其他垫球技术

1. 跨步垫球

向前或向侧跨一步垫球的动作叫跨步垫球，如图 3-17 所示。跨步垫球是当来球离身体前方或斜前方较远且低时，队员来不及移动对正球时采用，在接发球和防守中运用较多，它又是各种低姿垫球动作的基础。

图 3-17 跨步垫球

跨步垫球时，在判断来球落点后，同侧脚迅速向来球方向跨出一大步，上体顺势前倾下压，身体重心落在跨出脚上，同时两臂前伸插入球下，用蹬地、提肩、抬臂动作击球的后下部。

2. 让垫

当来球弧度平、速度快、前冲而追胸时，队员将身体向侧移动，正面避开来球的飞行路线，让球飞向体侧，用体侧垫球的方法将球垫起叫让垫。让垫技术主要是在接弧度较高的平冲飘球时采用。

3. 单手垫球

当来球快速飞向体侧较远距离，来不及用双手垫球时采用单手垫球，如图 3-18 所示。单手垫球动作快，手臂伸得远，击球范围大。但由于触球面积小，控制球的能力比双手差，故在能用双手垫球时，尽量不用单手垫球。运用单手垫球时，应迅速移动接近球。如球在体侧远处来不及移动时，也可向击球方向跃出，用前臂内侧、掌根或掌心击球后下部。

图 3-18 单手垫球

4. 低姿垫球

当来球低且落点在身体附近时，队员采用深蹲，双手贴近地面处向上垫球叫低姿垫球。低姿垫球的方法主要有低蹲垫球、半跪垫球和全跪垫球三种。

1）低蹲垫球

低蹲垫球如图 3-19 所示。

图 3-19　低蹲垫球

当来球在身体附近较低部位时，队员迅速移动到球落点上，随即快速降低重心，上体前倾，两臂贴近地面插到球下。跨出腿膝部充分弯曲并稍外展，蹬地腿自然弯曲，脚内侧着地。主要靠球反弹力将球垫起。有时还可用屈肘、翘腕动作将球垫起。

低蹲垫球的特点是身体重心下降快，两臂插入球下和垫球后的还原动作快，故易于接低而重的球，在接扣球和接发球时运用较多。

2）半跪垫球

半跪垫球如图 3-20 所示。

当来球低、速度快、落点离身体稍远时，宜采用半跪垫球方法。垫球时，在低蹲垫球的基础上，继续向前移动身体重心，上体充分前压，塌腰塌肩，后腿以膝部内侧和脚弓内侧着地，两臂贴近地面向球下伸出，用翘腕动作以双手虎口部位将球垫起。

半跪垫球的特点是上体前倾大，击球点低，支撑稳，便于防起各种低而快速的来球。

3）全跪垫球

全跪垫球如图 3-21 所示。

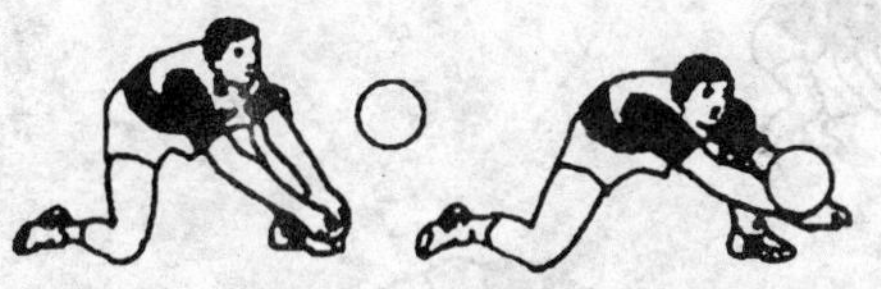

图 3-20　半跪垫球

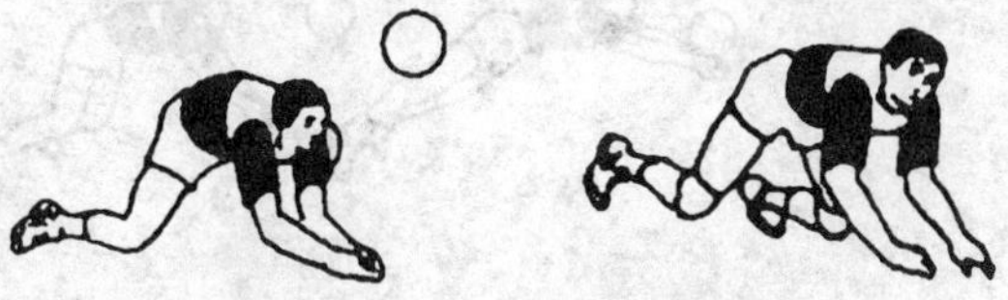

图 3-21　全跪垫球

当来球低而快，落点离身体较远，采用半跪垫球方法难以击到球时，则在半跪垫球方法的基础上，上体继续向前压出，使两膝前倾的投影点明显超过脚尖，随着身体重心前移、降低姿势用两膝内侧跪地，以膝、小腿和脚弓内侧部位支撑地面，跪地后可顺势向前滑动，两臂迅速前伸插入球下，以小臂、虎口或翘腕动作将球垫起。垫球后可用前臂和手掌撑地迅速起立。

全跪垫球的特点是移动距离比半跪垫球的大，向前下方伸臂动作快，击球点低，支撑稳，有时还可在向前滑行中垫球。女队员和后排防守队员在前冲保护时常用这种技术。

5. 侧倒垫球

接体侧低远来球时，身体向侧伸展，击球后身体侧转，以侧卧姿势向前滑动着地，叫侧倒垫球。侧倒双手垫球如图 3-22 所示。击球前，以同侧脚向来球方向跨出一大步，身体重心落在跨出腿上，臀部下降，两臂向下方直插球下。击球时，以跨出脚的前脚掌为支撑向内转动，外在向内转体转肩的同时两臂上抬击球下部。击球后，迅速以同侧的大腿外侧、臀部、背侧依次着地，倒地结束后，以收腿和两手撑地帮助快速起立。侧倒垫球的要领可归纳为“一跨、二转、三倒地”。

图 3-22　侧倒双手垫球

除侧倒双手垫球外，在来球更远双手难以够到球的情况下，还可采用侧倒单手垫球的方法。它的动作方法与侧倒双手垫球动作大致相同，但要求同侧脚跨出的步幅要大些，身体重心下降前压的幅度也更大些，垫球时，跨出腿要继续用力蹬地，使身体向来球方向伸展腾出，击球手臂前伸插入球下，以单手垫球的方法将球垫起，同时身体向内转动。击球后，手臂不回收，并以体侧着地成侧卧姿势向前滑动。

6. 前扑垫球

当队员来不及移动接前方或斜前方低远来球时，身体向前下方扑出，击球后失去平衡，向前手臂屈肘撑地扑在地上叫前扑垫球。它的特点是重心下降快，前扑距离远，但要求运动员有一定的手臂力量基础。根据来球的情况，前扑垫球可用双手或单手击球。

双手前扑垫球如图 3-23 所示。准备姿势要低，上体前倾，重心偏前，利用两脚先后蹬地，使身体向前下方伸展扑出。同时，两臂前伸插入球下，用前臂将球垫起。击球后，两手迅速撑地，两肘顺势弯曲，以缓冲身体下落的重量，膝关节伸直，以免碰地，最后以胸腹和大腿接触地面。

图 3-23　双手前扑垫球

当来球较远，用双手垫球不能击到球时，可用单手前扑垫球，如图 3-24 所示。击球时，手臂应尽量前伸，用手背、虎口或小臂击球下方，另一手屈肘撑地缓冲，并以击球手侧的胸腹部先着地，顺势向前滑行。

图 3-24　单手前扑垫球

7. 滚翻垫球

当来球距身体远而低时,可采用滚翻垫球。它可充分发挥移动速度,控制更大的防守范围,保护身体不致受伤,还可迅速起立转入下一动作。目前,这种垫球方法在防守中运用较多,尤其是女队员。

滚翻垫球可分为肩滚翻垫球和横滚翻垫球两种,两种垫球均可用双手或单手击球。

1)肩滚翻垫球

做肩滚翻垫球时,应迅速向来球方向移动,最后跨出一大步去接近球,重心随之下降并落在跨出脚上,上体前倾,使胸部靠近大腿,手臂伸向来球方向。同时,两腿用力蹬地,使身体向来球落点方向伸展,前臂插入球下,用双手或单手小臂、虎口或手腕部位击球的后下部。击球后,在身体失去平衡的情况下,顺势转体,依次用大腿外侧、臀部外侧、背部、跨出脚异侧的肩着地,同时低头、收腹团身,做后滚翻动作,并迅速起立。肩滚翻垫球如图 3-25 所示。

图 3-25　肩滚翻垫球

肩滚翻垫球要领可归纳为"一跨、二蹬、三滚翻"。

2)横滚翻垫球

滚翻前的动作方法与肩滚翻大致相同,但身体应向来球方向充分伸展,可用类似前扑或鱼跃的动作跃出击球。击球后,在空中迅速转体,顺向前之势用身体侧面滑动着地,并向侧做横向滚动,经仰卧后转髋收腹,双手撑地立起。

横滚翻垫球的优点是手臂前伸远,重心下得快,还可避免前冲距离过大而造成越过中线或与其他队员碰撞,但击球后,起立动作较慢。

8. 鱼跃垫球

在来球低而远,来不及移步垫球时,采用向前猛然跃出,在空中完成击球动作,然后双手撑地缓冲,使胸腹部着地向前滑行,称为鱼跃垫球,如图 3-26 所示。

图 3-26　鱼跃垫球

鱼跃垫球的特点是防守的控制范围大，但动作难度较大，需要队员有勇敢精神和较强的腰背、手臂肌肉力量和灵敏素质。做鱼跃垫球时，应用半蹲准备姿势，上体前倾，前脚掌用力蹬地(大多是在向前移动1～2步后再蹬地)，使身体向来球处腾空跃起，在空中手臂向前伸展插入球下，用单手或双手击球后下部。击球后，双手在体前着地支撑，两肘缓慢弯曲，以缓冲身体下落力量，同时抬头、挺胸、展腹，向后自然屈腿，使身体呈反弓形，胸腹、大腿依次着地，顺势向前滑行。

为了防止受伤，在落地时，两手着地的支撑点应在身体重心向前下方运动方向的延长线上，如图3-27所示。支撑点太靠后，易造成身体前翻折腰；支撑点太靠前，易造成身体平落，使腹部或膝部碰地受伤。

图3-27　鱼跃动作支撑点位置

为了扩大防守范围，还可采用单臂滑行鱼跃技术。动作与上述鱼跃垫球相似，在空中用单手虎口或手背击球后，以击球手掌的外侧和前臂先着地，另一手屈肘在体侧撑地协助支撑，随之胸、腹、腿依次着地，顺势向前滑行。

9. 挡球

来球高，速度快，力量大，不便于传球和垫球时，用双手或单手在胸部以上挡击来球称为挡球。它的特点是伸手动作快，挡击胸、肩部以上高度的来球较方便，可扩大防守范围，是垫球的重要补充，但挡球不便于协调用力，因而控制球的落点和方向比传球、垫球差。挡球有双手挡球和单手挡球两种。

1)双手挡球

双手挡球多用于挡击胸部以上力量大、速度快的来球，手形有抱拳式和并掌式两种。抱拳式手形如图3-28所示，是由两肘弯曲，手半握拳，另一手外抱，两手掌外侧所组成的平面朝前。并掌式手形如图3-29所示，是由两肘弯曲，两手虎口交叉，两手掌外侧合并成勺形的击球面朝前。

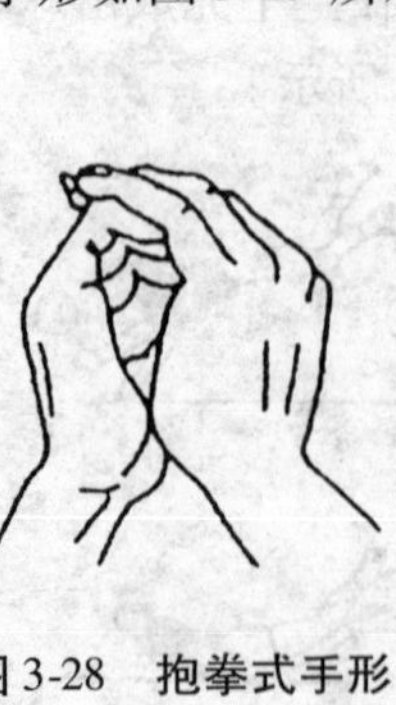

图3-28　抱拳式手形

图3-29　并掌式手形

挡球时，手臂屈肘上举，肘部朝前，手腕后伸，以手掌外侧和掌根所组成的平面挡击球的后下部。击球瞬间,手腕要紧张,用适度的力量将球向前上方挡起,击球点一般在脸、额或两肩的前上方。

2)单手挡球

击球点高,便于挡头部上方或侧上方的高球,有时对飞向身后的高球,可跳起用单手将球挡回。

10. 其他部位垫球

当来球速度快、突然性大,防守队员来不及移步、降低重心、伸臂击球和侧身让垫时,可采用身体其他部位来垫球。例如,体侧屈肘垫球(主要利用大臂外侧部位)、胸部垫球、头顶球等击球技术在比赛中时常可见。自规则允许球可触及身体任何部位以来,脚垫球技术也逐渐发展起来,其运用情况有日益增多的趋势。

脚垫球主要在来球远而低、变化突然、时间短促,无法用其他垫球技术来击球时采用,属应急性技术动作。脚垫球主要有脚背垫球和脚内侧垫球两种。

1)脚背垫球

脚背垫球是以一只脚为支撑,另一只脚迅速向来球方向伸去,利用伸大腿、摆小腿的动作,使脚背插入球下。击球时,利用小腿继续上摆、脚踝上挑的动作,以脚背上部触球的下部(或侧下部)将球垫起。脚背垫球后,若身体失去平衡,可采用侧倒坐地或后倒坐地等动作进行自我保护。

2)脚内侧垫球

脚内侧垫球的动作方法与脚背垫球的相似,但在击球时,脚尖要上翘,脚踝紧张,以脚内侧部位垫球的后下部。

3.1.4 传球技术

传球是利用全身协调力量并通过手指手腕的弹力,将球传至一定目标的击球动作,是排球运动中一项重要的基本技术,是组织进攻战术的基础。

3.1.4.1 正面传球

面对目标的传球称为正面传球,如图3-30所示。它是传球中最基本的方法,是掌握和运用其他各种传球技术的基础。它的技术动作环节如下。

图3-30 正面传球

(1)准备姿势:稍蹲姿势,上体稍挺起,仰头看球,两手自然抬起,屈肘,放松置于额前。

(2)迎球动作:当来球接近额前时,开始蹬地、伸膝、伸臂,手指微张从脸前向前上方迎出。全身各部位动作应协调一致。

(3)击球点:在脸额前上约一球距离处。

(4)正面传球手形如图3-31所示。手触球时，十指应自然张开使两手呈半球状，手腕稍后仰，以拇指内侧、食指全部、中指的二三指节触球的后下部，无名指和小指在球两侧辅助控制球的方向。两拇指相对呈"一"字形。

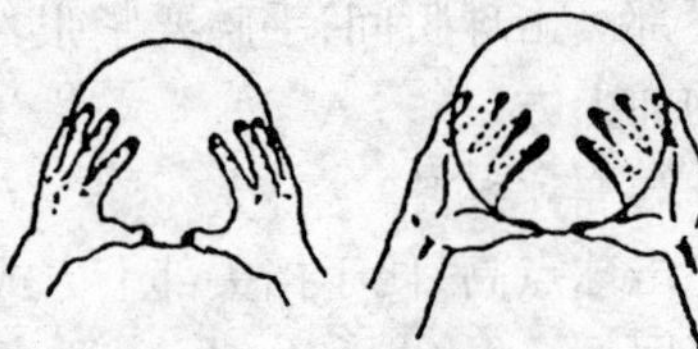

图3-31 正面传球手形

(5)用力方法：在迎球动作的基础上，当手和球即将接触前，手腕和手指要有前屈迎球的动作，当手和球接触时，各大关节继续伸展，最后用手指、手腕的弹力将球击出。

3.1.4.2 **背向传球**

背对传球目标的传球称为背向传球，如图3-32所示。它是传球技术中的一种基本方法，在比赛中运用较多。它的技术动作环节如下。

图3-32 背向传球

(1)准备姿势：上体比正面传球时稍后仰，双手自然抬起置于脸前。

(2)迎球动作：抬上臂，挺胸，上体后屈。

(3)击球点：击球时在头上方，比正面传球略偏后。

(4)手形：手形与正面传球相同，但触球时手腕稍后仰，掌心向上，拇指托在球下，击球下部。

(5)用力方法：利用蹬腿、展体、抬臂、伸肘和手指、手腕的弹力，把球向后方传出。

3.1.4.3 **侧向传球**

身体侧对传球目标，在不转动身体的情况下，靠双臂向侧方传球的动作称为侧向传球。

侧向传球的技术动作要点为：侧传的准备姿势、手形及迎球动作同正面传球一样，但击球点应偏向传出方向一侧。迎球时，通过下肢蹬地使身体重心向上伸展，上体和双臂向传球方向一侧伸展，异侧手臂动作的幅度要大些，伸展的速度也应快些，以双臂和上体侧屈的协调动作将球传出。

3.1.5 扣球技术

扣球是指扣球队员跳起在空中，用一只手或手臂将本场区上空高于球网上沿的球击入对方场区的一种击球方法。

3.1.5.1 **正面扣球**

正面扣球如图3-33所示，是扣球技术中最基本的一种方法。由于面对球网，便于观察，准确性较高，加之正面扣球挥臂动作灵活，能根据对方防守情况随时改变扣球的路线和力量并控制落点,因而进攻效果较好。初学者必须掌握好正面扣一般球后,再学习其他扣球技术。现以两步助跑右手扣球为例来分析其动作方法和技术要领,技术动作环节如下。

图 3-33　正面扣球

1. 准备姿势

扣球助跑前采用稍蹲姿势,两臂自然下垂,站在离网 3 米左右处,身体转向来球方向,观察来球,做好向各个方向助跑起跳的准备。

2. 助跑

助跑开始时,左脚先向前迈出一步,紧接着右脚再快速跨出一大步,左脚同时并上,踏在右脚之前,两脚尖稍向右转,两臂绕体侧向上引摆。

3. 起跳

在助跑跨出最后一步(第二步),左脚并上踏地制动的同时,两臂自后积极向前摆动,随着双脚蹬地向上起跳,两臂配合起跳有力地向上摆动。

4. 空中击球

起跳后,挺胸、展腹,上体稍向右转,右臂由后上方抬起,身体呈反弓形。挥臂时,以迅速转体、收腹动作发力,依次带动肩、肘、腕各部位关节向前上方成鞭甩动作挥动,如图 3-34 所示。

图 3-34　挥臂动作

击球时,五指微张,以掌心为主,全掌包满球,在手臂伸直的最高点的前上方击球的后中部,同时主动用力屈腕屈指向前推压,如图 3-35 所示,使扣出的球上旋。

5. 落地

落地时,以两脚前脚掌先着地,再迅速过渡到全脚掌落地,同时顺势屈膝、收腹,以缓冲下落的力量,立即做好下一个动作的准备。

3.1.5.2　单脚起跳扣球

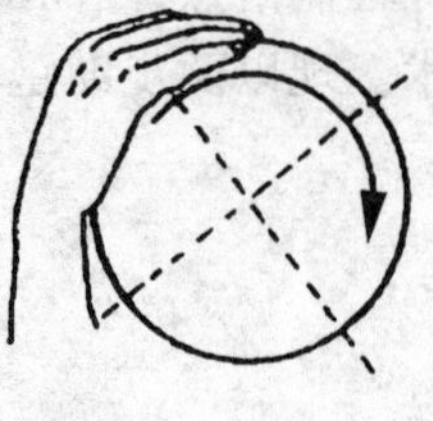

图 3-35　推压动作

单脚起跳扣球如图 3-36 所示，是指助跑的最后一步以单脚踏地，另一只脚直接向前上方摆动帮助起跳的一种扣球方法，这种扣球在现代排球中由于各种冲跳扣球的大量采用，使其有了新的发展前景。单脚起跳后第二只脚不再落地而直接上摆，且起跳腿下蹲较浅，因而它比双脚起跳动作要快 0.2 秒左右。还由于它能充分利用助跑速度，加上右腿积极上摆的协调动作，故比双脚起跳冲得更远，跳得更高。所以，它既能高跳扣定点高球，又能追球起跳扣低弧度球，有利于控制时间和空间，兼有位置差和空间差的特点，这对突破和避开拦网有较大作用。单脚起跳扣球可采用一步、两步或多步助跑。助跑的路线与球网的夹角宜小，以免造成前冲力过大而碰网或过中线犯规。助跑到最后，以左脚向扣球点位置跨出一大步，身体重心稍后倾，在右脚向上摆动时，左脚用力蹬地起跳，两臂积极配合上摆，起跳后的扣球动作与正面扣球基本相似。

图 3-36　单脚起跳扣球

3.1.6　拦网技术训练

靠近球网的队员将手伸向高于球网处阻挡对方的来球，并触及球，称为拦网。拦网是排球运动的基本技术之一。

3.1.6.1　单人拦网

单人拦网如图 3-37 所示。技术动作环节如下。

图 3-37　单人拦网

(1)准备姿势：队员面对球网，两脚左右开立，约与肩同宽，距网 30 ~ 40 厘米，两膝微屈，两臂屈肘置于胸前。

(2)移动：常用的步法有一步、并步、交叉步、跑步等。无论采用哪种移动步法，都要做好制动动作，以保证向上起跳，避免触网和冲撞同队队员。

(3)起跳：原地起跳时，两腿屈膝，重心降低，随即用力蹬地，两臂以肩发力，在体侧近身处画弧前后摆动，帮助身体迅速跳起。移动后的起跳，其起跳动作与原地起跳一样，但要注意制动并使移动与起跳动作紧密衔接。

(4)空中动作：起跳时，两手从额前沿球网向上方伸出，两臂伸直并保持平行，两肩上提，拦网时，两臂应伸过网去接近球。两手自然张开，屈指、屈腕，呈半球状。当手触球时，两手要突然紧张，手腕下压，盖在球的前上方。

(5)落地：拦球后，要做含胸动作，以保持身体平衡。手臂要先后摆或上提，从网上收回至本方上空，再屈肘向下收臂，以免触网。与此同时，屈膝缓冲，双脚着地，随即转身面向后场，准备接应来球或做下一个动作准备。

3.1.6.2 双人拦网

由前排两个队员互相靠近、同时起跳组成的拦网，称双人拦网。双人拦网是集体拦网的一种，是比赛中最常用的一种拦网形式，主要在对方大力扣球时采用。拦网的技术动作与单人拦网相同。

双人拦网时，应以一人为主拦队员，另一人为配合队员。但主拦队员不是固定的，一般情况下距对方扣球点近的队员应为主拦队员。主拦队员必须抢先移动到对正扣球点的位置，做引起跳准备，配合队员则迅速移动，靠近主拦队员准备同时起跳。两队员之间的距离一定要合适，距离太远，跳起后将出现“空门”；距离太近，起跳时互相干扰，致使双方都跳不高。双人拦刚起跳时，两人的手臂应该在体前画小弧向上摆伸，尽量垂直向上起跳，防止互相碰撞或干扰，手臂在空中既不能重叠，造成拦击面缩小，又不能间隔太宽，造成中间漏球。扣球靠近边线时，靠边线近的拦网队员外侧的手应适当内转，以防打手出界。

3.2 排球技战术

排球技战术是指运动员在比赛中，根据排球竞赛规则和排球运动的规律、比赛双方的具体情况和临场竞赛的变化，合理运用个人技术及集体配合所采取的有意识、有组织的行动。

3.2.1 进攻战术

3.2.1.1 个人进攻战术

1.发球个人战术

发球个人战术具有相对的独立性和自主性。运用发球个人战术的目的是破坏对方的一传，为本方得分或反击创造有利条件。

1)不同性能的发球

攻击性发球：在保证准确的基础上，尽可能地发出速度快、力量大、旋转强、弧度平的攻击性发球，如跳发球等。

飘球：利用发球位置的不同，有意识、有目的地发出轻、重、平冲、下沉等各种性能不同的飘球。

相似动作发出不同性能的球：利用发球动作的相似性，以相似动作发出不同性能的球。如以近似勾飘的动作，击球时突用蹬地、转腰、收腹的力量，以全掌击球，发出勾手大力球。

2)控制落点的发球

找薄弱区域的发球：将球发到对方前区、后区、两个队员之间的连接区、三角地带等场区空当,给对方接发球造成困难。

找人发球:发给一传差、连续失误、情绪急躁或刚换上场的队员,也可以发给快攻队员或二传队员,给对方的战术进攻带来不便。

3)变化节奏的发球

快节奏发球:比赛中,打破常规,突然加快发球的节奏,使对方猝不及防造成失误。

慢节奏发球:比赛中,有意识地放慢发球的节奏,如发高吊球,利用球体下落时速度的变化,使对方接发球不适应。

4)变化线路的发球

长、短线结合的发球:根据对方队员站位情况,时而发长线球,时而发短线球,以调动对方,掌握主动。

直、斜线结合的发球:充分利用9米宽的发球区,采用"站直发斜"或"站斜发直"的发球方法,突袭对方。

5)根据临场比赛的变化采取不同的发球方法

如本方得分困难,落后较多,或遇到对方强轮次等情况,可采取先发制人的攻击性发球。

在本方发球连续失误或比赛的关键时刻,或在对方暂停、换人后以及对方正处于进攻弱轮次,本方拦网连连得分时,应注意发球的准确性,减少失误,抓住得分的时机。

2. 一传个人战术

一传个人战术的基本任务是在第一次接对方来球时,为了组成本队的进攻战术而采用有目的、有意识的击球动作。由于各种进攻战术对一传的要求不同,所以一传的方向、弧度、速度、落点也不一样。

(1)组织快攻战术时,如本方快攻队员来得及进行快攻,一传的弧度要低平,速度稍快,以加快进攻的节奏。如果来不及(防守后的快速反击),则应提高一传弧度。

(2)组织强攻战术时,一传的弧度要略高些,为二传队员创造便利条件。

(3)前排队员一传时,力量不宜太大,弧度应稍高。如来球力量不大,可用上手传球。后排队员则相反。

(4)当对方第三次传垫球过网时,一传可用上手传球,以便更准确地组织快速反击或传给网前队员进行两次进攻。

(5)如发现对方场区有较大的空当或对方队员无准备时,一传可直接用传、垫、挡等动作把球击向对方。

3. 二传个人战术

二传个人战术的基本任务是利用空间、时间和动作上的变化,有效地组织进攻战术,给扣球队员创造有利的条件,使对方难以组织防御。

(1)隐蔽传球:二传队员尽可能地以相似动作传出不同方向的球,使对方难以判断传球的方向。

(2)晃传和两次球:二传队员先以扣两次球吸引对方拦网队员后,突然改扣为传,也可先以传球动作麻痹对方,突然改传为扣。

(3)时间差跳传:二传队员在跳传时,改变常规传球的时间,采用延缓传球的方法,在人和球下落过程中将球传给快攻队员,以造成对方拦网队员的时间误判。

(4)高点二传:二传队员尽可能在跳起的最高点直臂传球,以提高击球点,加快进攻速度。

(5)选择突破点:根据对方拦网的部署,在传球时尽可能避开拦网强的区域,选择薄弱环节作为突破口,在局部地区造成以多打少、以强攻弱的优势。

(6)控制比赛节奏:在对方失误较多或场上出现混乱时,可加快比赛节奏,以快攻为主。当本方失误较多或场上队员发挥失常时,可适当放慢比赛节奏,以达到稳定情绪、调整战略战术的目的。

4. 扣球个人战术

扣球是进攻和反攻成败的主要体现,是一个队实力的综合反映。现代排球中快球要快,强攻要强,重扣轻打相结合应是扣球的指导思想。

(1)路线变化:扣球时运用转体、转腕灵活地扣出直线、斜线、小斜线等,避开对方的拦网。

(2)轻重变化:扣球时重扣强行突破与轻扣打点有机结合。

(3)超手和打手:充分利用弹跳力,采取超手扣球技术,从拦网队员手的上面突破;还可以利用平扣、侧旋扣球、推打等手法,造成拦网队员被打手出界。

(4)打吊结合:在对方严密的拦网下,先佯做大力扣杀,突然由扣变吊,将球吊入对方空当。

(5)左、右手扣球:利用异侧手辅助进攻,形成左右开弓式的扣球,以增加击球面和隐蔽性,提高应变能力。

5. 拦网个人战术

拦网个人战术是通过准确的起跳时机、空中的拦网高度和拦击面、手型动作的变化等因素来实现的攻击行动。

(1)假动作:拦网队员可灵活地运用站直拦斜、站斜拦直、正拦侧堵及佯装拦强攻实为拦快攻等假动作迷惑对方,提高拦网效果。

(2)变换手型:拦网队员起跳后,根据进攻队员的动作改变,拦网手型随机应变,以达到拦击对方的目的。

(3)撤手:在发现对方要打手出界或平扣球时,则可在空中及时将手撤回,造成对方扣球出界。

(4)踮跳拦网:为了更好地拦击对方快速多变的战术,身高和弹跳较好的队员采用踮跳拦第一点的快攻球,再迅速起跳拦第二点的进攻。

(5)前伸拦网与直臂拦网:在拦击对方中、近网扣球时,手臂尽可能前伸接近球,封堵进攻线路。在对方远网扣球时,尽可能直臂拦击,以增加拦网面。

(6)单脚起跳拦网:利用单脚起跳快、空中飞行距离长的优势,来弥补双脚起跳来不及的拦网,但要控制好空中飞拦的距离,避免冲撞本方队员。

3.2.1.2 集体进攻战术

集体战术是指两个或两个以上队员之间有组织、有目的地集体协同配合。任何集体进攻战术的变化都建立在进攻阵形和进攻打法的基础上。

1. 进攻阵形

进攻阵形就是进攻时所采取的基本队形。

1)"中二传"进攻阵形及其变化

由一名前排或后排队员在前排中位置做二传,其他队员参与进攻的阵形,称做"中二传"进攻阵形。"中二传"进攻阵形是最基本的进攻阵形,其特点是二传队员在中间,一传容易到位,战术繁简多变,适合不同技术水平的队。技术水平较低的队可组织前排 2、4 号位扣一般高球,技术水平较高的队可组织各种战术进攻乃至立体进攻。"中二传"进攻阵形的站位及变化如下。

a."大三角"站位

"大三角"站位是最基本的站位方法,其变化主要以 2、4 号位队员进攻为主,辅以后排进攻等,如图 3-38 所示。

b."小三角"站位

4 号位队员位置不变,2 号位队员站在中场接球,3 号位站在 2、4 号位之间的网前。这种站位实际上也是一种隐蔽站位的方法,1 号位队员可在 2 号位做佯攻,2 号位队员从中路进攻,后排队员进行后排进攻。这种阵形有利于各种交叉换位进攻,如图 3-39 所示。

若 2 号位队员左手扣球得力,则可以在场区右侧站成"小三角",即 2 号位队员位置不变,4 号位队员中场接发球,3 号位队员站在 2 号位队员与 4 号位队员之间的网前做二传,5 号位队员在 4 号位做佯攻,后排队员进行后排进攻,如图 3-40 所示。

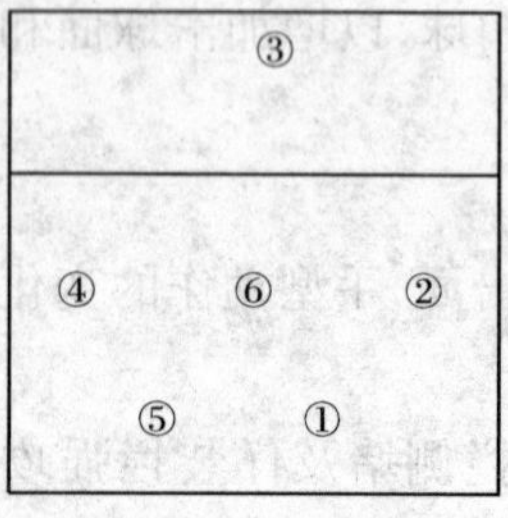

图 3-38

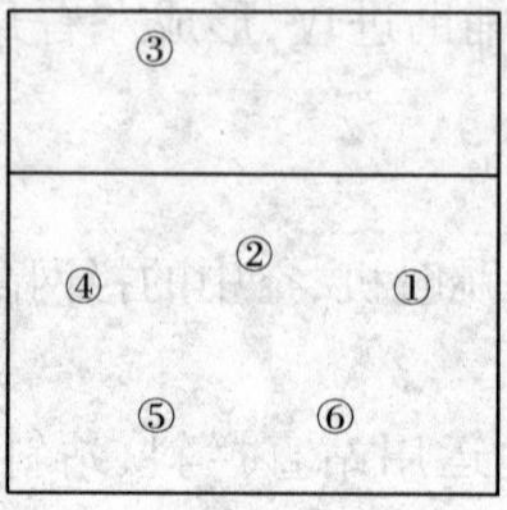

图 3-39

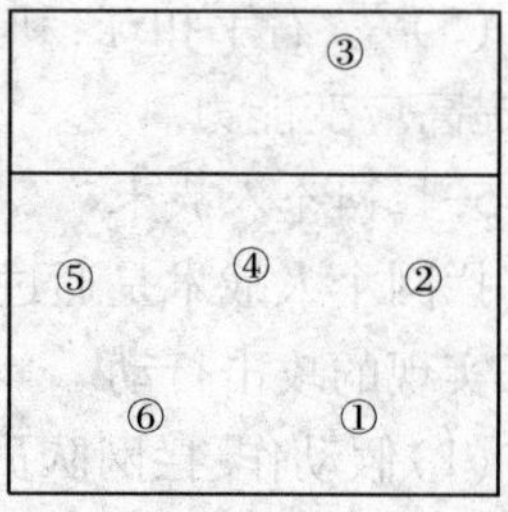

图 3-40

c.换位成"中二传"阵形

二传队员在 4 号位或 2 号位时,可以换位成"中二传"阵形,如图 3-41 所示。

d."插上"成"中二传"阵形

后排队员都可以"插上"做二传,如 6 号位队员从 3 号位队员右侧"插上"成"中二传"阵形,其他队员分别进行前排或后排进攻,如图 3-42 所示。

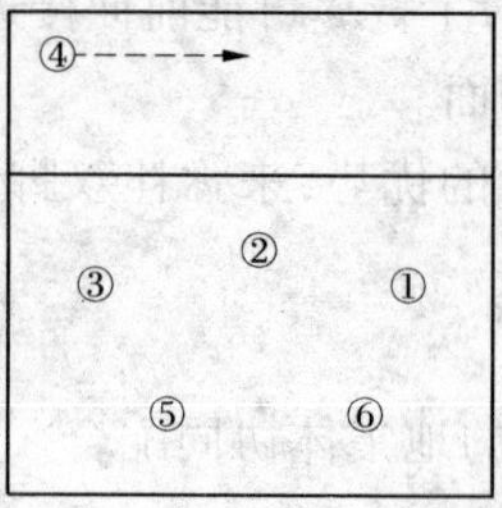

图 3-41

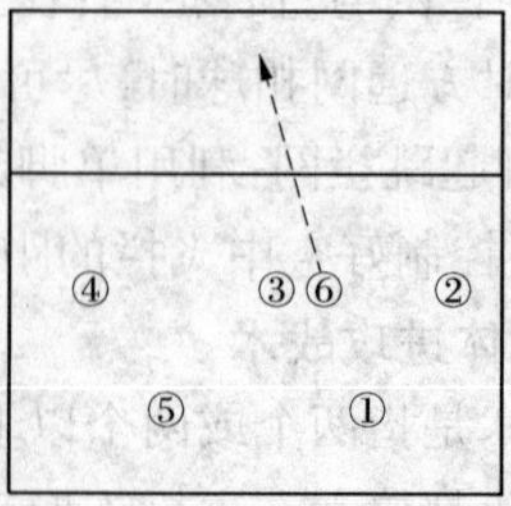

图 3-42

2)“边二传”进攻阵形及其变化

由一名前排或后排队员在前排 2 号位做二传，其他队员参与进攻的阵形，称做“边二传”进攻阵形。“边二传”进攻阵形也是基本的进攻阵形，其特点是二传队员在边上，对一传的要求稍高，但战术变化比“中二传”进攻阵形多，战术可简可繁，同样适合不同水平的队。“边二传”进攻阵形的站位及变化如下。

a.“边二传”阵形

2 号位队员站在网前担任二传，3、4 号位队员进行前排进攻，其他队员参与后排进攻，如图 3-43 所示。

b. 反“边二传”阵形

4 号位队员站在网前做二传，其他队员参与进攻。如果 2、3 号位队员是左手扣球，采用这种阵形比较有利，如图 3-44 所示。

c. 换位成“边二传”阵形

通常采用反“边二传”换位成“边二传”阵形，如图 3-45 所示 。

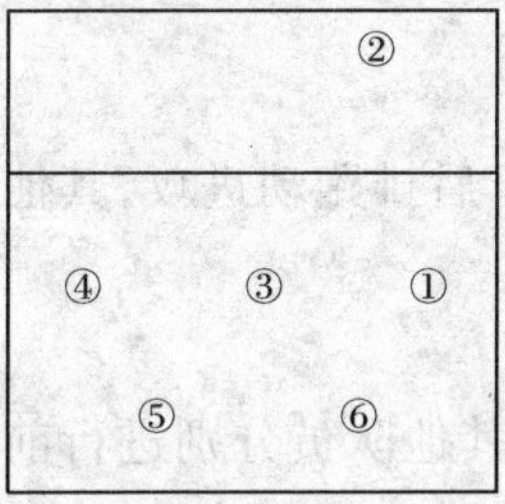

图 3-43

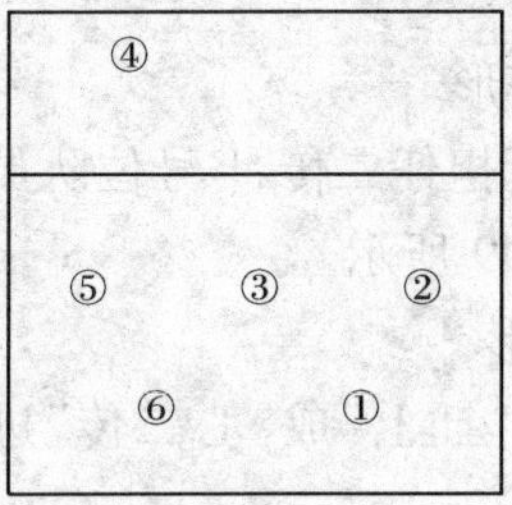

图 3-44

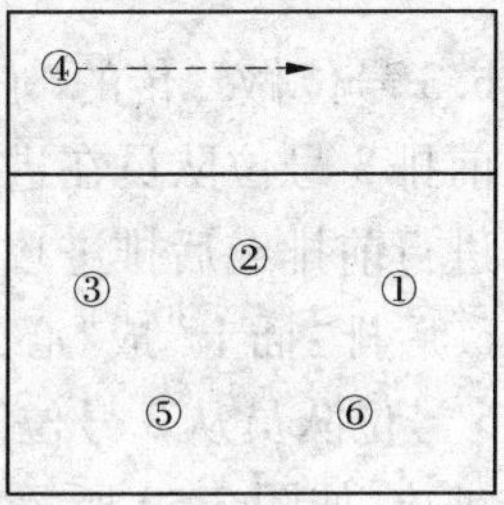

图 3-45

d.“插上”成“边二传”阵形

后排队员都可以“插上”做二传，如 1 号位队员从 2 号位队员右侧“插上”成“边二传”阵形，其他队员分别进行前排或后排进攻，如图 3-46 所示。

e.“假插上”成“边二传”阵形

3 号位队员在 4 号位队员的右侧做“假插上”，形成“边二传”阵形，1 号位队员做佯攻掩护，其他队员参与进攻，如图 3-47 所示。

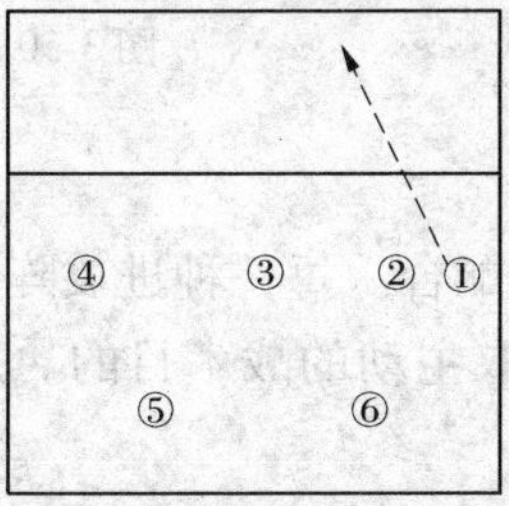

图 3-46

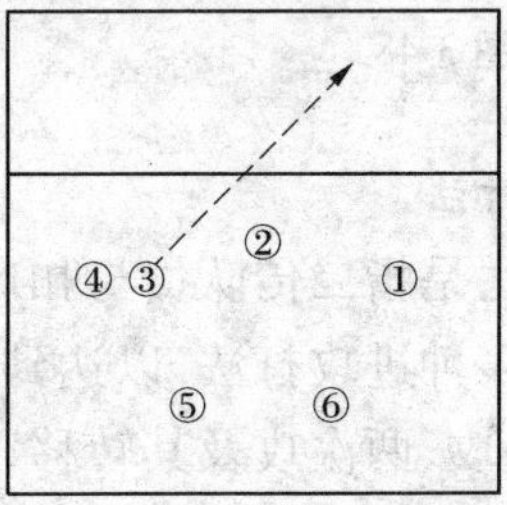

图 3-47

采用“中、边二传”进攻阵形时应注意以下几点：

采用“中二传”进攻阵形时，二传队员的站位应稍靠近 2 号位，避免与 6 号位队员重叠，以免阻挡视线，影响其接发球。

采用“边二传”进攻阵形时,二传队员的站位不宜太靠近边线,以免运用“拉开”、“围绕”等快攻战术时,因距离远而影响战术质量。

采用换位成反“边二传”阵形时,4 号位的二传队员既要靠网站,又要靠边线站,以免造成与 3 号位队员位置错误或影响 3、4 号位队员的接发球。

插上队员应站在同列队员的侧后方,选择最短的插上距离、最佳的插上时机,并要及时后撤参与防守。

3)“心二传”进攻阵形及其变化

二传队员在中场进攻线附近组织进攻的阵形称做“心二传”进攻阵形。“心二传”是近年来创新的一种进攻阵形,其特点是二传队员在中场位置进行二传,有利于组织后排进攻及前后排互相掩护进攻,战术变化多,适合技术水平较高的队使用,但对二传及队员间的配合要求较高。“心二传”进攻阵形的站位及变化如下。

a. 6 号位做二传的“心二传”阵形

后排 6 号位队员在进攻线附近担任二传,其他队员分别进行前排或后排进攻,如图 3-48 所示。

b. 3 号位做二传的“心二传”阵形

前排 3 号位队员在进攻线附近担任二传,1 号位队员专门进行后排跑动进攻,其他队员分别进行前排或后排进攻,如图 3-49 所示。

c. 后排“插上”成“心二传”阵形

6 号位队员从 3 号位队员右侧“插上”成“心二传”进攻阵形,其他队员分别进行前排或后排进攻,如图 3-50 所示。

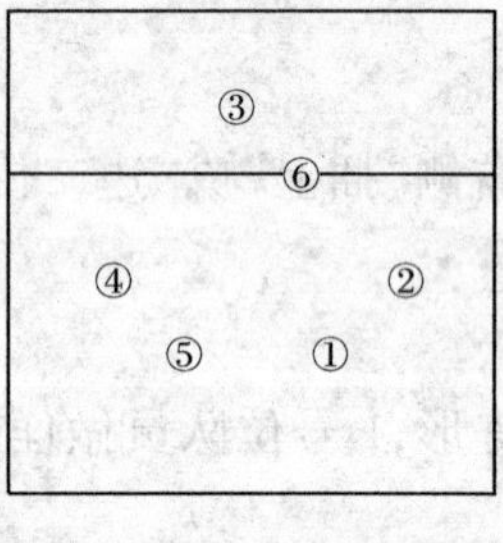

图 3-48

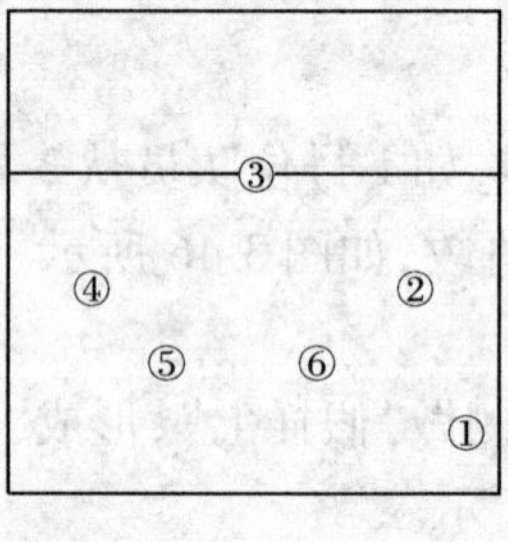

图 3-49

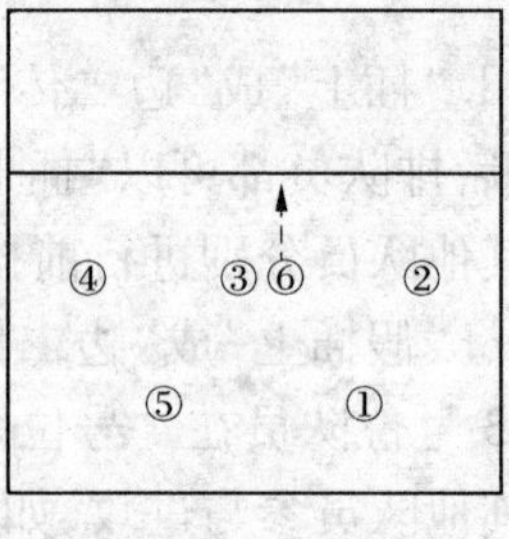

图 3-50

2. 进攻打法

进攻打法是指二传队员与扣球队员之间所组成的各种配合。每一种进攻阵形中都可以灵活地运用多种进攻打法,以达到避开拦网、突破防线、争取主动的战术目的。进攻打法可分为强攻、快攻、两次攻及其转移以及立体进攻等。

1)强攻

在无掩护或掩护较小的情况下,主要凭借个人力量、高度和技巧强行突破对方的拦、防。

a. 集中进攻

在 4 号位或 2 号位组织比较集中的不拉开的高球进攻,或在 3 号位扣一般高球。这种打法易掌握,也易被拦,适合初学者和水平较低的队运用。

b. 拉开进攻

二传队员将球传到标志杆附近进攻的打法叫拉开进攻。拉开进攻可以扩大攻击面，以避开拦网，有利于线路变化及打手出界，如图 3-51 所示。

c. 围绕进攻

围绕跑动换位的目的是发挥自己的扣球特长，避开对方拦网的有效区域。

进攻队员从二传队员前面绕到后面去扣球称为后围绕进攻，如图 3-52 所示。

进攻队员从二传队员后面绕到前面去扣球称为前围绕进攻，如图 3-53 所示。

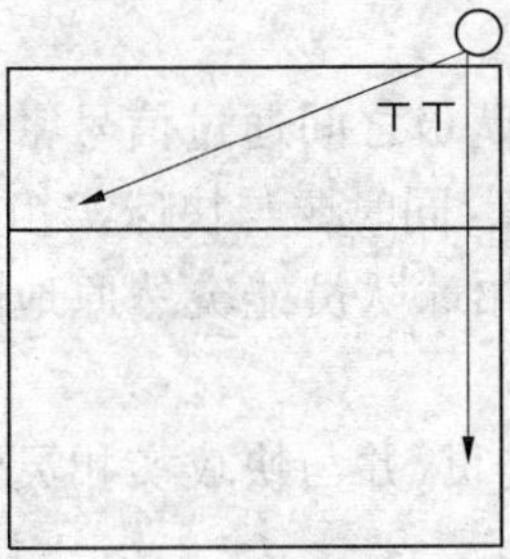

图 3-51

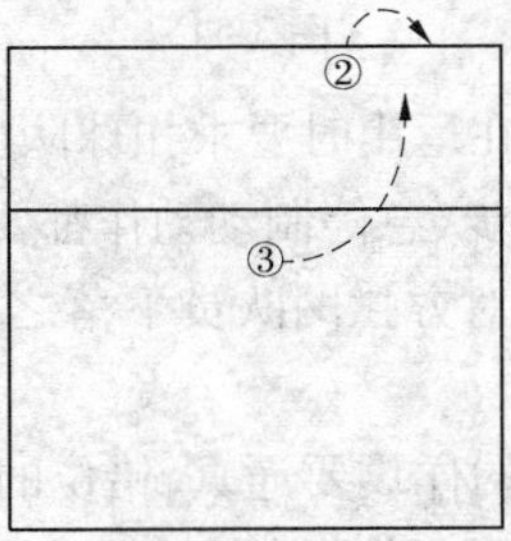

图 3-52

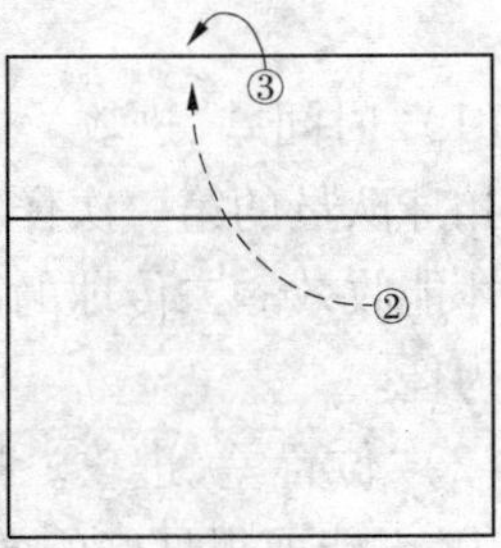

图 3-53

d. 调整进攻

当一传或防起的球不到位，球的落点离网较远时，由二传队员或其他队员把球调整到网前有利于扣球的位置上进行强攻的打法称为调整进攻。调整进攻在接扣球反击中运用较多，并占有比较重要的位置。调整进攻对运动员的体能要求较高，必须具备一定的弹跳高度和力量，才能有效地突破对方的拦网和防守。

e. 后排进攻

后排队员在进攻线后起跳扣球称为后排进攻。由于击球点离网较远，使得过网面加宽，给对方的拦网造成较大的困难，比赛中的运用效果是显而易见的。后排进攻已从过去的"被动式"转变为"主动式"，并被各队普遍采用。

2）快攻

各种快球及以快攻作为掩护，由同伴或本人所进行的进攻，均称为快攻。

a. 快球进攻

二传队员将球或快或平传给扣球队员，扣球队员快速挥臂击球，称为快球进攻。快球进攻是我国的传统打法。快球进攻的特点是速度快、突然性大、掩护作用强，有利于争取时间、空间和组织多变的战术。

如图 3-54 所示，快球有近体快（A）、短平快（B）、背快（C）、背短平快（D）、背溜（E）、平拉开（F），以及调整快、远网快、后排快、半快球、单脚快等。

组织快球战术主要靠二传队员与扣球队员之间的密切配合。二传队员要了解扣球队员的特点，还要根据当时扣球队员的上步情况主动配合传球。扣球队员也应根据一传的特点及二传的特点主动地加以配合。其中重要的一点是要相信二传队员，否则就会犹豫不决，贻误战机。

b. 自我掩护进攻

用自己打各种快球的假动作来掩护自己的第二个实扣进攻，称为自我掩护进攻。

自我掩护进攻主要有"时间差"进攻、"位置差"进攻和"空间差"进攻等。

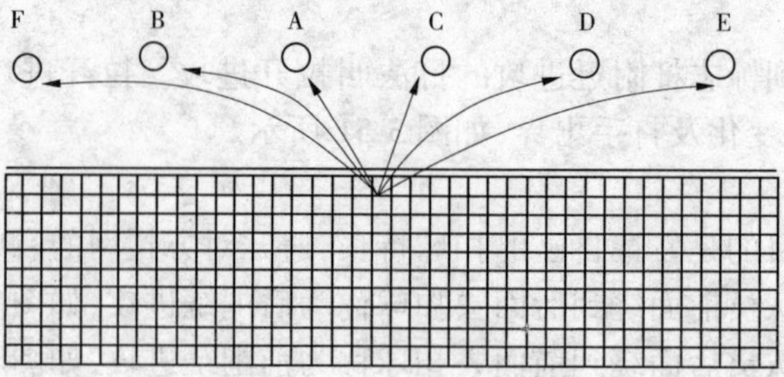

图 3-54

(1)“时间差”进攻。这种进攻在运用时要求扣球队员与二传队员之间通过信号密切配合。扣球队员的第一次佯攻助跑上步、急停制动动作都要做得逼真,同时要与快球实扣交替使用才能收效。二传球的高度定在对方拦网队员下落之际,本方扣球队员能突然原地起跳实扣为佳。

(2)“位置差”进攻。扣球队员的佯攻要逼真,错位的移动要连贯,并与快攻实扣灵活交替运用,方能取得良好的效果。“位置差”进攻打法有多种。

①短平快前错位。3 号位做短平快佯攻后向右跨步,用双脚或单脚起跳扣集中的半高球,如图 3-55 所示。

②近体快前错位。3 号位近体快球佯攻,然后突然向左侧跨步起跳扣拉开的半高球,如图 3-56 所示。

③近体快后错位。3 号位近体快球佯攻,然后突然向右侧跨步绕到二传队员背后扣半高球,如图 3-57 所示。

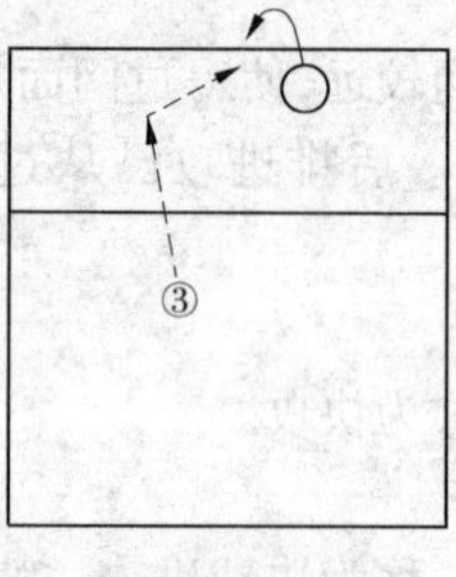

图 3-55

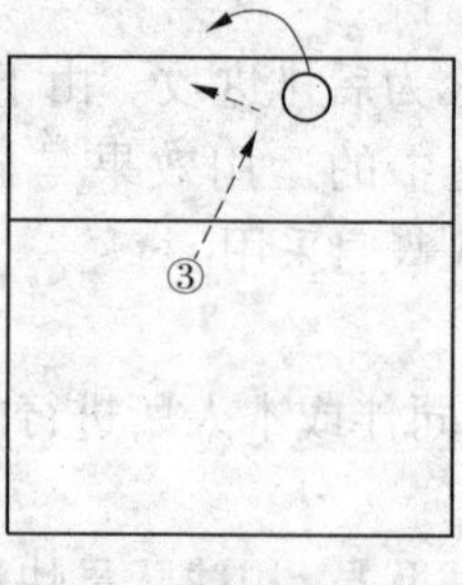

图 3-56

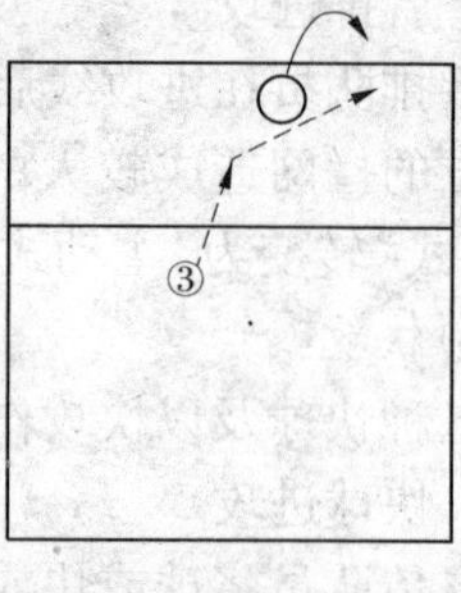

图 3-57

(3)“空间差”进攻:也称空中移位进攻。这种打法进攻面宽,突然性大,很容易摆脱对方的拦网,但要求扣球队员有良好的弹跳及冲跳能力,并要与二传队员密切配合才能完成。“空间差”进攻有以下几种打法。

①前飞。队员在扣短平快的起点上做佯攻,利用向前冲跳的惯性,使身体在空中水平移到二传队员附近扣半高球,如图 3-58 所示。

②背飞。队员在二传队员体侧起跳,利用向前冲跳的惯性,在空中移到二传队员背后 1 ~2米扣半高球,如图 3-59 所示。

③假背飞。扣球队员在 3 号位佯做单脚“背飞”扣球,突然起跳扣背快球。这种战术是在单脚起跳“背飞”的基础上发展起来的,所不同的是,最后一步较大,摆臂向上,增加踏跳的垂直分力,减小水平位移,起跳后扣背快球,如图 3-60 所示。

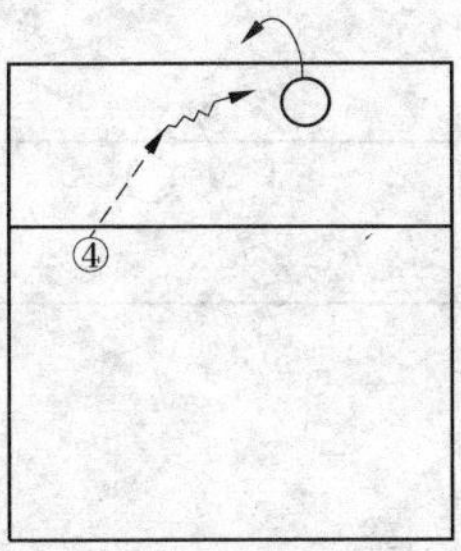

图 3-58

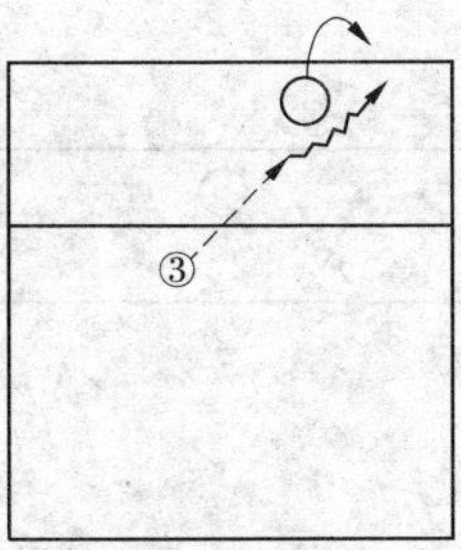

图 3-59

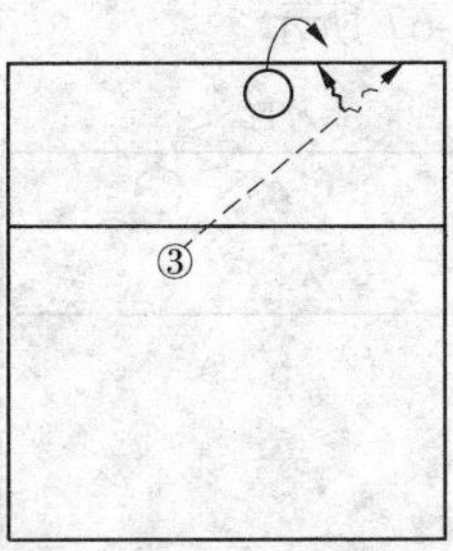

图 3-60

④后飞。扣球队员在 2 号位佯扣背溜或短平快，踏跳后向 3 号位“起飞”扣背快球，如图 3-61 所示。

⑤拉三。扣球队员在 3 号位佯扣近体快球，踏跳时向左侧冲跳，利用空中位移追扣二传队员向 3 号位传出的短平快球，以达到避开对方拦网的目的，如图 3-62 所示。

⑥拉四。扣球队员在短平快起跳点佯扣，踏跳时向左侧冲跳，利用空中位移追扣二传队员传向 3、4 号位之间的拉开球，如图 3-63 所示。

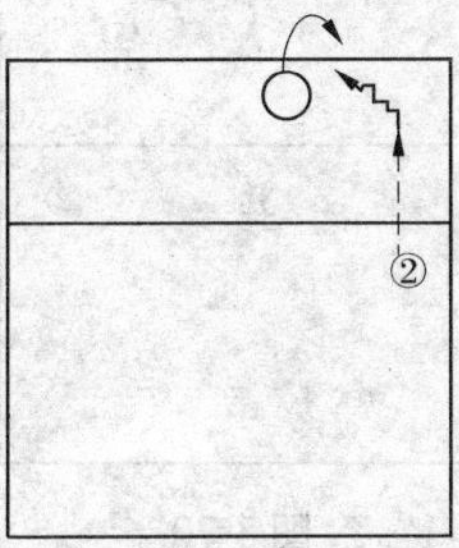

图 3-61

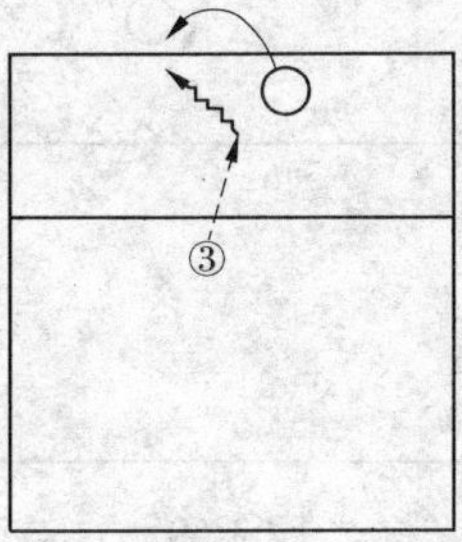

图 3-62

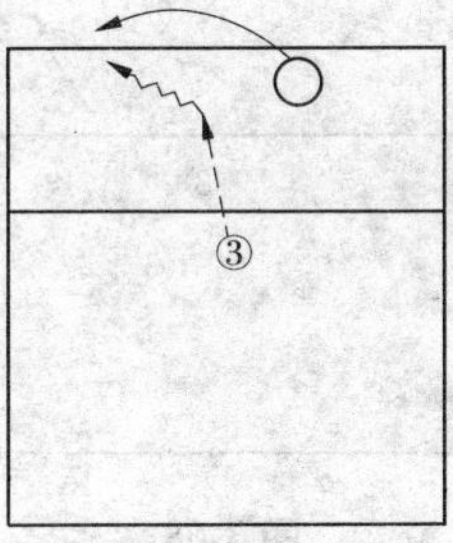

图 3-63

⑦拉二。扣球队员在扣背快起跳点上突然向右侧冲跳，追扣二传背后的拉开球，如图 3-64 所示。

“空间差”进攻打法尚有很大的发展潜力，如能与“位置差”等打法结合起来运用，如错位后加前飞等，还可以进一步丰富“空间差”的战术打法，提高“空间差”的效果。

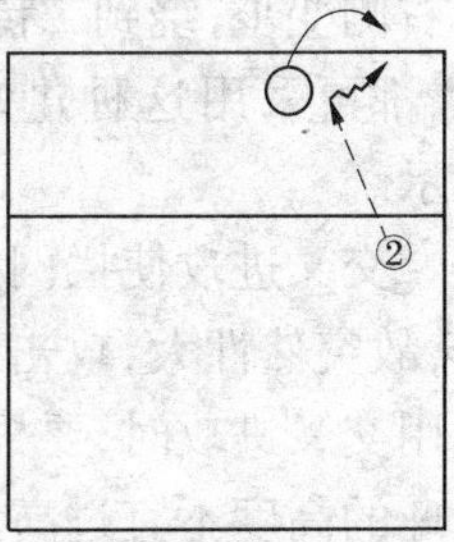

图 3-64

3）快球掩护进攻

利用各种快球吸引对方拦网，然后给其他队员创造一打一或空网扣球的进攻打法，称为快球掩护进攻。在快球掩护进攻中，主要有交叉进攻、梯次进攻、夹塞进攻、双快和三快进攻、双快—跑动进攻等多种打法。

a. 交叉进攻

交叉进攻是两名队员跑动进攻，助跑路线相交叉，这能起到相互掩护的作用，造成局部区域以多打少的局面。交叉进攻有以下多种方式。

4 号位队员内切做近体快或短平快掩护，3 号位队员跑动到 4 号位附近扣半高球，如图 3-65所示。

4 号位队员扣近体快球，2 号位队员跑动到二传队员前面扣半高球，如图 3-66 所示。

3 号位队员做近体快球掩护，二传队员身后的 2 号位队员跑到二传队员前面扣半高球，如图 3-67 所示。

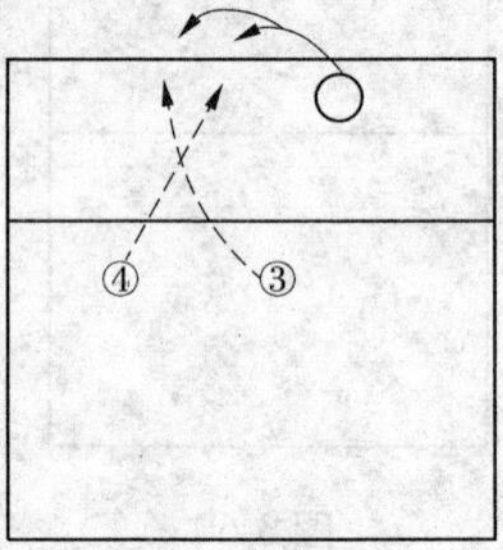

图 3-65

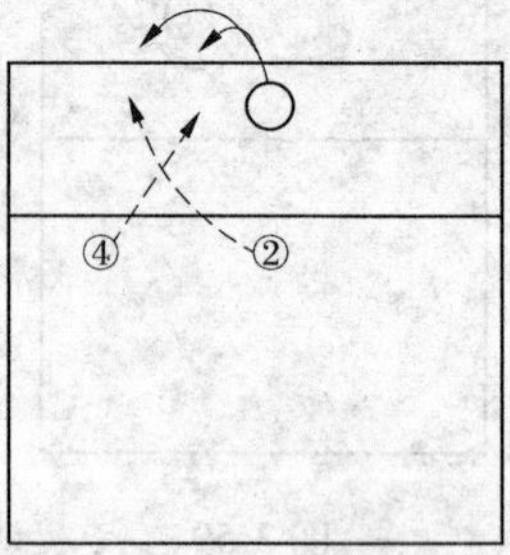

图 3-66

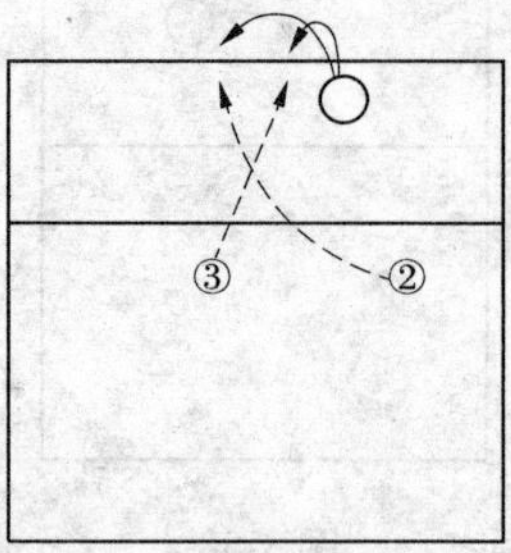

图 3-67

2 号位队员做背快掩护,3 号位队员跑动扣二传背后的短平快或半高球,如图 3-68 所示。

2 号位队员扣前快球,3 号位队员跑到二传背后扣半高球,如图 3-69 所示。

3 号位队员扣背快球,2 号位队员跑到二传前面扣半高球,如图 3-70 所示。

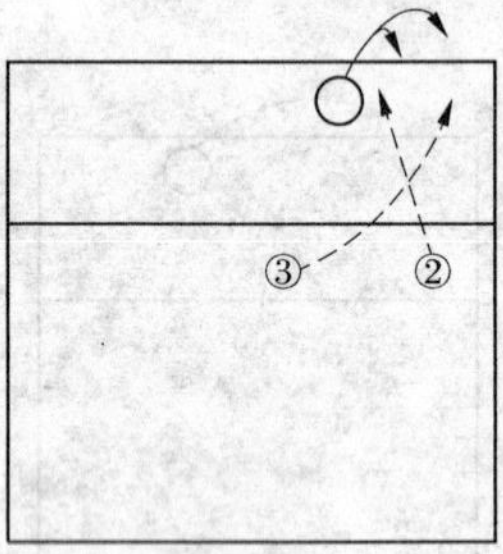

图 3-68

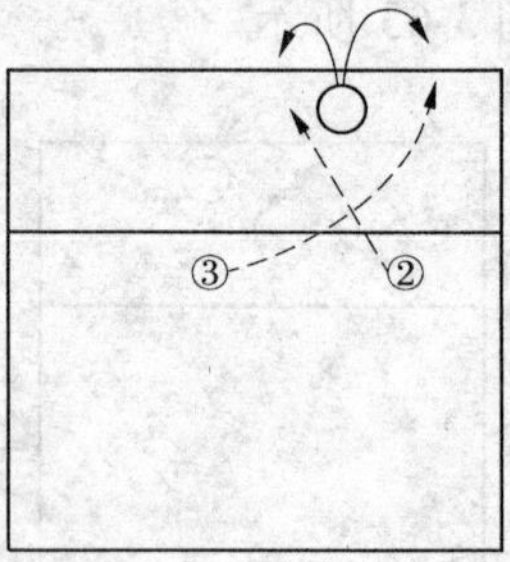

图 3-69

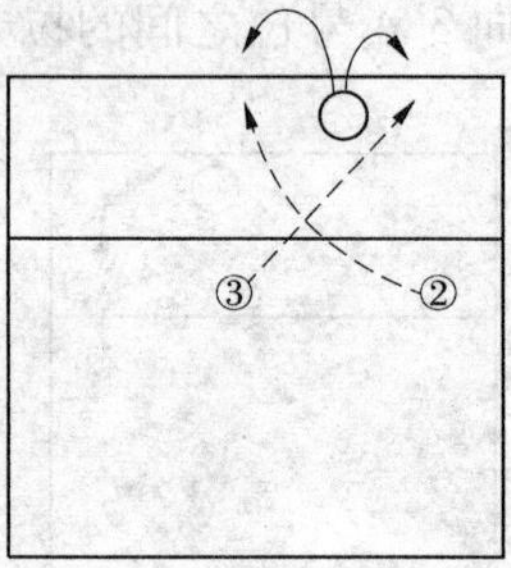

图 3-70

3 号位队员快球掩护,2 号位队员佯做交叉进攻,助跑途中突然向右侧变步,绕到二传背后扣半高球。在各种交叉进攻被对方识破时,都可采用这种进攻打法来摆脱对方的人盯人拦网,如图 3-71 所示。

图 3-71

交叉进攻使拦网者来不及判断两名跑动的队员中真正的扣球者,故突然性大,攻击性强,用于对付对方的人盯人拦网收效甚好。运用交叉进攻时,要根据不同的交叉战术确定相应的一传落点。二传球的高度不宜过高,以免对方补拦。交叉跑动的扣球队员在一传球即将到达二传队员手中时,开始上步为宜。起动过早,易被对方识破或影响快球队员的跑动。

在交叉进攻中,如定位快球与错位快球结合运用,则变化更多,效果更佳。

b. 梯次进攻

一队员打快攻掩护,另一队员在其背后打离网稍远的半高球。这种战术打法主要是利用同一进攻点上,有两人在不同时间进行扣球,使对方拦网队员难以判断,从而造成在一点上以多打少的有利局面。

梯次进攻可由 4 号位队员跑动至二传队员前面扣近体快球进行掩护,诱使对方拦网,而二传队员将球传给距网稍远一点的 3 号位队员扣半高球,如图 3-72 所示。

采用 3 号位做快球掩护，2 号位队员在他身后扣半高球，如图 3-73 所示。

采用 3 号位做快球掩护，4 号位队员在他身后扣半高球，如图 3-74 所示。

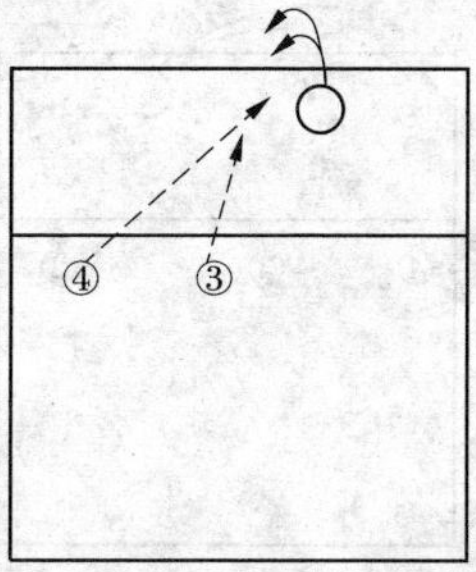

图 3-72

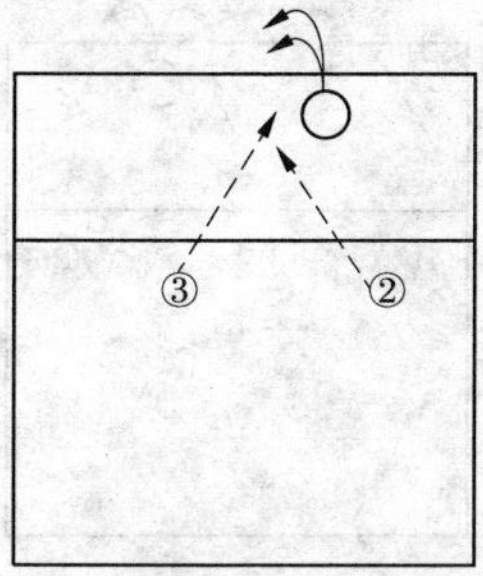

图 3-73

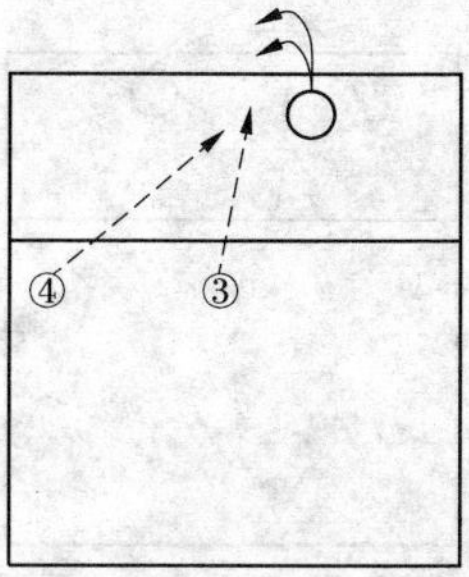

图 3-74

采用 4 号位队员扣短平快做掩护，3 号位队员在其身后做梯次进攻。也可采用 3 号位队员扣短平快做掩护，4 号位队员在其身后做梯次进攻，如图 3-75 所示。

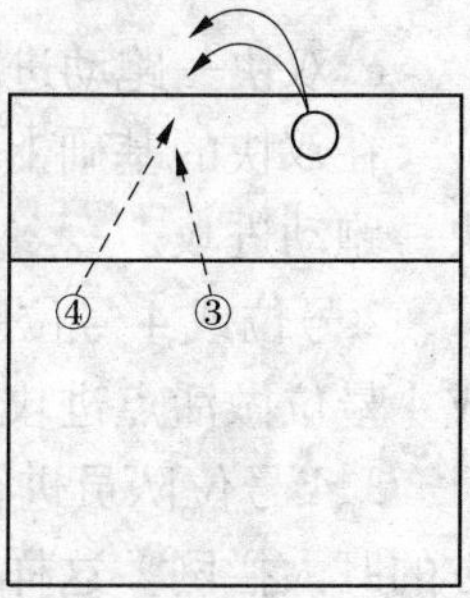

图 3-75

在 4 号位队员做快球掩护的梯次进攻时，一传的落点和二传队员的位置要靠近球网的中间，以便缩短 4 号位队员快球掩护的助跑距离。运用 3 号位队员打快球掩护，2 号位队员梯次进攻时，二传队员的取位则应靠近 2 号位区。

c. 夹塞进攻

队员在短平快位置上做扣球掩护，吸引对方拦网，二传队员将半高球传至二传队员与扣短平快队员之间，而另一名队员像塞子一样，突然跑到两人之间进攻，使对方的拦网措手不及。

3 号位队员先扣短平快球，4 号位队员突然切入扣半高球，如图 3-76 所示。

d. 双快和三快进攻

双快和三快进攻即前排 2 ~ 3 个队员在不同地点同时发动进攻。

3 号位队员做近体快球进攻，2 号位队员做背快球的双快进攻，如图 3-77 所示。

3 号位队员做近体快攻，4 号位队员做短平快进攻，如图 3-78 所示。

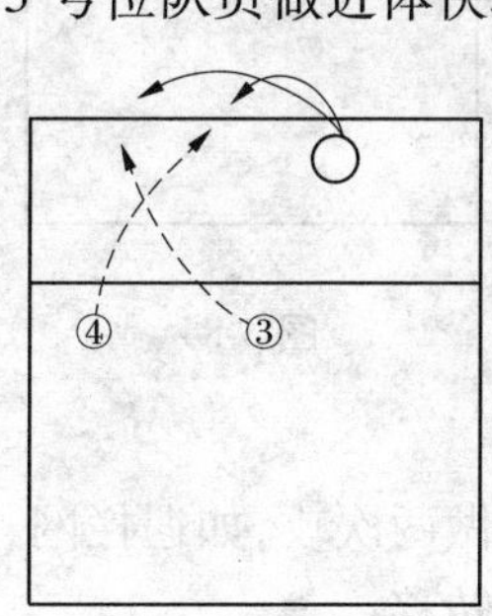

图 3-76

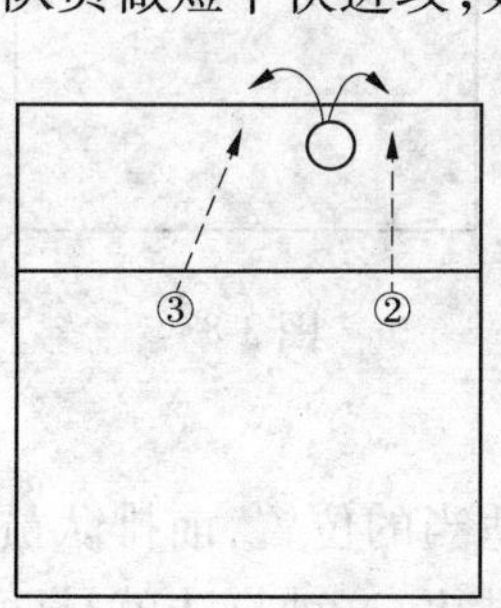

图 3-77

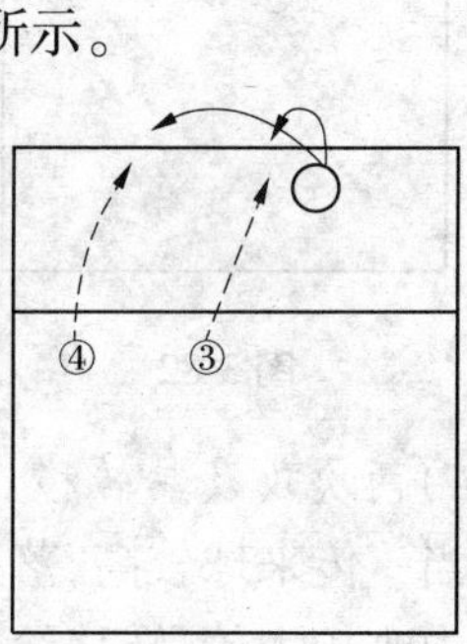

图 3-78

3 号位和 4 号位队员可采用一长一短两个短平快进攻的“串平”打法，即二传队员采用跳起平传，两个扣平球的进攻队员同时起跳，靠近二传的进攻队员可以实扣，也可以佯做挥臂而将球让过，给后面的扣球队员实扣，如图 3-79 所示。

若前排三名队员同时进行快攻，如 2 号位队员扣背快，3 号位队员扣近体快，4 号位队员扣短平快,如图 3-80 所示。

2 号位队员扣背溜,3 号位队员扣短平快,4 号位队员扣平拉开,如图 3-81 所示。

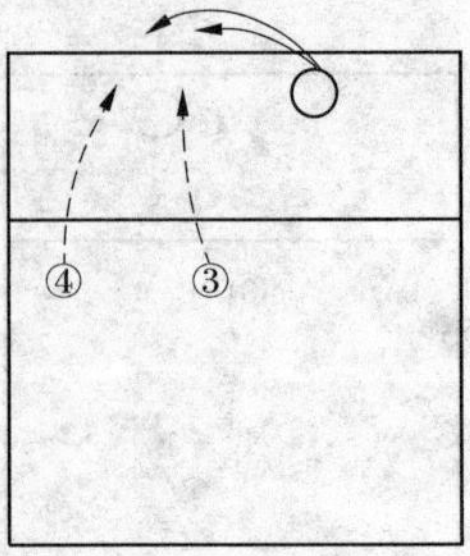

图 3-79

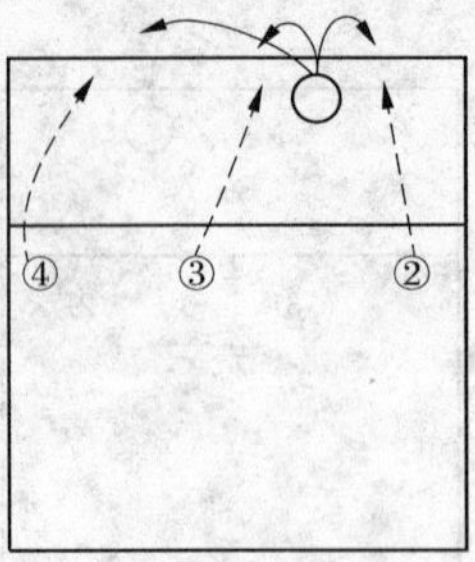

图 3-80

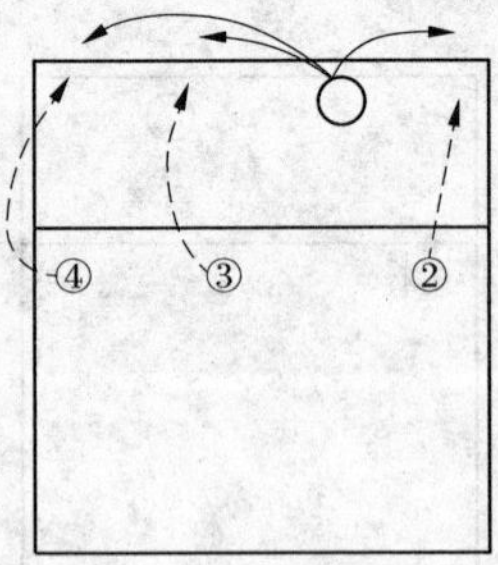

图 3-81

e. 双快—跑动进攻

在双快的基础上,另一队员选择对方拦网的薄弱区域进行跑动进攻,这种打法称为双快—跑动进攻。

2 号位或 4 号位队员进行快球进攻,3 号位队员可根据对方的拦网情况,跑动到 2 号位或 4 号位做活点进攻,如图 3-82 所示。

3、4 号位队员进行近体快攻和短平快攻,2 号位队员跑动到 4 号位拉开进攻,以破坏对方的盯人拦网。这样做的难点在于跑动距离长,扣球难度大,如图 3-83 所示。

3 号位队员打近体快或短平快球,2 号位队员打背快球,4 号位队员跑动到 2 号位扣拉开球,如图 3-84 所示。

快攻是现代排球比赛中必不可少的进攻武器,快攻质量直接影响着强攻的效果。在比赛中只有坚持高快结合、快变结合、前沿与纵深相结合的打法,才能发挥更大的作用。

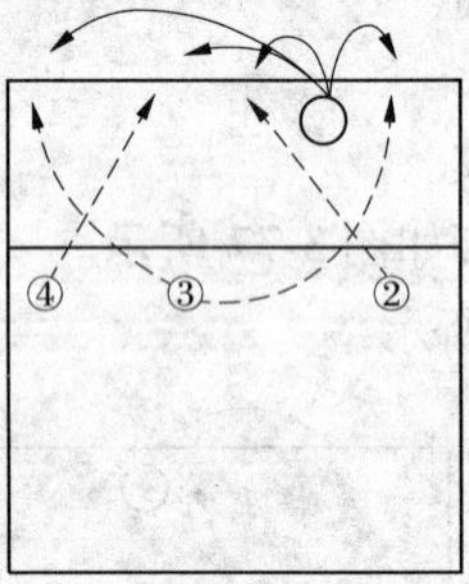

图 3-82

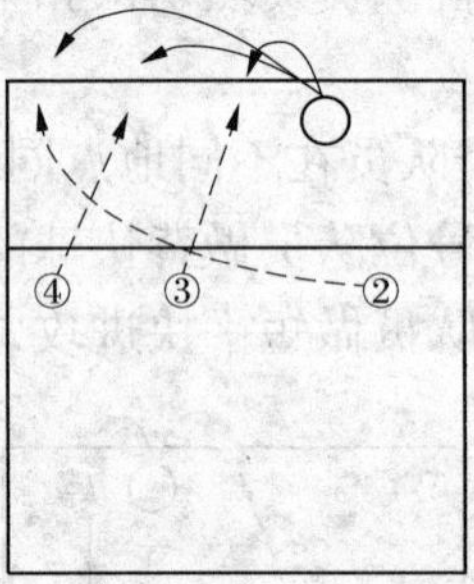

图 3-83

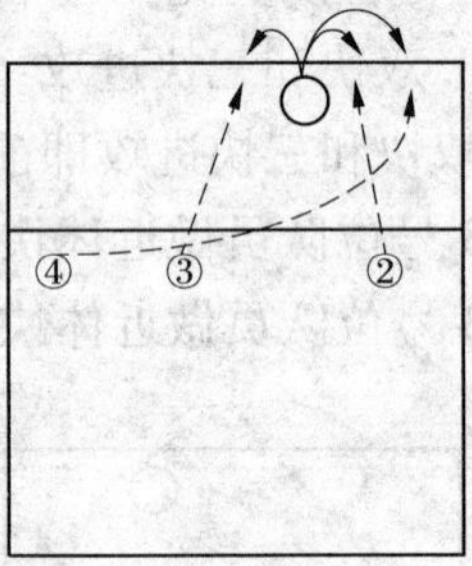

图 3-84

4) 两次攻及其转移

当一传来球较高,落点在网前适当的位置,前排队员可以起跑做两次攻,如遇拦网,也可在空中改扣为传,转移给其他队员进攻,这种打法就是两次攻及其转移。

两次攻中的跳传转移主要有以下几种变化:

(1) 短传转移:2 号位队员跳传低球转移给相邻的队员进攻,如图 3-85 所示。

(2) 长传转移:2 号位队员跳起长传给 4 号位队员扣球,如图 3-86 所示。

(3) 围绕转移:2 号位队员跳起背传低球转移给围绕到身后的 3 号位队员扣球,如图 3-87所示。

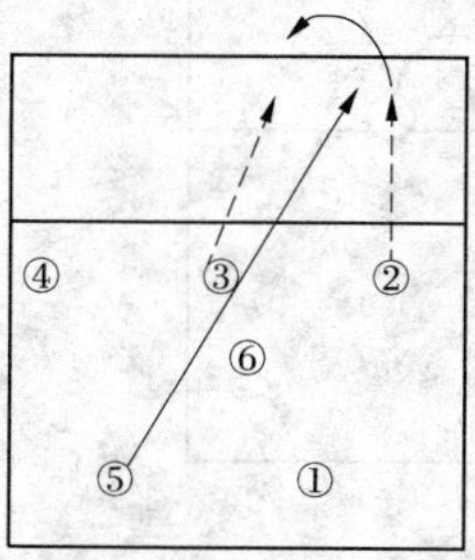

图 3-85

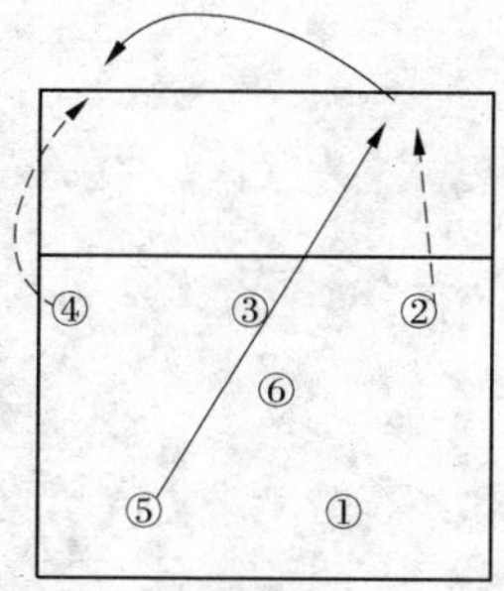

图 3-86

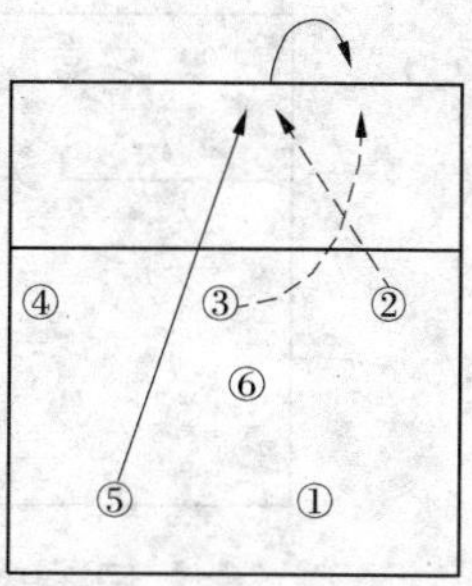

图 3-87

两次扣球是在快攻基础上的拓展，进一步加快了进攻的速度，可破坏对方的节奏，打乱对方的布防。跳传转移又可以迷惑对方的拦网，给同伴创造有利的进攻机会。

5）立体进攻

立体进攻是一种前排与后排、快攻与强攻、时间与空间上的多方位组织进攻。它吸取了各种打法的精髓，使前后排融为一体，互为掩护，使之上升为进攻打法的最高境界。

在整个立体进攻中，后排进攻占有极其重要的位置，在一定程度上决定着立体进攻的主攻方向，起到了掩护前排快攻的作用，已成为各国强队的主要进攻打法之一。

3 号位队员打背快球，2 号位队员打背溜，4 号位队员打平拉开，1、5 号位队员在两翼进行后排进攻，如图 3-88 所示。

3 号位队员打短平快，4 号位队员打平拉开，2 号位队员打背溜，5 号位队员从中路，1 号位队员从右翼进行后排进攻，如图 3-89 所示。

6 号位队员后排起跳扣快球，4 号位进行梯次进攻，2 号位队员扣背快球，1、5 号位队员进行后排进攻，如图 3-90 所示。

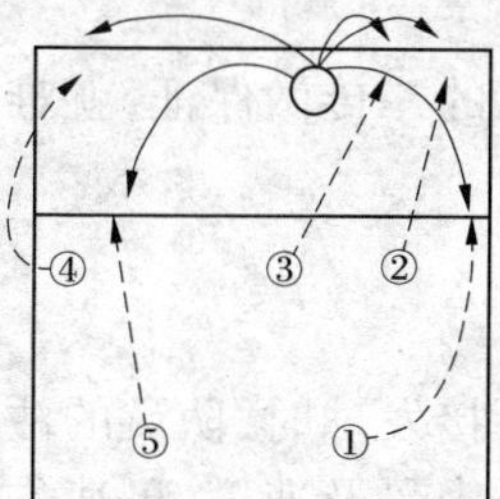

图 3-88

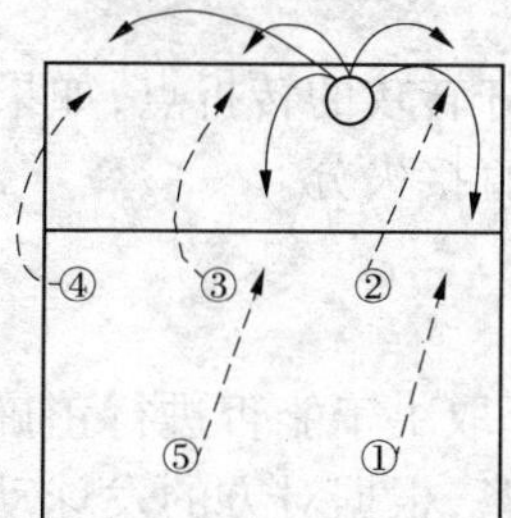

图 3-89

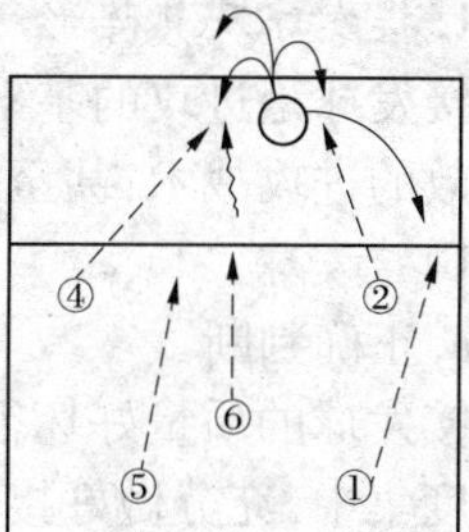

图 3-90

采用“心二传”进攻阵形，二传队员在进攻线附近组织进攻，3 号位队员迅速下撤扣平拉开，4 号位队员突然切入扣半高球，2 号位队员扣背短平快，1、5 号位队员进行后排扣球，如图 3-91 所示。

1、5 号位队员扣后排快球，6 号位队员进行交叉进攻，4 号位队员扣平拉开，2 号位队员扣半高球，如图 3-92 所示。

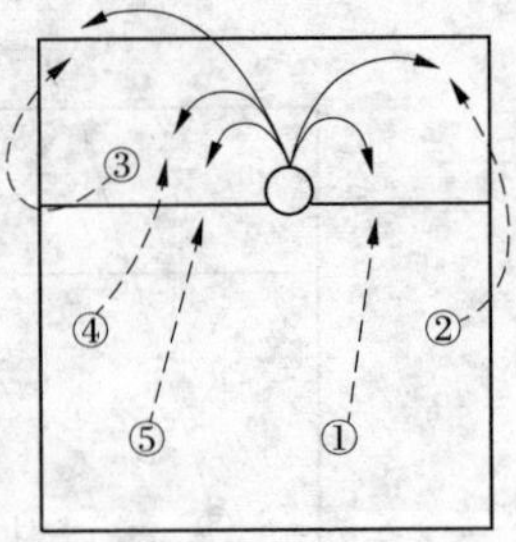

图 3-91

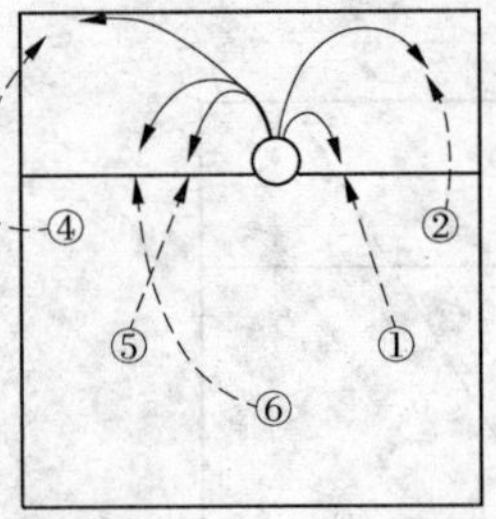

图 3-92

3.2.2 防守战术

3.2.2.1 个人防守战术

个人防守战术的任务是队员在防守时,选择最有利的位置,并采用合理的接球动作,按战术要求把球防起。好的防守队员不仅勇猛顽强,而且还要善于根据对方进攻及本方拦网的情况,作出正确的判断,并采取相应措施。

(1)判断进攻点,合理取位:要根据二传的方向和落点及时地作出判断,并迅速取位。如球离网较近,本方队员来不及拦网时,防守取位可靠前,以封堵角度;如球离网较远,防守取位可靠后些。

(2)"有利面"放宽:取位时把自己最擅长防守的一面适当放宽。如自己的右侧面防守较好,可把这个区域适当放宽,以扩大防守面。

(3)针对性防守:根据对方进攻队员的特点,采取相应的防守行动。如对方只打不吊,取位要靠后;打打吊吊则取位要灵活;只有斜线则放直防斜。

(4)拦、防配合:根据前排拦网队员的情况主动配合、弥补。如采用拦斜防直或反之。

(5)上、下肢并用:充分利用规则,采用上、下肢的协调配合防守。如采用高姿势防守,上肢负责腰部以上的来球,下肢负责腰部以下的来球。

3.2.2.2 集体防守战术训练

1. 接发球及其阵形

接发球是进攻的基础,它是由守转攻的转折点,如果没有可靠的一传做保证,就难以组成有效的进攻战术,甚至还能造成直接失分。

1)接发球

a. 正确判断

接发球的质量好坏很大程度上取决于能否进行正确的判断。接发球时,队员的注意力要高度集中,充分做好接发球的准备,根据对方的发球动作、性能、力量及速度,迅速作出正确的判断,及时移动取位,对准来球路线,运用合理的垫球技术将球垫给二传队员。

"远飘、轻飘点分散、平快、大力一条线"是比赛中发球落点变化的一般规律,队员可以根据临场发球落点的不同采取相应的行动。

b. 合理取位

在组成接发球阵形时,应以前排靠近边线的队员为基准取位,同列队员之间不要重叠站位,同排队员之间保持适当距离,以免相互影响。根据射出角的原理,快速有力的平直球发不到 A、B 两区。所以,取位时不要站在这两个区域内,2、4 号位队员的取位距边线 1 米左右即可,如图 3-93 所示。

c. 分工与配合

接发球时，每一个接发球队员都应明确接发球防守的范围。划分范围不仅是平面的，还应根据来球的弧度高低进行立体空间划分。接发球队员之间应既有分工又有配合，注重整体接发球的实效性，接发球能力好的队员范围可大些，后排队员接球范围可大些，如图 3-94 所示。

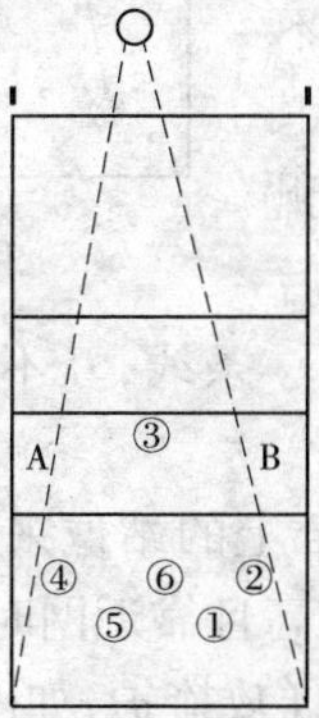

图 3-93

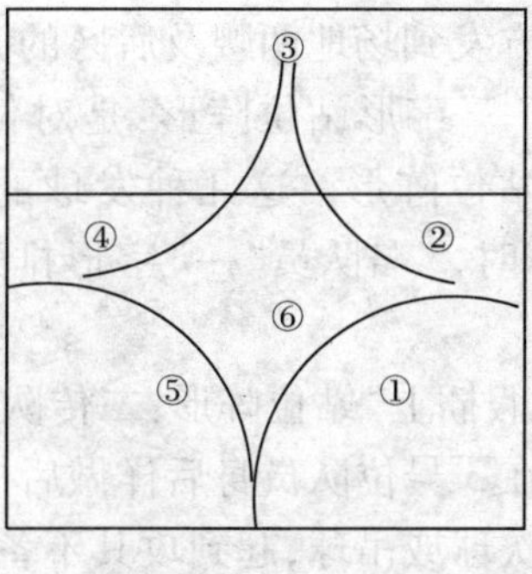

图 3-94

比赛中经常有球落在接发球队员之间的“结合部”，造成无人接球而导致失误。为避免这种现象的发生，队员之间可以遵循以下几条原则：由一传较好的队员或已经主动呼喊“我的”队员去接；球落在快攻与强攻队员之间时，原则上由强攻队员接更有利，以免影响快攻的速度和节奏；球落在前后排之间，最好由后排队员去接，以利于组成快速进攻。要讲究集体配合，树立 1 人接球 5 人保护的观念。

2）接发球阵形

在选择接发球阵形时，不仅要有利于接球，还要考虑本方所采用的进攻战术及对方发球的特点。

按接发球人数来分，接发球阵形主要有 5 人接发球、4 人接发球、3 人接发球及 2 人接发球阵形。

a. 5 人接发球阵形

（1）“W”站位阵形：初学者打比赛多采用“中、边二传”进攻阵形，大多站成“W”形，也称“一三二”形站位。5 名队员分布均衡，前面 3 名队员接前场区的球，后排两名队员接后场区的球，职责分明，如图 3-95 所示。

这种站位阵形的缺点是队员之间的“结合部”相应增多，也不利于接对方发到边角上的球，如图 3-96 所示。

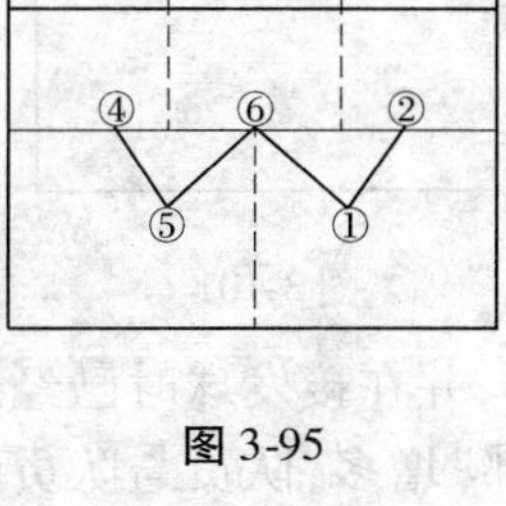

图 3-95

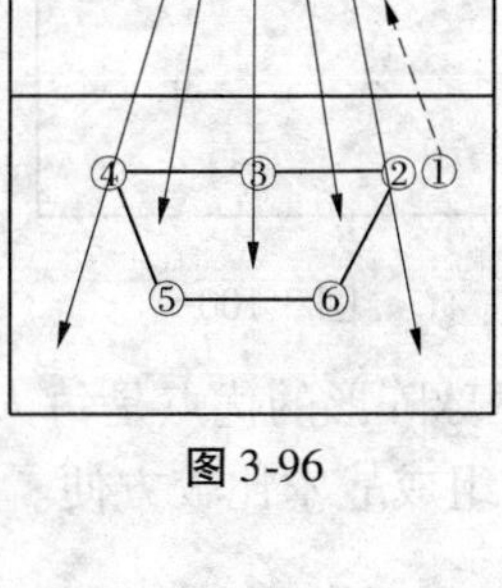

图 3-96

（2）“M”站位阵形：也称“一二一二”站位，如图 3-97 所示。这种站位阵形的优点是队员分布更加均匀，分工明确，前面 2 名队员接前区的球，中间队员接中区的球，后面 2 名队员接后区的球。这种站位对接落点分散、弧度高、速度慢的下沉飘球，高吊球及发到边线、角上的球较为有利。这种站位阵形的缺点是不利于接对方发到场地两腰及后区的大力球、平飘球等。

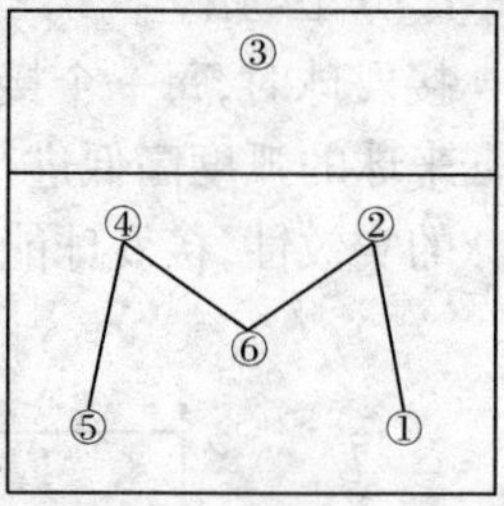

图 3-97

（3）“一”字形站位阵形：是对付跳发球、大力发球、平冲飘球的有效站位阵形。这几种发球的落点大多集中在球场中后区，接发球时，5 名队员“一”字形排开，左右距离较近，每人守一条线，互不干扰，如图 3-98 所示。

（4）“假插上”站位阵形：二传队员在前排时，可以运用假插上的站位来迷惑对方。2 号位队员站在 3 号位队员身后佯做后排插上，当一传来球弧度较高且靠近网时，假插上队员可突然打两次球或吊球，起到攻其不备的效果。6 号位还可以做佯攻掩护，如图 3-99 所示。

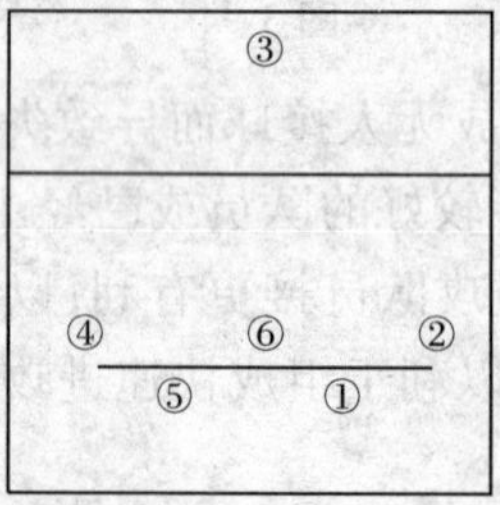

图 3-98

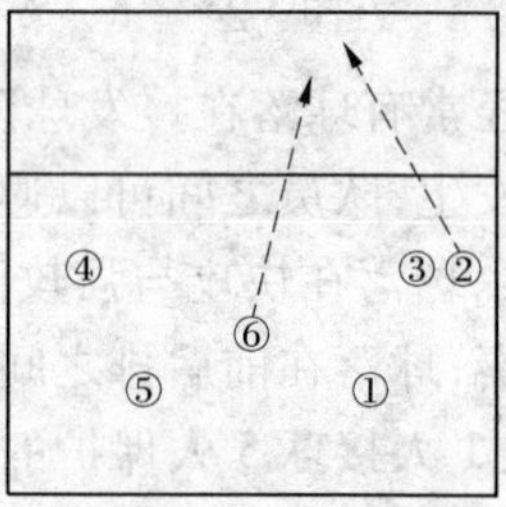

图 3-99

（5）隐蔽站位阵形：接发球站位时，在规则允许的前提下，前排队员隐蔽地站在后排队员习惯站的接发球位置上，并把后排队员安排在前排接发球的位置上进行佯攻，达到迷惑并突袭对方的目的。

3 号位队员隐蔽站位。当 1 号位队员插上时，5 号位队员佯做 4 号位队员，与 2、4 号位队员同时上前佯攻，吸引对方拦网队员，3 号位队员则按预定的战术进行突袭，如图 3-100 所示。

3 号位队员隐蔽站位。5 号位队员插上，1 号位队员佯攻，3 号位队员就可以进行夹塞、梯次、拉开等战术进攻，如图 3-101 所示。

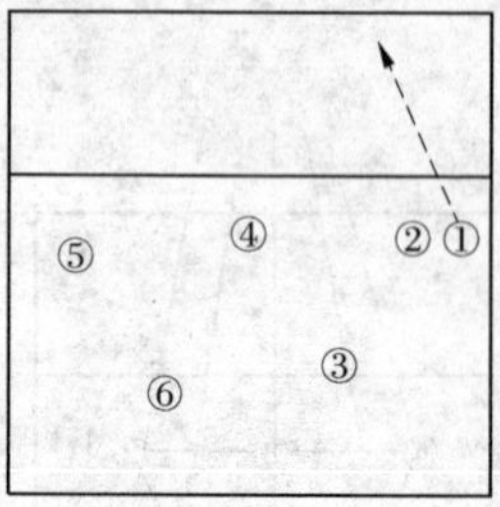

图 3-100

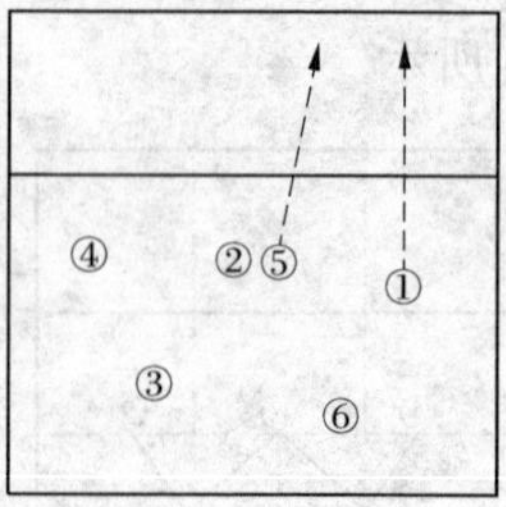

图 3-101

5 人接发球阵形的优点是每人接一传的范围相对较小，并在接发球时已经站成了基本的进攻阵形，组成战术比较方便。缺点是队员之间“结合部”增多，队员与队员的配合要求较高;5 号位队员插上时,二传队员组织各种进攻有一定的难度;当主攻队员在 2 号位时,换位不便,经常会导致卡轮现象。

b.4 人接发球阵形

(1)"浅盆"形站位阵形:"浅盆"形站位主要是接对方落点靠后或速度平快的发球,如图 3-102 所示。

(2)"一"字形站位阵形:"一"字形站位主要是接对方的跳发球、大力球及平冲球,如图 3-103所示。

(3)"深盆"形站位阵形:此站位接发球队员比较均匀地分散在场内,主要是接对方的下沉球及长距离飘球,如图 3-104 所示。

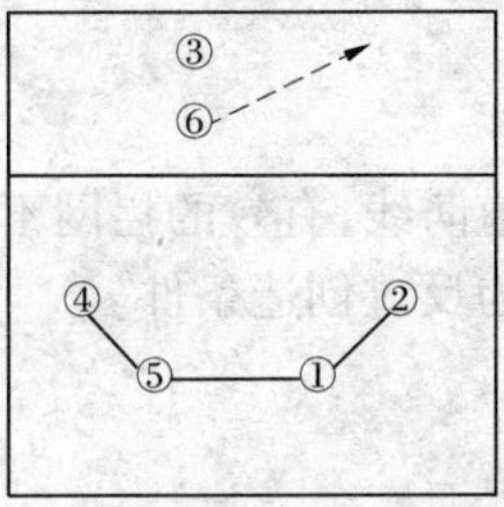

图 3-102

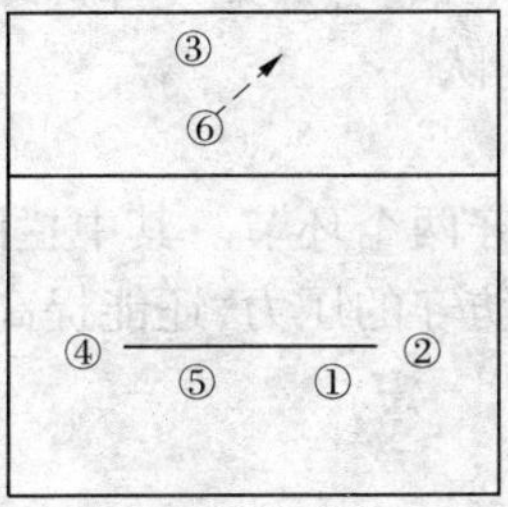

图 3-103

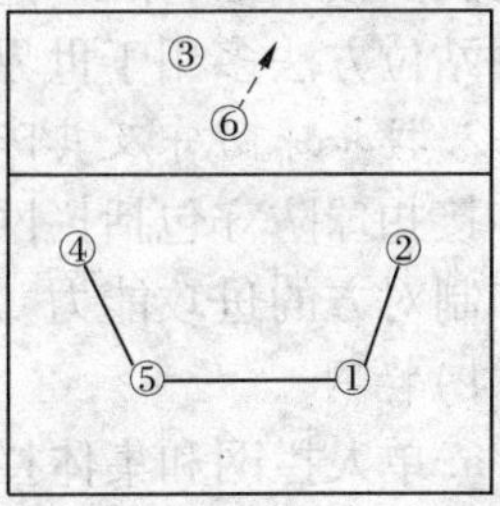

图 3-104

4 人接发球阵形的优点是便于二传插上,不接发球的前排队员可以充分做好进攻的准备。但是接发球时每人负责一条线,对接发球队员的前后移动和判断能力要求较高。

c.3 人接发球阵形

(1)"前 1 后 2"站位阵形:由 1 名前排队员和 2 名后排队员担负全场的接发球,如图 3-105所示。

(2)"后 3"站位阵形:由后排 3 名队员担负全场的接发球,如图 3-106 所示。

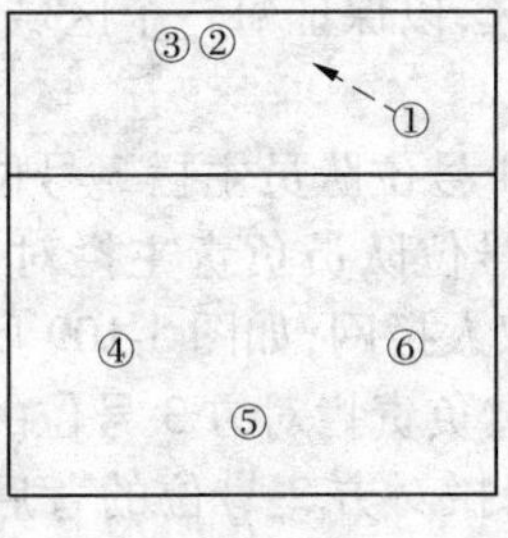

图 3-105

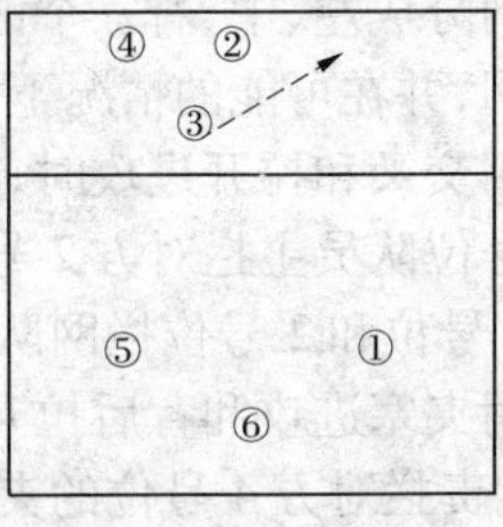

图 3-106

3 人接发球阵形的优点在于快攻队员不接一传,有利于组织快变战术;前排队员交换位置更加方便,有利于组成快速多变的战术;可让一传差的队员避开接发球,减少一传的失误。但 3 人接发球阵形每人负责的区域相对较大,对判断、移动及控制球的能力要求较高。

d.2 人接发球阵形

(1)"后 2"站位阵形:2 名后排队员负责全场接发球,另 1 名后排队员不接发球,专门准备进行后排进攻,如图 3-107 所示。

(2)专人接发球站位阵形:保持 2 名接发球好的队员接发球,采用"心二传"进攻阵形,1 号位队员专门准备组织前排和后排进攻战术,如图 3-108 所示。

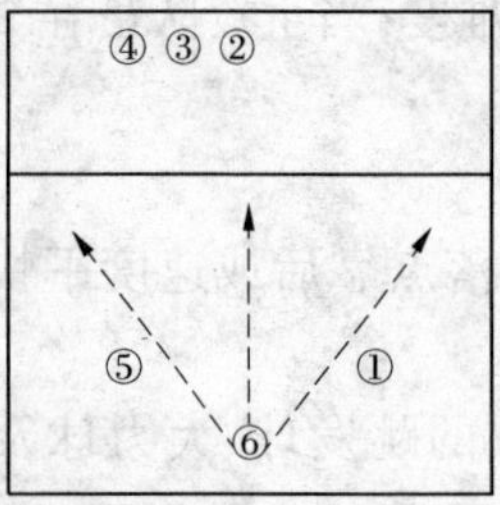

图 3-107

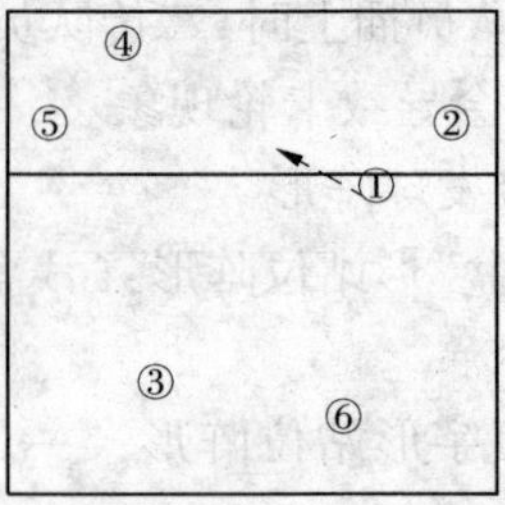

图 3-108

2 人接发球阵形是在 3 人接发球阵形的基础上发展演变而来的。优点是由一传水平最高的队员接发球,保证一传的到位率,能更好地发挥进攻威力,但对接发球队员的要求更高。这种站位方法多用于世界高水平的队。

2. 接扣球防守及其阵形

接扣球防守包括拦网、后排防守两个环节。其中拦网是第一道防线,有效的拦网不仅可以抑制对方的进攻能力,减轻后排防守的压力,还能提高防起率,为反攻创造条件。

1)拦网

a. 单人拦网和集体拦网

拦网分为单人和集体两种形式,集体拦网必须建立在单人拦网技战术的基础上才能更好地发挥威力。这里重点论述集体拦网的基本要求。

集体拦网时,要确定拦网的主拦队员,如拦对方两翼进攻,本方分别以 2、4 号位队员为主拦,其他队员密切协同配合,防止各行其是。

起跳时,相互之间要保持一定的间隔距离,并控制好身体重心,避免互相干扰或冲撞,并且要尽可能扩大拦阻面,但拦网队员手与手之间的距离不能太大,以免漏球。

b. 拦网战术

(1)人盯区的拦网战术:这是一种对付定位进攻及一般进攻配合较为有效的拦网战术。特点是把球网分成左、中、右三个区,每一名队员负责一个区,以保证每一个区域至少有一名拦网队员拦网,并在可能的情况下协助同伴组成集体拦网。

对方运用交叉和拉开进攻时,本方由负责左侧区域的 4 号位队员主拦 3 号位的快球,负责中区的 3 号位队员主拦对方 2 号位的交叉进攻,右侧 2 号位队员负责主拦对方 4 号位的拉开进攻。3 号位和 2 号位拦网队员相互兼顾,争取组成双人拦网,如图 3-109 所示。

对方运用夹塞进攻和背后拉开进攻时,本方 2 号位队员负责拦对方 3 号位的短平快球,3 号位队员负责拦对方 4 号位的夹塞进攻,4 号位队员负责拦对方 2 号位的背后拉开进攻,如图 3-110 所示。

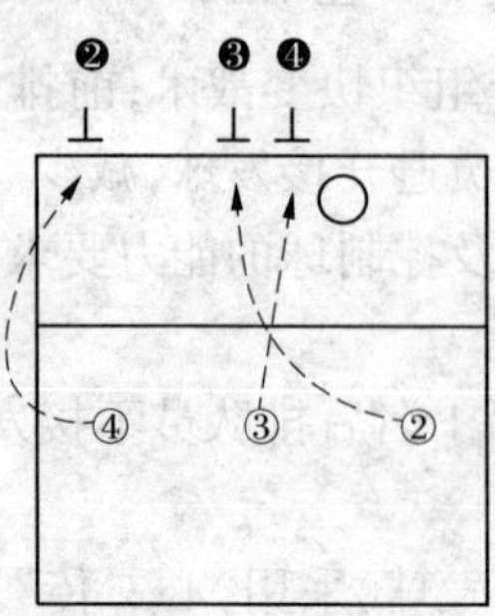

图 3-109

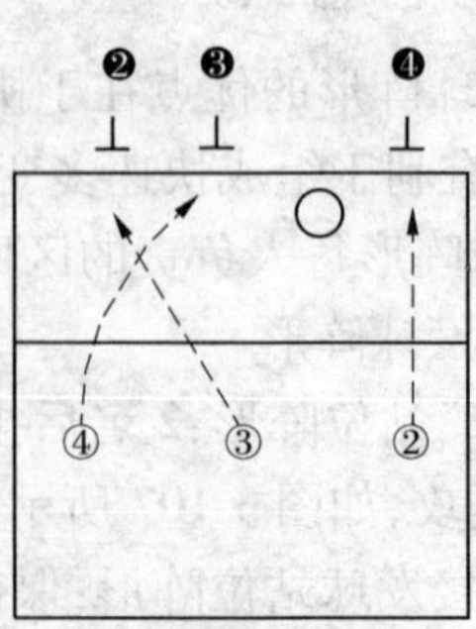

图 3-110

在运用人盯区拦网战术时，应对对方的常用战术有所了解，负责拦快攻战术的2名队员，要根据对方战术的变化，确定谁主拦对方的第一球，以避免判断错误。

(2)人盯人的拦网战术：拦网队员各自负责拦对方与自己相对应位置的进攻队员，进行固定人员的拦网，这种形式称为人盯人拦网。优点是职责清楚，分工明确，但当对方进行交叉进攻时，需要及时交换盯人拦网，以免造成无人拦网的被动局面。

对方中间采用近体快、两翼拉开进攻时，本方3号位队员负责拦中间快球，2、4号位队员分别负责拦两翼的拉开进攻，并在此基础上尽可能组成双人拦网，如图3-111所示。

对方采用交叉进攻及背后拉开进攻时，本方4号位队员拦对方2号位的拉开进攻。2号位队员在盯住对方4号位进攻队员时，一旦发现4号位队员内切进行快攻，应立即与本方3号位队员呼应，换盯人对象，即3号位队员拦对方快球，2号位队员拦对方3号位队员的交叉进攻，如图3-112所示。

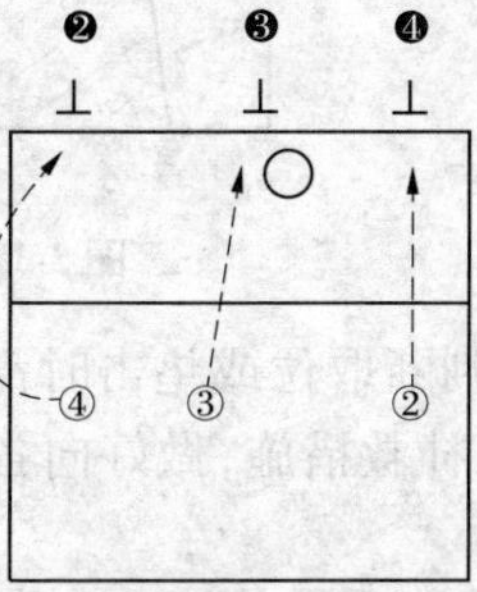

图3-111

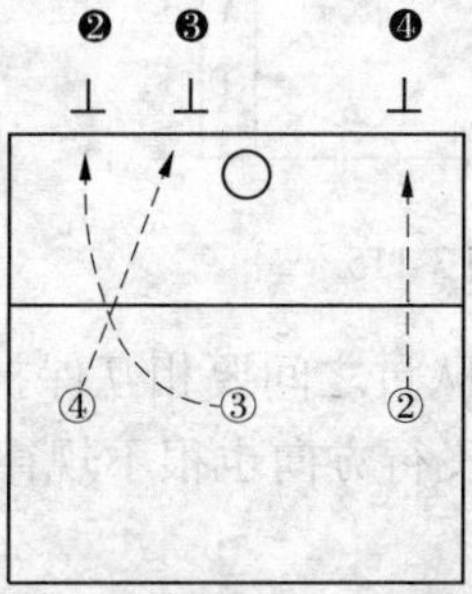

图3-112

(3)重叠拦网战术：此战术是在人盯人拦网战术基础上的一种发展。采用人盯人拦网对一般的配合进攻有一定的效果，但对付“交叉”、“夹塞”等多变的快攻战术时，拦网就会出现漏洞，此时最好采用拦网队员前后重叠站位的拦网战术加以弥补，避免无人拦网。

对方采用“交叉”进攻战术时，本方以重叠拦网对付，如图3-113所示。

对方采用“双快—游动”进攻战术时，本方以双重叠拦网对付，如图3-114所示。

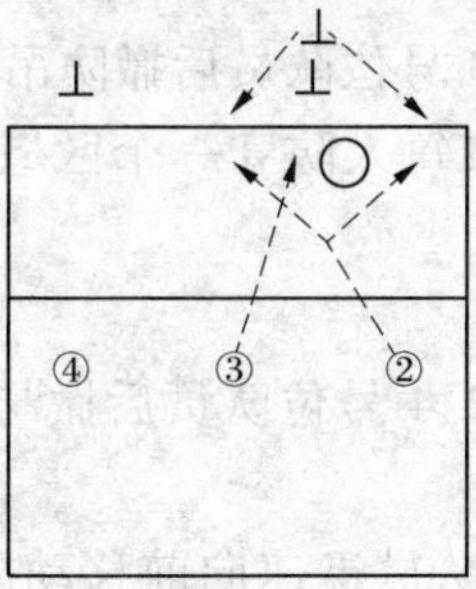

图3-113

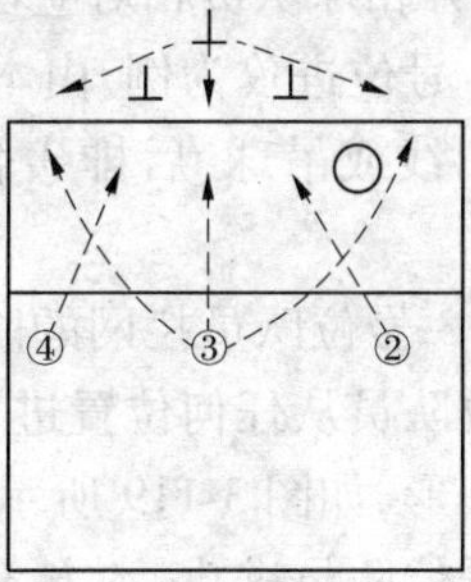

图3-114

2)后排防守

后排防守是第二道防线，是减少失分和争取反攻得分的基础。虽然拦网技术有了很大的提高，但仍有很多球突破拦网后进入本方场区，成功的防守不仅争取了得分机会，还能鼓舞士气。

(1)后排防守要与前排拦网密切配合，相互弥补。一般来讲，拦网队员应封住对方的主要进攻线路，后排防守队员的主要任务是防对方的次要路线、吊球和触拦网队员手的球。

前排拦网队员已封住对方的中路进攻，1 号位队员取位防直线，5、6 号位队员侧重防斜线，如图 3-115 所示。

前排拦网队员已封住对方的直线及中路进攻，5 号位队员前移防吊球，1、6 号位队员侧重防斜线，如图 3-116 所示。

前排单人拦网封住对方的中路进攻，6 号位队员前移防吊球，1、5 号位队员取位进行“双卡”防守，如图 3-117 所示。

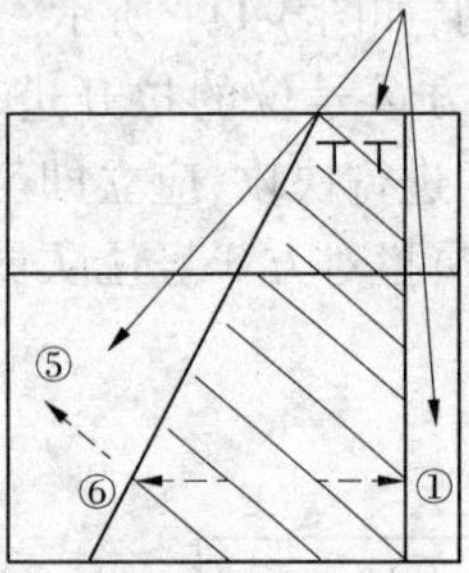

图 3-115

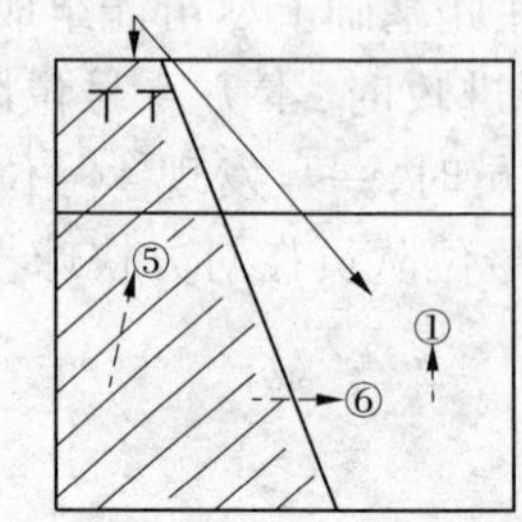

图 3-116

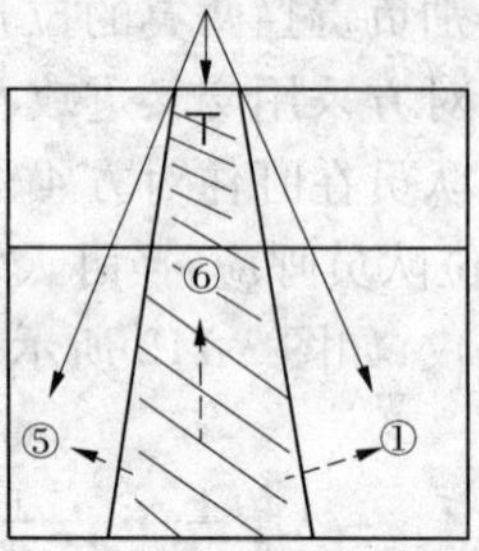

图 3-117

（2）防守队员之间要相互保护。由于每名防守队员的判断取位或垫击时都可能出现错误，防起球的飞行方向也很不规律，场上其他队员都应采取补救措施，做好向各个方向移动的准备。

3）接扣球防守阵形

根据前排拦网队员的多少，接扣球防守阵形可分为单人拦网、双人拦网、三人拦网和无人拦网下的防守阵形。每个队必须熟练掌握并运用各种防守阵形，以适应比赛的需要。

a. 单人拦网时的防守阵形及其变化

当对方技术水平一般，进攻能力较弱或对方战术多变，无法组织集体拦网时，可采用单人拦网下的防守战术。

（1）与对方扣球队员相对应位置队员拦网的防守阵形。

以对方 4 号位进攻为例，由本方 2 号位队员单人拦网，3 号位队员后撤防吊球，4 号位队员后撤防小斜线或吊球，后排 3 名队员组成半弧形防守圈，每人防守一个区域，如图 3-118 所示。

（2）固定 3 号位队员拦网的防守阵形。

对方进攻队员从任何位置进攻，均由 3 号位队员拦网，2、4 号位队员后撤与后排 3 人共同组成防守阵形，如图 3-119 所示。

对方 3 号位队员进攻，本方 3 号位队员拦网时，6 号位队员迅速向前移动防吊，其他队员负责各自的防守区域，如图 3-120 所示。

单人拦网的优点是增加了后防人数，便于组织进攻。在水平较高的比赛中，由于对方进攻战术的多变，只能被迫采用单人拦网时，其他队员应立即下撤参加防守。

b. 双人拦网时的防守阵形及其变化

（1）“边跟进”防守阵形。

这种阵形也称为“马蹄形”或“1、5 号位跟进”防守阵形，在对方进攻能力比较强、战术变化多、吊球少时采用。这种阵形主要有活跟、死跟、内撤、双卡等阵形变化。

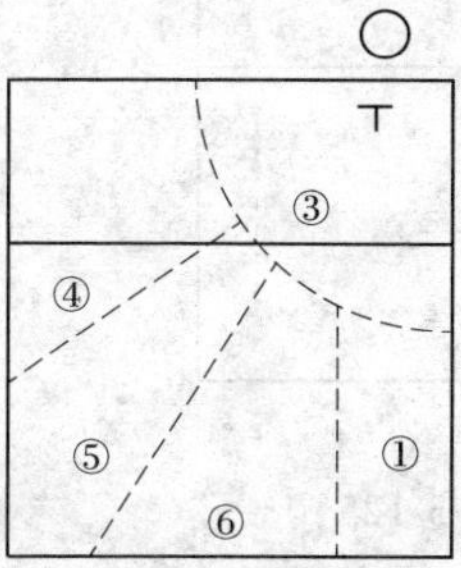

图 3-118

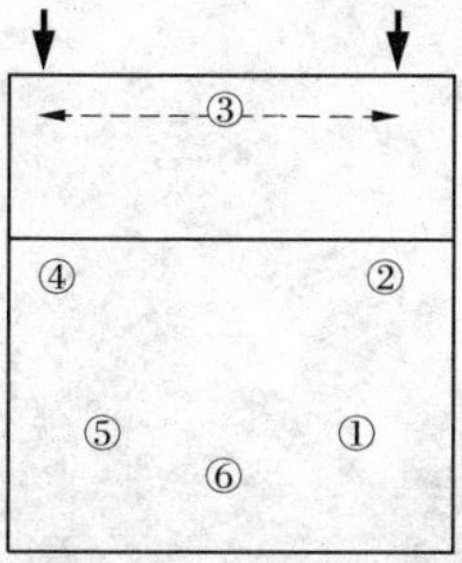

图 3-119

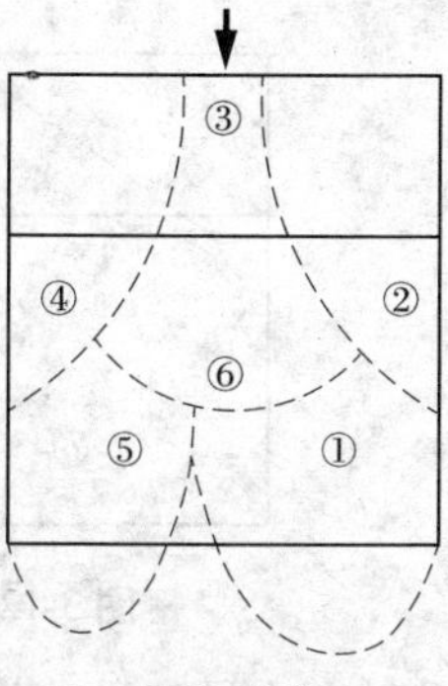

图 3-120

以对方 4 号位进攻为例：本方 2、3 号位队员拦网。1 号位队员“边跟进”防吊球，兼顾防直线及打手出界的球。6 号位队员防后场球，并注意弥补 1 号位或 5 号位的空隙。5 号位队员重点防斜线球和中场空心地区。4 号位队员后撤防小斜线及吊球，如图 3-121 所示。

活跟：在对方扣球路线变化多而且打吊结合的情况下，应采用活跟。跟进与否由 1、5 号位队员灵活掌握，如跟进，6 号位队员就要向跟进队员的防守区域一侧移动补位，如图 3-122 所示。

死跟：在对方扣直线少、吊球多或本方拦网能完全封住直线时，1 号位队员或 5 号位队员就可以坚决跟进，以防吊球为主，兼顾防打手出界的球。6 号位队员就要迅速向跟进队员的防守区域一侧移动补位，如图 3-123 所示。

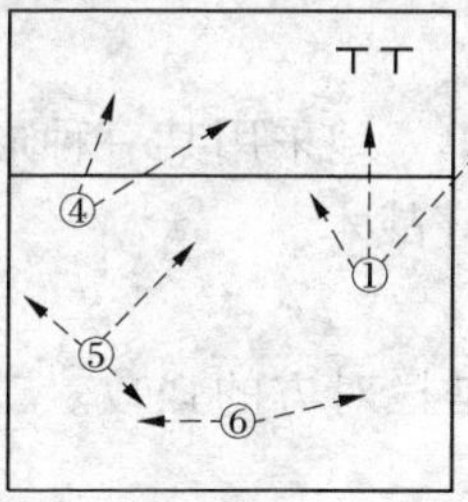

图 3-121

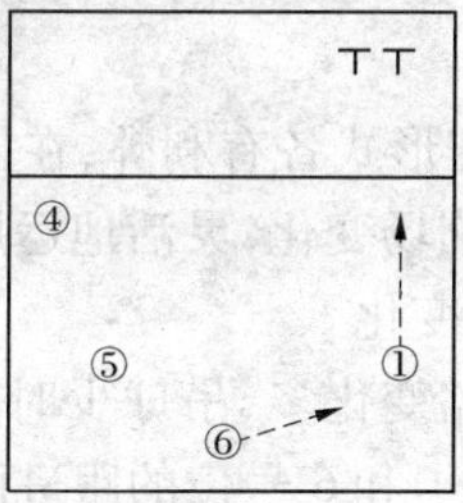

图 3-122

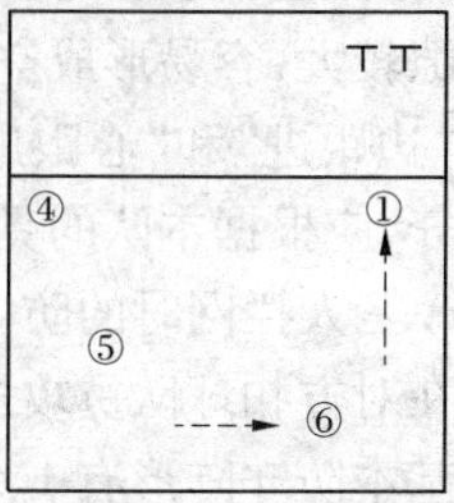

图 3-123

内撤：在对方扣球直线多，并经常吊“心”的情况下，4 号位或 2 号位队员可内撤到中场空心区域，重点防吊球。5 号位或 1 号位队员主要补防小斜线附近的球，如图 3-124 所示。

双卡：对方以吊球和轻打为主，打吊结合，本方拦网较强时，就可以采用 4 号位内撤，1 号位跟进的双卡防守阵形，两人协同防守前排的吊球。两人跟进要适时，过早跟进易被对方识破，造成后防不利，如图 3-125 所示。

“边跟进”防守阵形的优点是对防守对方大力扣杀有利，缺点是球场中间空隙较大，容易形成“心空”，防对方直线进攻的能力减弱。

（2）“心跟进”防守阵形。

这种阵形也称为“6 号位跟进”防守。在对方经常运用打吊结合，而本方拦网能力较强的情况下，可采用“心跟进”防守阵形。

以对方 4 号位进攻为例：本方 2、3 号位队员拦网，6 号位队员“心跟进”防吊球及接应落入中场的球，其他队员负责各自的区域，如图 3-126 所示。

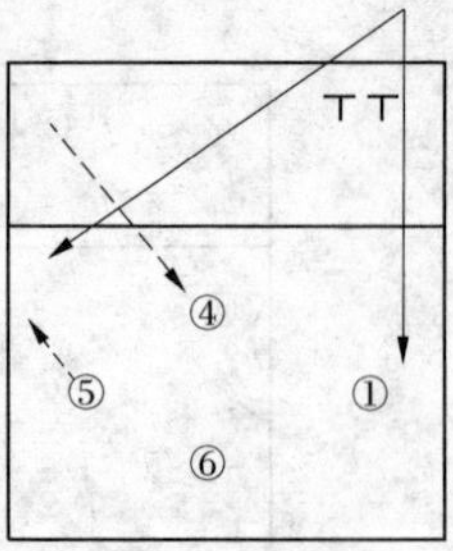

图 3-124

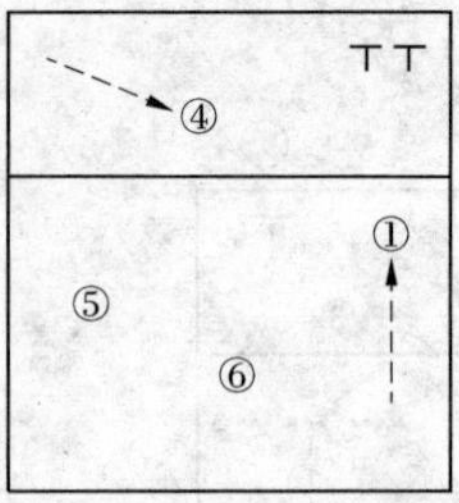

图 3-125

以对方 4 号位进攻为例:6 号位队员主要防吊球、拦起球,接应后排防起的球。1、5 号位队员负责后场区所有的球。4 号位队员防小斜线及吊球,如图 3-127 所示。

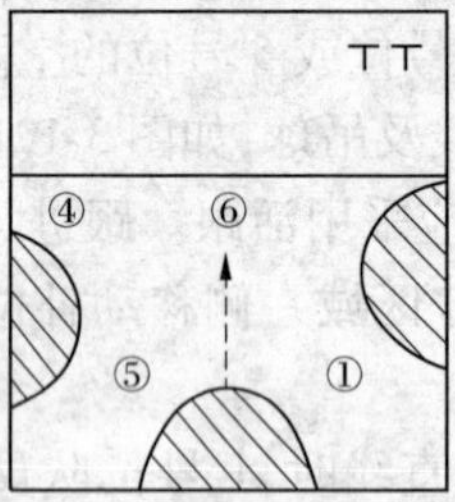

图 3-126

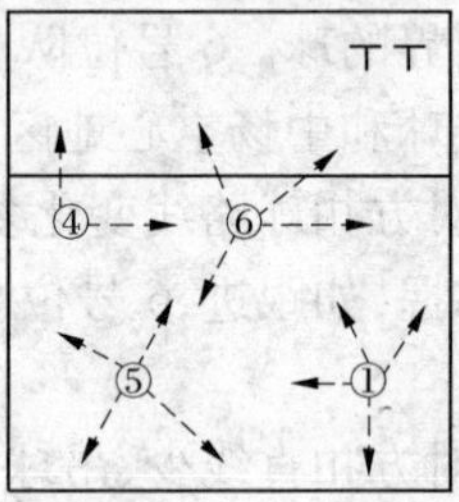

图 3-127

"心跟进"防守阵形对防吊球和防拦起球有利,也便于接应和组织反攻,但后场及两腰部空隙较大,容易形成空当。

"边跟进"和"心跟进"两种防守形式各有利弊,在比赛中不应单一地采用某一种形式进行防守,应根据本队的具体情况及临场变化,灵活地运用这两种防守战术。

c. 三人拦网时的防守阵形及其变化

在对方扣球队员攻击性强、线路变化多、吊球少时采用,主要是拦对方的强攻。三人拦网的基本防守阵形有 1、5 号位的双卡和 6 号位的跟进两种阵形。

双卡:对方 3 号位扣球,本方前排 3 名队员集体拦网,1、5 号位队员扼守两腰,6 号位队员负责后场球。此阵形对防守两腰部的球有利,缺点是后场两角空隙较大,如图 3-128 所示。

跟进:对方 4 号位扣球,6 号位队员迅速跟进到场心区域,防守中场及前场区的吊球,1、5 号位队员防守直线、斜线重扣及两腰和后场球。此阵形对防守吊心球有利,缺点是后场中路及两腰部空当较大,如图 3-129 所示。

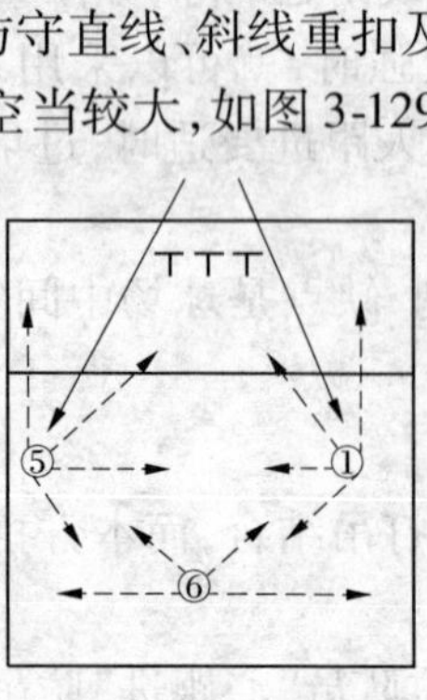

图 3-128

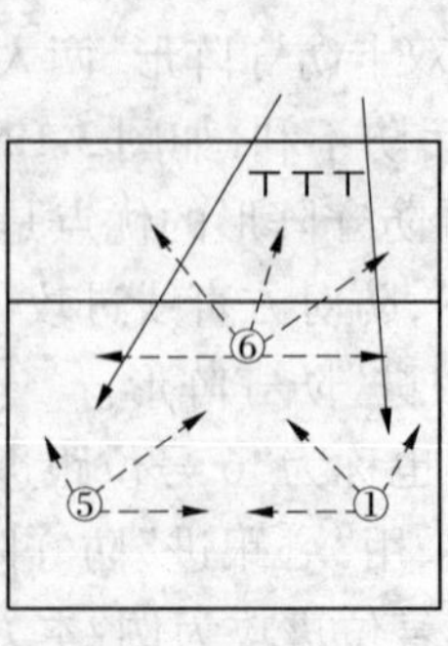

图 3-129

三人拦网固然加强了第一道防线的力量，但后场空隙较大，同时也给拦网后组织反攻增加了难度。因此，在比赛中要灵活运用。三人拦网要求拦网队员坚决果断，后撤迅速，积极参与反攻。

d. 无人拦网时的防守阵形及其变化

比赛中，由于对方战术多变，本方拦网受挫，导致无人拦网，在这种情况下，只能根据临场变化灵活取位，力争把球防起。

在对方扣球能力很弱或进攻时球离网很远的情况下，可以主动不拦网，以“中二传”或“心二传”进攻阵形布防。

初学者在比赛中常以传、垫球为进攻手段，可以不拦网，以加强防守力量。

3. 接拦回球防守及其阵形

随着排球运动的发展，运动员的身高、拦网高度和技巧的提高，扣球被直接拦死或拦回的比例逐渐增大，故接拦回球的能力对比赛胜负的影响也越来越大。

1）接拦回球阵形

接拦回球防守阵形，应根据本方的进攻战术和对方拦回的情况，以及参加防守的人数来确定。接拦回球一般采用5人、4人、3人等阵形。

2）接拦回球阵形的不同站位

a. 5人接拦回球阵形的站位

本方强攻时，二传弧度较高，进攻点明确，除扣球队员自我保护外，本队其他5名队员均可参加接拦回球。根据扣拦的情况灵活采用不同的站位。

（1）“三二”阵形的站位：本方4号位队员进攻时，其他队员均面向进攻方向，5、6号和3号位队员组成第一道防线，1、2号位队员组成第二道防线。这种站位一般在对方拦网有高度、落点大多在近网时采用。

（2）“二二一”阵形的站位：这种阵形在对方拦回球落点比较分散时采用。以4号位进攻为例，3、5号位队员负责前场区，2、6号位队员负责中场区，1号位队员负责后场区。

（3）“二三”阵形的站位：这种阵形在对方拦网能力一般、拦回球落点比较分散时采用。以4号位进攻为例，3、5号位队员负责前场区，1、2、6号位队员负责中场区和后场区。

b. 4人接拦回球阵形的站位

4人接拦回球一般采用“二二”站位。这种站位多在二传队员传球后或前排快球掩护队员来不及后撤防守时采用。

4. 接传、垫球防守及其阵形

当对方无法组织有力的进攻，被迫将球传、垫、挡过网时，是本方得分的极好机会。这种球在初级水平的比赛中出现较多，高水平比赛中偶尔也会出现。

1）接传、垫球阵形

接对方传、垫过网的球，根据其运用的时机、条件以及来球性能的差异，可采用5人、4人接球阵形。

2）接传、垫球的阵形站位

接传、垫球的阵形站位可采用“中、边二传”或“心二传”阵形，以利于组织战术进攻。

第四部分　排球运动的科学研究

4.1　排球运动科学研究的任务、意义及主要特点

科学研究是一种探索未知领域的实践。探索性是科研的本质，创造性是科研的灵魂，继承性是科研的前提。体育科学随着体育运动实践的发展而不断发展，体育运动的发展推动着体育科学研究的进步与繁荣。体育科学为促进人类的全面发展和增进人类的健康以及提高运动技术水平发挥着越来越重要的作用。排球运动科学研究是体育科学研究的形式之一，是运用科学方法，有目的、有计划地探索排球运动的本质及其规律的创造性活动。要正确地认识排球运动的发展规律，就必须要有正确、科学、合理、有效的研究方法。

4.1.1　排球运动科学研究的任务

排球运动科学研究的根本任务就在于探索排球运动的本质，揭示排球运动领域的必然联系和规律，并利用这些规律为排球运动实践服务。现代排球运动水平的不断提高，很大程度上取决于其科学研究的水平。教学、训练与比赛可为科学研究提供大量的研究对象和丰富的材料，而科学研究成果又能进一步促进教学与训练工作质量的提高。因此，排球运动科学研究与排球教学、训练工作是相辅相成、互相促进的。

掌握排球运动科学研究的理论与方法，接受规范化的科学研究基本功的训练，为进一步揭示排球运动的规律和提高排球运动水平、排球教学和训练工作提供充分的科学理论依据。通过对排球运动的技战术教学训练和对比赛中的某个问题进行系统的实验和研究，采用科学方法从理论和实践上加以论证，运用自己已学过的各种基础理论和知识去观察问题，提高独立思考、分析问题和解决问题的能力，使广大排球教师通过理论学习和实践，从方法学上学会如何收集资料、选择研究题目、制订科研工作计划，掌握科研的基本方法，了解科学研究的基本过程，诸如如何收集资料，如何分类整理资料，如何检索文献资料，以及撰写论文等程序，为进一步提高科研水平打下坚实基础。

4.1.2　排球运动科学研究的意义

学校体育要发展，科研要先行。要加强排球运动科研工作，发挥科研在排球运动的改革与发展中的促进作用。无论是提高排球教学质量，还是提高竞技排球运动训练水平，都有赖于排球运动科研活动的深入开展。因此，进行排球运动科研具有重要的理论意义和实践意义。

(1)有利于阐明排球运动的基本规律和理论，进一步认识到排球运动科研的过程及其规律，为促进排球运动科学领域的发展提供规律性的知识。

(2)有助于全面提高排球教学训练质量，为指导运动实践提供依据。排球运动科研水平的提高，有赖于广大排球理论和实践工作者的不懈探索与研究。

(3)有助于提高排球工作者的理论素养和科学研究水平,这也是当代素质教育改革对教师的要求。实践证明,许多排球教师教学能力的不断提高、认识能力的不断增强与积极从事科研活动有着密切的关系。科研过程是排球教师重新学习的过程,是使排球教师知识不断更新、知识结构不断完善并趋向合理的过程。

4.1.3 排球运动科学研究的主要特点

要认识排球运动科研领域中研究对象所具有的基本特点,它是我们进行探索和研究的出发点,这决定着研究者对研究方向的确定和研究方法的选择。一般来说,排球运动科研有以下特点。

4.1.3.1 研究对象的复杂性

"人的体育活动和体育活动中的人"是体育科研最基本,也是最重要的研究对象。排球运动科研的对象主要是运动员和学生,就排球运动科研对象的属性和特点而言,需要多学科、多层次、多角度去研究,必须借助众多学科的研究方法和手段。科研的大多数对象是以人为主体的运动实践活动,通过人体自身的活动,增强人的体质,挖掘人体机能潜力,掌握运动技能。这就不仅要研究人的生物机体,而且要研究其在运动条件下的变化和适应过程。而人又有个体差异,在排球教学训练中,运动员、学生的身体素质、技能水平都表现出不同的特征。因此,研究对象的复杂性是排球科研活动一个非常显著的特点。

4.1.3.2 实践性

实践性是排球运动科研最重要的特点之一。大、中、小学生的排球课,排球运动员参加的各专项训练、比赛,全民健身活动中不同形式的排球活动等丰富生动的排球运动实践是排球运动科学研究发展的动力源泉。排球运动科研就是在排球运动实践中探索规律,指导实践。

4.1.3.3 动态性

在排球运动科研过程中,很多情况下是以运动员和学生作为研究对象。因此,排球运动科研具有动态性和社会性的特征。作为研究者,要把排球教师看成是动态的,要把学生看成是动态的,要把排球教学和训练过程看成是动态的,要针对运动员和学生的年龄特点开展有效的研究活动。在选择研究方法和研究程序时,不能只考虑这种研究方法和研究程序对所要研究的问题是否有利,关键还需要考虑所选用的研究方法对研究对象的身心健康是否会产生不良的影响。因此,研究不能违背理论性的原则。

4.2 科学研究的内容

4.2.1 科学研究的类型

了解和掌握排球运动科研的分类,有利于研究者明确研究课题的目的和要求,确定研究对象;有利于探索每种研究方法的基本特点、适用条件与范围。根据不同的标准,从不同角度进行分类,会形成不同的科研类型。排球运动的科研内容十分广泛,根据研究的性质不同,一般可分为排球基础理论研究,排球运动的历史、演变和发展趋势的研究,排球规则的演变及发展趋势的研究,排球技战术的研究,排球教学训练理论与方法的研究,排球专项身体素质训练理论与方法的研究等。据有关报道，中国排球运动科学研究活动是随着排球运动的发展经历从无到有、从小到大、从简单到复杂、由浅入深、从低级到高级的发展阶段，并具有明显的阶段性特征，排球运动科研论文选题内容阶段分类情况如表 4-1 所示。从总体上分析，基本上与我国排球运动的发展相一致。新中国成立以来，排球运动科研论文选题内容总体分布情况如表 4-2 所示。

表 4-1 排球运动科研论文选题内容阶段分类情况

阶段	总论	与其他学科的关系	基本技术	基本战术	训练理论与方法	教学理论与方法	选材理论与方法	竞赛规则与裁判法	场地器材与设施	总计	译文数	其他文章
1950～1959 年	18	2	21	12	8			2		63	31	5
1960～1977 年	69	27	62	44	97	9		17	1	326	311	26
1978～1988 年	400	143	236	280	284	168	30	85	14	1 640	758	300
1989～1994 年	185	82	111	84	124	95	18	39	5	743	173	195
小计	672	254	430	420	513	272	48	143	20	2 772	1 273	526

表 4-2 排球运动科研论文选题内容总体分布情况

分类	总论	与其他学科的关系	基本技术	基本战术	训练理论与方法	教学理论与方法	选材理论与方法	竞赛规则与裁判法	场地器材与设施	合计
分布篇数	672	254	430	420	513	272	48	143	20	2 772
百分化（%）	24.24	9.16	15.51	15.15	18.51	9.81	1.73	5.16	0.73	100

4.2.2 科学研究的内容

排球运动科学研究的范围非常广泛，具体的研究内容亦十分丰富。从排球科研论文的内容来看，目前存在的主要问题有：比赛调研、大赛综述、技术动作分析和以某一相关学科的知识为手段进行的研究多，而多学科交叉渗透、多角度、全方位研究排球运动的相对较少；过分偏倚于生物学科，而忽视与排球运动关联的社会学科；过分偏倚于具有空间特征的竞技能力的探讨，而忽视了排球训练过程与创新的探索；过分偏倚于研究过去与现在，而忽视将研究的时间视野面向未来；过分偏倚于个人研究，而忽视多学科、集体攻关的研究；研究过多地注重排球运动的竞技性，而忽视排球运动的健身性和娱乐性；较多研究室内竞技排球，较少研究室外沙滩排球；在竞技排球研究中，高水平排球运动员的训练与比赛研究较多，对学校体育中的排球运动的开展以及社区、企业、厂矿的普及性研究较少。

依据体育科学研究资料分类的方法，参照体育文献资料目录编排的要求，按照排球运动课题的研究方向，根据排球运动课题内容的研究性质等实际情况，排球运动科学研究的主要内容大体如下。

4.2.2.1 排球运动的基础理论研究

排球运动基础理论研究范围很广，内容十分丰富。此类研究主要运用其他学科的相关知识、理论与方法，深入研究排球运动发展中的诸因素及其相互之间的关系。此类研究主要采用生理学、生物力学、生物化学、医学、心理学、社会学、人类学、管理学和统计学等学科的理论与方法，并借助电子计算机、录像解析、肌电分析、三维测力等现代高科技手段，对排球运动领域进行多视角、全方位、多层面综合研究，充分发挥了多学科渗透、交叉的优势，丰富了排球运动科学研究的内容和科研成果，其目的旨在研究和探索排球运动的本质与规律。在研究方法方面，除采用常用的实验法、调查法、数理统计和测量法外，还运用各学科的专门研究方法。例如，有关排球运动生物力学领域的研究，是运用运动生物力学理论与方法来阐明排球运动技术原理，验证动作技术的科学性、先进性和合理性，为掌握、诊断、改进排球技术，为探索和创新技术、战术、优化运动训练方案提供了理论依据。又如，为记录人体运动的各个技术环节的有关参数，用高速摄影拍摄运动技术，并对影片进行解析，获得人体运动的各种运动学参数，像"扣球技术影片三维解析"、"优秀排球运动员扣球技术的生物力学研究"等都属于此类。

4.2.2.2 排球运动的历史、演变及其发展趋势的研究

这类研究主要是通过对排球运动的历史发展过程的探讨，力图阐述其发展动力，探求其本质和因果关系，探索其客观规律与发展趋势，如"论竞技排球发展的动力机制"、"试论排球进攻战术的进步机制"、"苏、美男排进攻战术的特点——对世界男排进攻战术发展趋势的探讨"、"排球技术、战术的演变规律及发展趋势"等。此类研究常用的研究方法有文献资料法、调查法。多采用资料收集和分类，分析资料来源的可靠性及真实性，通过去伪存真，最后得出结论，如"中国排球运动史"、"世界排球运动技战术发展趋势"等。

4.2.2.3 排球技战术的研究

排球技战术的研究主要是通过对世界各国排球强队在重大国际比赛中战术运用的实践效果的统计分析，揭示其运用的特点、适用范围以及据此设计新的战术形式及其打法。排球技战术的研究常用方法有调查法和类比归纳法。技术类研究内容，如"优秀排球运动员扣球技术的运动学分析"、"对我国优秀女排队员跳发球助跑起跳的动力学研究"、"世界男排优秀队员扣球技术的运动学分析"、"我国部分优秀女排运动员 1 号位后排进攻技术的运动学研究"、"优秀男排运动员沙滩排球技术的运动学比较研究"、"对中国女排运动员屈臂扣球与抡臂扣球的机制解析"等。战术类研究内容，如"排球后排进攻战术有效性研究"、"单脚起跳背飞扣球战术打法的研究"、"论摆动进攻"、"关于中国女排立体进攻战术设计与应用研究"等。技术分析一般多采用高速摄影机拍摄技术动作，并运用影片解析仪对技术动作结构进行分析。战术的设计与运用效果多采用临场观察或看录像统计分析等方法进行分析和研究，主要以探讨排球运动的技战术原理运用时机、运用效果及最佳训练途径为主要研究目的。此类研究以实践为基础，有针对性地解决排球技战术发展过程中存在的问题，并通过这种探索和认识，不断提高技战术水平，不断创新技战术。

4.2.2.4 排球教学和训练理论与方法的研究

排球教学和训练理论与方法的研究是指在排球技术教学训练中，对不同对象在不同阶段的具体安排、训练方法、教学手段、运动负荷、实际效果，进行各种改革实验和排球运动训练原则、方法、训练过程的结构、组织与控制等方面的研究。通过运用现代教学理论，探索排

球教学中的特殊规律，以求达到最佳的教学效果，提高教学质量。研究内容主要涉及教学训练计划的制订、教学大纲、教学内容、教学方法、教材、练习手段、考核方法与标准、教学设备仪器研制及学生能力培养等方面。常用的研究方法有调查法、实验法、文献法。排球教学理论与方法方面的研究内容，如“关于排球正面传球技术程序教学的研究”、“排球教学原则重构原理与方法的研究”、“排球分段教学进度的研究”、“排球普修课教材内容优化的研究”、“排球普修课技术、技能考核规范化的研究”、“排球专修课理论教学方法的研究”、“排球传球技术多种教法实验研究”、“排球普修课最佳教学程序研究”等。排球训练理论与方法方面的研究内容，如“排球训练原理的研究”、“排球场上核心队员培养和训练方法的研究”、“对我国女排队员成才过程年龄特征及队伍衔接的研究”、“排球技术特点与绝招形成机制的研究”、“排球技术生物力学分析的方法学研究”、“排球技战术创新的研究”、“运用心率评定我国甲级女子排球运动员在比赛中负荷强度的研究”、“排球运动员机能、心理、技术、素质评定规范化研究”、“高水平排球运动员速度力量及耐力训练方法研究”、“高水平排球队大赛前实战模拟训练的研究”、“中国女子排球甲级联赛(主客场制)周期安排与竞技状态的调控”等。

4.2.2.5 排球专项身体素质训练理论与方法的研究

排球专项身体素质训练理论与方法的研究主要根据排球运动的特点，研究如何采用专门的训练方法和手段，有效地发展专项所需要的各种特殊的身体素质，以提高排球运动技战术水平。在探讨排球专项身体素质对提高排球技术的影响时，可采用数理统计的相关方法与回归分析的方法，探讨专项身体素质与排球技术之间是否存在着内在联系。研究内容如“排球运动员的身体训练”、“科学安排运动员训练负荷量的方法”。

4.2.2.6 排球运动员选材的研究

排球运动员选材的研究主要是通过遗传学的理论，借助人体测量与评价，结合排球运动的专项特征，选取在排球运动上有杰出才能和发展潜力的“专门人才”的研究，如“排球运动员选材指标体系的研究”、“少儿排球运动员选材标准及评价方法的研究”等。

4.2.2.7 排球运动员心理特征和心理训练方法的研究

排球运动员心理特征和心理训练方法的研究主要是通过运动心理学的理论，应用运动心理实验和测试方法以及心理训练的具体方法，对排球运动员训练与竞赛过程中的心理过程、心理状态以及个性心理特征等方面进行的研究，如“我国甲级女排主力队员与替补队员角色心理特征的比较研究”、“我国青年女排运动员操作反应时与运动成绩关系的研究”、“我国成年女排二传手性格特征与其二传行为的关系研究”、“我国青年女排运动员的焦虑特点及影响因素”、“高水平排球运动员比赛失常心理因素及自我调节的研究”等。

4.2.2.8 排球运动竞赛组织和规则裁判法的研究

排球运动竞赛组织和规则裁判法的研究主要是通过运动竞赛学与裁判学的理论与方法，对排球竞赛规则发展和完善、规则的修改对排球技战术的影响，竞赛制度与编排以及裁判员及其工作等进行的研究，如“排球规则的研究与修改”、“竞赛规则的沿革及亚洲排球技战术走向”、“世界女排锦标赛混合制编排法探析”、“排球裁判系统程序设计与控制研究”、“排球裁判员执法视野与视线的研究”等。

除了上述排球运动科学研究的内容，还有对不同年龄、不同性别和不同职业群体的研究，如从事沙滩排球、软式排球等运动的理论与方法的研究，中、小学排球教学理论与方法的研究;少年儿童排球运动教学、训练理论与方法的研究,排球运动教学、训练、科研、竞赛等方面的仪器设备的研制,排球运动员运动创伤的预防和治疗方法的研究,排球运动员疲劳诊断和恢复的理论与方法的研究等。

4.3 科学研究的方法

4.3.1 科学研究的方法学问题

从排球运动科学研究所涉及的科学门类上看,大都属于自然科学和社会科学两大门类。这两大科学门类研究工作的基本程序和研究方法既有类似之处,又有所区别。

4.3.1.1 自然科学类研究工作的基本程序和研究方法的应用

(1)抉择与准备。通过理论学习和实践体验提出尚未解决的科学问题;选择并论证课题;将课题具体化;对所研究的问题提出假设;确定研究工作的组织形式;研究设计,即进行观察指标、实验操作技术、数据处理方法(数理统计方法)三项内容的设计;制订研究工作计划。在这一环节中,选题和研究设计是核心。在该过程中,主要运用文献资料法,经验思维、创造性思维、发散思维、收敛思维等思维方法以及数学等方法。

(2)资料与事实的收集。获取与研究课题有关的文献情报资料,为论证课题研究的论点提供理论与事实根据;运用观察与统计、调查和实验等经验性科学方法获取经验材料或科学事实。

(3)资料与事实的整理和分析。对各种收集到的资料与事实进行整理分类;剔除异常数据;特定材料绘制成图表;运用数学方法对材料进行分析,通过数学抽象建立科学概念,或运用数理统计方法分析材料得出统计结论;运用逻辑的方法及逻辑论证的方法,结合专业理论,对研究中的现象和变化规律作出解释与说明。

(4)提出科学假说和建立科学理论。通过对资料与事实的整理和分析,就可以得到科学研究的成果——科学假说或科学理论。如果研究任务是验证一个假设,通过观察或实验,发现事实与假设相符,那么假设可以上升为假说;如果研究任务是验证一个假说,通过观察或实验,发现事实与假说相符,那么假说就可以上升为理论。这一环节主要使用科学抽象、假说、演绎等理论方法以及逻辑思维方法。

(5)理论概括形成书面文件。科学研究成果应该通过学术论文、研究报告等形式表现出来。这一环节主要使用逻辑论证的方法和理论思维方法。

(6)科学研究成果的评价。经过资料与事实分析得到的科学研究成果,对其实际应用的价值、社会效益和经济效益还需进行鉴定和评价。这一环节主要使用体育科技成果评价体系量表、专家调查和模糊综合评价等方法。

4.3.1.2 社会科学类研究工作的基本程序和研究方法的应用

(1)选择研究课题,确定写作题目。这一环节主要使用文献法和选题方法。

(2)收集资料与事实。资料与事实是一切科学研究的基础,资料与事实是构成学术论文的要素。这一环节主要使用文献资料法、调查法等。

(3)确立论点。论点是研究者对研究的问题所提出的新见解,是整篇论文架构的重心。这一环节主要使用归纳与演绎、分析与综合、抽象与具体、历史与逻辑等辩证思维方法、创造性思维方法以及假说等理论方法。

(4)撰写论文。

(5)成果评价。

4.3.2 科学研究的方法

随着现代科学技术的迅速发展,人们认识客观世界的角度、方法和手段不断扩展和增强,认识能力和实践水平也不断提高,科研方法也不断创新。排球运动的科研方法、手段不断增多,使排球科研工作者从更多的视角去研究排球运动中出现的各种问题,寻求运用多种方法解决同一问题的途径。排球运动科学研究方法主要有文献法、调查法、观察法、实验法、数理统计法、逻辑法和系统分析法等,如图 4-1 所示。在研究过程中,究竟应采用何种方法,要根据研究的目的、性质、内容、对象和要完成的任务来确定,在研究工作的设计过程中,有时采用一种研究方法,有时综合运用几种研究方法,以提高研究结果的可靠性。因此,在选择研究方法时,可根据论文的要求灵活运用,以期达到研究的目的。

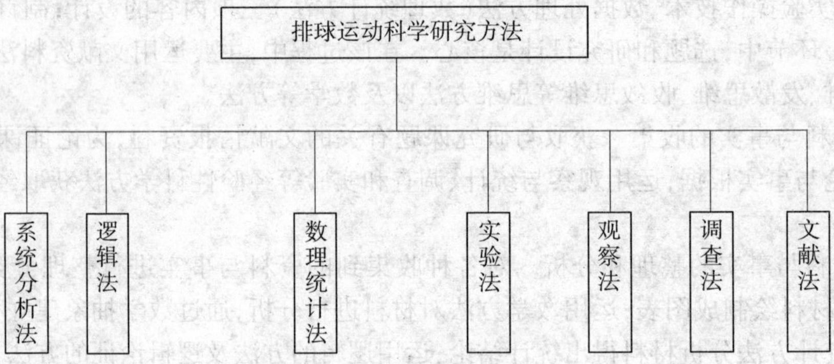

图 4-1 排球运动科学研究方法

4.3.2.1 文献法

文献法是通过查阅与研究题目有关的文献资料、电影、图片等,把所收集的各种资料进行鉴别、分析整理,运用分类比较、分析综合、归纳演绎等方法进行逻辑推理,阐明所要研究的问题,以弄清事实的真相,把握事物的相互关系,概括出某种规律性的认识,提出解决问题的具体方案或基本思路。文献法的突出特点是以"静态资料"为信息源,并且是间接接触已有的事实材料。它具有很大的局限性,必须严格鉴定文献的真实性、可靠性、先进性和适用性。因此,要求"信息源"准确、可靠和丰富。运用文献法时应注意:必须在大量查阅资料和收集资料、做好读书笔记和文献卡片的基础上进行。科学研究的基础在于占有充分的资料与事实,任何科研从选题、提出假说到验证假说都离不开一定的文献资料,资料通常贯穿于科学研究的全过程。从某种意义上讲,科学研究过程就是文献资料的收集、使用和再创造的过程。当今信息时代,科技迅猛发展,各学科相互渗透,谁能从科学研究的角度抢先获得情报信息,并能研究创新,谁就能在激烈的国际竞争中获胜。科学研究是在情报调研的基础上进行借鉴和创新的过程,高质量的科研成果的获得和科研论文的完成,实际上是从查找第一篇文献开始的,科研的每个环节都与情报的收集和分析密切相关。也就是说,科研工作是从情报调研开始的,而情报调研又贯穿于整个科学研究的过程中。

4.3.2.2 调查法

调查是认识社会的基本手段，是体育科学研究中运用最广泛的基本方法，其主要特点是重视信息手段，侧重信息接收与积累，并以明确的研究命题为先导。调查方法多种多样，如何选用要根据研究的目的和内容而定。在科学研究工作中，为了了解实际情况而进行系统严密的调查，一般采用座谈、询问、填表、观察统计等方法。各种具体的调查方法在形式、特点及适用性上有很大的差异，但在程序上大都要经历选择调查对象、确定调查项目、设计调查问题、进行调查、结果处理等几个环节。

1. 访问调查法

访问调查法是排球运动科学研究常用的基本调查方法之一。访问调查法的主要特点是通过直接与调查对象的访问谈话来收集其课题所需要的研究材料，并对问题进行必要的分析。它包括个别访谈、座谈、函询等具体形式。因此，在做好各项访谈准备工作的基础上，要善于人际交往，熟练掌握访谈技巧，有效控制访谈过程。

采用访问调查法时应注意：

(1)确定调查对象，明确座谈、访问目的，选定调查方法和拟订调查提纲。座谈与访问前应先将提纲、范围交被访者，以期获取真实、丰富的材料。

(2)要尊重客观事实，要倾听不同意见、不同观点，既收集正面材料，又收集反面材料；既收集现实材料，又收集历史材料。重视新旧、正反、前后、左右的对比材料，正确把握事物的全局和各个侧面。同时，要注意提问方式的灵活性，而且在访问结束后，应及时整理所获得的资料，以备后期研究时使用。

(3)设计函询调查表时，应力求简明扼要，一般多采用填表和画符号的方式进行，经过分析研究，写出调查报告或得出结论。

2. 专家调查法

专家调查法是指调查者针对某些问题(如方案、指标、数学内容、教学手段方法等)向专家进行咨询调查，依靠专家的专业知识、实践经验、创造性智慧，采用系统的逻辑方法和匿名问卷的形式，背靠背地分别对事物进行评估与分析、预测与判断，从而获得客观可靠意见与信息的方法。德尔菲(Delphi)法作为专家调查法的主要类型，在排球运动科学研究中具有广泛的用途，常用于预测和研究运动技术的发展趋势，预测和研究排球运动中某一目标重大突破大致发生的时间，预测和研究某种训练手段的效果，预测和研究排球运动的发展趋势等。

3. 问卷调查法

问卷调查法是调查者运用统一设计的问卷向被调查者了解情况或征询意见的方法。问卷调查法作为体育科学的重要研究方法之一，在体育科学研究中具有广泛的实用价值。

1)问卷调查法的特点

(1)标准化：调查者根据研究课题，按照研究设计，依据一定要求，统一制定问卷，被调查者应根据问卷的要求作答。

(2)间接化：一般调查者与被调查者不直接接触，调查者通过问卷向被调查者了解情况，被调查者通过问卷回答调查者提出的问题。

(3)书面化：调查者通过书面提出问题，被调查者也通过书面回答问题。

2)问卷调查法的类型

问卷调查按传递方式的不同可分为报刊问卷、邮政问卷、送发问卷和访问问卷;按问卷填答者不同可分为自填问卷和代填问卷。报刊问卷、邮政问卷、送发问卷和访问问卷各具特点,在排球运动科学调查研究中,常采用自填式邮政问卷和送发问卷。

3)调查问卷的设计

问卷是问卷调查的最主要工具。问卷的设计很大程度上决定着问卷调查的问答质量、回收率、有效率,影响着整个调查的成败。因此,科学地设计调查问卷,在问卷调查中具有举足轻重的意义。

a. 调查问卷的组成部分

问卷一般由前言、主体和结语三部分组成,其中前言和主体是问卷不可缺少的部分。

(1)前言。前言是调查者对调查的目的及有关事项的说明,包括调查的目的、对被调查者的希望和要求、问卷调查的匿名性、回收问卷的方式和时间、主办调查的单位或个人。前言一般在问卷的开头,主要作用是引起被调查者的重视和兴趣,争取他们的支持和合作。因此,前言的语句要谦虚、诚恳,用词要简洁、准确。

(2)主体。主体是问卷的最主要部分,是问卷质量的最终体现。主体包括调查的问题、回答的方式及其说明等。

(3)结语。结语是对被调查者的合作表示感谢。可以简短些,也可顺便征询对问卷调查本身的看法和感受。

b. 问题的种类、选择和排列

调查所要询问的问题是问卷的主要内容,在设计问卷时,对问题的种类、问题的选择和问题的排列,应根据课题的需要加以认真考虑和推敲。

(1)问题的种类。

背景问题主要是被调查者的个人基本情况,如性别、年龄、职业、文化程度、婚姻状况、职务或职称等。事实或行为问题包括已经发生和正在发生的各种客观情况,如每周参加几次排球活动,每次多长时间。

观念、态度、情感问题主要是指对各种客观情况的看法,如对目前中学排球课选用的教学内容、采用的教学方法是否满意,目前学校排球课改革的重点和难点是什么。

(2)问题的选择。

问题的选择不仅决定了问卷内容的深度和广度,而且决定了问卷调查的客观性、科学性和可行性。因此,问题的选择是问卷设计的关键。在选择调查问题时应注意:选择的问题要符合客观实际;选择的问题是调查和研究最必要的问题,过于简略无法达到调查的目的,过于烦琐将增大工作量,降低问卷的回收率和回答的质量;选择的问题要符合被调查者的回答能力,被调查者不可能了解或不可能正确理解的问题都不应提出;选择的问题要考虑被调查者真实回答的可能性,被调查者不可能真实回答的问题都不应正面提出。

(3)问题的排列。

众多问题的合理排列,关系到被调查者是否能顺利地回答问题,关系到问卷的质量和回收率,关系到调查后的资料整理和分析。因此,为了保证问题排列的严谨性、逻辑性,对问题的表述、问题的回答方式及其说明要合理安排。

①问题的表述。问卷是间接性的书面调查,被调查者只能根据书面问卷来理解问题和

回答问题。因此，如何用文字表述所要调查的问题就成了问卷设计的重点和难点。问题的表述应注意：问题要具体；问题的用词要准确、简练、通俗；提问的态度要客观，避免诱导性或倾向性。

②问题的回答方式及其说明。问卷对被调查者来说就是一份答卷，答卷就必然要有回答方式和回答方式的说明。因此，回答方式和回答方式的说明是问卷主体不可缺少的内容。问卷的回答方式一般有开放式（自由式）回答、封闭式（结构式）回答和半开放、半封闭式回答，开放式和封闭式回答方式的特点比较如表 4-3 所示。

表 4-3　开放式和封闭式回答方式的特点比较

回答方式	开放式回答方式	封闭式回答方式
特点	灵活性高，适应性强，信息量大，要求有较高的文化素养，利于发挥被调查者的主动性和创造性，自由发表意见。但回答的标准化较低、费时，难以整理和分析	标准化程度高，节约时间，利于理解和回答问题，回收率和有效率较高，便于结果的统计分析。但设计较困难，回答方式机械、缺乏弹性，难以发挥被调查者的主观能动性

4）调查问卷的效度、信度及其检验

调查问卷的效度亦称调查问卷的有效程度，指的是问卷设计的内容、结构特征与调查研究的事物、问题的特征的一致性程度。效度同调查的主题、目标密切相关，具有个性特征；信度同调查的结果密切相关，具有共性特征；信度是效度的基础，效度是信度的目的。

调查问卷的效度分为内容效度和结构效度。

问卷内容效度的检验一般请对本课题熟悉的专家、学者（10 人左右）采用定量（百分制、十分制）或定性（很有效、有效、基本有效、无效）的方法对问卷进行逻辑有效性分析，从问题的内容和逻辑关系全面审核、评价问卷是否符合调查的目的任务与研究的需要。如果专家认为问卷的项目较好地代表了调查需要的内容范围，则问卷具有内容效度。

问卷结构效度的检验一般请专家结合专业知识和经验进行逻辑推理判断。可将问卷的问题打乱，随意排列，然后在小范围内（15 人左右）请熟悉该课题的专家根据问卷设计者提供的调查主题及问题类别，逐一判断每一个问题属于哪一类问题，以及各类问题构成的总体结构是否与调查主题相一致。如果专家判断问题的分类正确率在 85% 以上，且总体结构与调查主题相吻合，则问卷的结构效度是有效的，否则应修改或剔除。

调查问题的信度指的是问卷调查所得到的材料的可靠性程度。问卷信度的检验一般采用再测法，即在调查样本范围内，收回第一次问卷 15 天左右，再将问卷在小范围内发给部分第一次填答问卷的人，回收问卷后计算两次问卷材料的得分或比率的相关系数，并进行显著性检验。若相关系数高且达到显著性水平，则表明调查材料具有较高可信程度，反之则可信程度较低。若无法进行第二次调查，可将第一次调查材料按奇数、偶数题（或前后）分为两部分，求两部分各自的得分或数据，再求两部分的相关系数，其反映调查问卷问题的内部一致性程度。

5）问卷调查的实施及要求

a. 问卷调查的一般程序

问卷调查的实施一般包括设计调查问卷、选择调查对象、发放调查问卷、回收调查问卷、问卷调查结果的整理、问卷调查结果的分析研究。

设计调查问卷包括选择调查课题、进行初步探索、提出研究假设等几个先行步骤。进入具体问卷设计阶段,由于要把调查中的口头语言变成书面语言,特别是封闭式回答方式,不仅要考虑如何问得科学、具体,而且要考虑怎样答得全面、正确。因此,工作量加大,难度提高。此外,在设计问卷的过程中,试调查具有特别重要的意义,它是对设计的问卷进行可行性研究不可缺少的方法和步骤。

问卷调查对象可采用抽样方法选择,也可把一定范围内的全部成员作为调查对象。由于问卷调查的回收率和有效率一般不可能达到100%,所以选择的调查对象应多于研究对象。发放问卷的方式有多种,在排球诱导科学研究中,通常采用邮政问卷、送发问卷方式发放问卷。采用送发问卷时,调查人员应尽可能向被调查者进行问卷说明和解释,以提高问卷的回收率和有效率。

回收问卷是问卷调查的一个重要环节。送发问卷只要做好工作,一般回收率都较高。邮政问卷则不同,初始回收率一般都较低。因此,在规定回收时间后,可间隔一周左右向被调查者发出一次提示通知或催复信件(每次的内容应有所区别),以提高回收率。对于回收的问卷必须及时认真地审查,淘汰一切回答不合格的无效问卷,把调查资料的整理、加工工作建立在有效问卷的基础上,从而保证调查结论的可靠性和科学性。

b. 提高问卷的回收率的途径与方法

提高问卷的回收率是问卷调查的关键环节,它不仅是有效问卷的前提,而且是整个问卷调查成败的重要标志。影响问卷回收率的因素是多方面的,调查主办者的客观地位、调查对象的具体情况、调查课题的吸引力、问卷设计的质量和问卷调查的方式等,都会对问卷的回收率产生一定的影响。因此,提高问卷的回收率可从以下几个方面加以努力:

(1)争取知名度高、权威性大的机构支持。在排球运动科学研究过程中,有些课题涉及面较广,如全国排球运动场地器材配备的调查等。因此,为了提高问卷的回收率,应尽可能争取知名度高、权威性大的机构来主办调查或取得他们对问卷调查的公开支持。

(2)挑选适当的调查对象。调查对象的合作态度、理解和回答书面问题的能力,对问卷的回收率具有很大的影响。因此,根据问卷的难易程度和内容的特点,选择恰当的调查对象进行调查,对提高问卷的回收率具有十分重要的意义。

(3)选择具有吸引力的调查课题。调查课题是否有吸引力,往往影响被调查者回答的意愿和兴趣。因此,关系人们切身利益的问题以及具有新鲜感的问题,往往被调查者回答的积极性较高,问卷的回收率也较高。

(4)提高问卷的设计质量。问卷的设计质量首先取决于问卷的内容,特别是问题的选择、排列和表述,以及回答的类型和方式,同时也取决于问卷的形式、长度和版面。

(5)采用合适的问卷调查方式。调查方式对问卷的回收率也有重大的影响。根据一般经验,报刊问卷的回收率为10% ~20%,邮政问卷的回收率为40% ~70%,送发问卷的回收率为80% ~90%,访问问卷的回收率最高。

4.3.2.3　观察法

观察是认识事物的主要手段之一,是积极探索未知领域的一个过程,具有证实或否定假说的作用。通过观察能够获得关于客观世界的各种经验认识,它对获取第一手原始资料有重要意义。

观察法的主要特点是通过直接感知收集研究材料和认识现实。科学观察是与解决一定的科学问题相联系的,因此又具有组织性、计划性和目的性。观察法的重要途径包括听课、参观、出席有关会议和参加有关活动等。记录观察结果除笔记外,还可采用录音、录像、摄影等现代科技手段。

科学观察可分为定性观察、定量观察两大类。定性观察是指为获得关于观察对象的本质特征而采用的观察方法。如观察排球教学、训练课中教材的安排,课的组织与教法,课的密度、强度和运动量以及技战术特征等。定量观察是指观察对象的量的规定性而采用的观察方法,如观察某个队员在某场比赛中发球得失分效果的统计或全队发、扣、拦三大主动得分手段的统计,或借助高速摄影机拍摄某个队员扣球的速度、角度作定量的分析等。

采用观察法时应注意:

(1)观察前要做好充分的准备工作。首先应明确观察任务、内容、对象和时间,记录方法要统一,记录资料应及时、准确、可靠,字迹清晰,在实施观察前还应准备好观察记录表格及其他必备观察用具等。

(2)充分利用现代化科技手段扩大感知范围。在实施调查过程中应注重采用先进的测试、鉴定工具和音像设备等,以提高研究效率。

(3)观察中尽量不要更换操作者和仪器。

(4)记录材料要有一定的数量和重复次数。要详细地做好观察记录,观察要坚持客观性、全面性、系统性、典型性和代表性。

4.3.2.4 实验法

实验法是体育科学研究中最重要、最基本的科研方法之一。它是根据科学研究的需要,人为地控制或模拟客观观察,排除干扰,专门研究实验对象变化规律的一种实践活动。

1. 实验法的特点

(1)实践性。实验法不仅要眼看、口问、耳听,而且要亲自动手干,即通过某种实践活动有计划地改变实验对象所处的社会环境,并在实践活动的基础上对实验对象的本质及其变化规律进行调查和研究。

(2)动态性。在实验过程中,由于实践活动的不断进行,社会环境的不断变化,实验对象本身也必然发生不断的运动和变化,实验的实践性决定了实验对象的动态性。

(3)人为性。实验法的整个研究过程是根据研究的目的在人为控制下实施完成的,因此可以使研究者观察到在自然条件下难以观察到的现象。

(4)控制性。实验法可以把某些特定的要素分离出来加以控制。

(5)重复性。实验法可以重复进行验证,实验过程相对可以再现和重复进行。

(6)可测性。由于实验法是可控的,比较便于测量,研究结果相对精确且易于进行横向比较。

2. 实验法的类型

实验研究的分类标准多种多样,一般来说,有以下几种基本类型:以目的或性质为标准,可分成探索性实验、验证性实验和应用性实验;以质和量的关系为标准,可分成定性实验和定量实验;以涉及的因素为标准,可分为单项实验、多项综合实验和整体综合实验;以控制程度为标准,可分为前实验、准实验和真实验;以场所或环境为标准,可分为实验室实验和自然实验(室外实验)。在排球教学训练中,常采用的实验方法是经过一学期、一学年或更长时间的实验,将实验效果进行对比,从而得出最佳的培养学生基本技能的教学方法。

实验研究必须对研究过程中所涉及的各种变量做认真的分析并加以控制。控制是实验研究的精髓,因此实验时应注意:

(1)样本组的划分要贯彻随机化的原则,选择对象要有代表性。

(2)实验要有准确的记录。

3. 实验计划的制订

根据实验研究的目的和对象、方法和步骤,制订详细的实验计划。如等组对照实验,重要条件是实验组和对照组各方面的情况必须尽量相等或相似,并且所施加的实验因素不宜过多,否则检验实验效果时将不易区分各实验因素的效果。

4. 实验样本数和实验次数要满足统计学的要求

一般来讲,有些实验可通过重复实验逐步扩大范围,逐步从点上的实验走向面上的实验,最后走向推广应用。等组实验是选取两个情况相等或相似的被试组,其中一组不施加实验因素为对照组,另一组施加一个实验因素为实验组,然后比较两组的结果,以判定实验因素发生的效果。如在排球教学中对如何培养学生技能进行研究,可在同一年级中选择两个教学班进行分组对比实验。

值得注意的是,实验的设计要采用统计学的方法,统计学不仅用于实验结果的解释,也用于实验的部署。如果在实验的准备阶段不考虑统计学,则实验的结果可能没有进行统计学上处理的价值,如在排球不同技术的教学实验中,在选择对照组和实验组时,首先必须确定各组是在同一时间、同一地点进行实验的,然后用统计学的方法决定各组样本的大小,并用随机方法分配各小组。如果不考虑这一点,实验结果就很难做统计学处理。因此,首先必须保证样本的代表性和样本间的可比性,其次必须周密思考如何减少或消除误差。

4.3.2.5 数理统计法

数理统计法是运用数学和统计学的方法,对客观事物进行研究。数理统计法实施的一般程序是先选题,然后根据所选题目的需要进行统计处理,最后依据统计结果得出研究结论。实践证明,它不仅是整理与分析资料的有效工具,亦为定性分析进一步提供客观依据。统计法往往与观察法同时进行,如在预先采用统计法设计的统计表格上如实记录观察内容。统计法的最大长处首先是收集的资料具有较高的精确性、选择性和判断性,其次是能够对排球科学研究中的某些因素进行量化处理。在排球运动中,通过比赛的临场技术、战术统计,可以收集到大量的第一手材料,并根据统计数据客观地分析一场比赛,找出比赛胜负的原因,发现训练中存在的主要问题,提出解决问题的方法和途径以及以后训练的方向,为有效提高训练的质量、改进教学训练方法提供依据;还可通过比赛的临场技术、战术统计,为球队和运动员建立比赛档案,为研究球队和运动员的成长、提高教学训练水平提供数据。

在排球运动的科研中常用数理统计法反映运动员某项运动技术的平均水平及运动水平密集的大致位置,如在评定发球技术的稳定性时,所得标准差大,说明发球技术掌握不稳定。在探讨排球专项身体素质对提高排球技术的影响时,可通过数理统计法找出专项身体素质与排球技术之间的内在联系。运用数理统计法时应注意统计标准、尺度一致,统计数据齐全。掌握准确、完整的有关数据,是进行数理统计法研究的基础。

4.3.2.6 逻辑法

逻辑法是体育科学研究工作中常用的一种方法。从某种意义上来说,逻辑思维能力是科学研究工作者科学素养的标志之一。基本的逻辑思维方法有比较与类比法、分析与综合法、归纳与演绎法和抽象与具体法等。

1. 比较与类比法

比较是认识事物的基础，是人类认识、区别和确定事物共同点和异同点的最常用的逻辑思维方法，被广泛应用于科学研究的各个领域。比较的过程，是运用对比、分类、解释的方式，对复杂的事物确定出其间的同一性、相似性，进而探索其规律，如横向比较可对事物的性质及量的变化加以判断与分析，纵向比较可探索事物发展变化及消长情况。比较法在排球教学训练研究中应用较为广泛，如教学法的比较、不同类技术动作的比较、同类技术动作的比较。通过比较与分析，有利于建立正确动作的概念，发现技术间的共同点与异同点，更快地掌握排球技术。

类比法是根据同类事物在某些方面的相似或相同，而推论它们在其他方面也可能相似或相同。作出论断的方法是由个别到个别的推理，其依据是通过比较，按照事物的共同点与异同点将其分为不同的类别，所以分类又是以比较为基础的。分类法在科研中有着重要的意义，它可以把一些杂乱的技术资料整理成类，从而发现其间的联系，以探索内部的规律性。

2. 分析与综合法

分析是为了综合，综合又离不开分析，分析与综合是两个相辅相成的思维过程，一般是先分析后综合，科学的综合是在分析的基础上加以综合，而绝非是简单的叠加。在排球科研中，对科研的对象不断交替进行分析与综合，从而获得对于事物一个完整而正确的认识。例如，分析排球正面扣球技术动作各环节，先采用分析的方法，将扣球分解为判断、准备姿势、助跑起跳、空中击球、落地五个部分，对各部分进行分析研究，而后再采用综合方法，把扣球技术动作的各个部分加以概括后，认为扣球就整体动作而言，空中击球是扣球技术最重要的一个环节。

3. 归纳与演绎法

在辩证的思维过程中，归纳以演绎为前导，演绎以归纳为基础，它们是互为前提，互相促进的。在排球理论研究中，有些课题研究要求研究工作的主要活动是思维活动，具有高度抽象性。在整个研究活动中，需要在前人研究成果的基础上不断地加以归纳和演绎，这就决定了研究者必须直接从已有的文献所记载的成果和方法中汲取营养，加以创新。归纳与演绎法是不同于一般物理、化学等学科需要依赖于实验设备和实验活动进行科学研究。如队员在扣球或拦网时，需要跳得高，有较强的爆发力和弹跳力；传球时需要有较强的手指、手腕力量；防守时，需要移动快、反应迅速等。通过采用分析、综合、归纳、推理后得出，弹跳力、移动速度、灵敏反应是排球运动员所必需的专项素质。

4. 抽象与具体法

从具体到抽象，再从抽象上升到具体的思维过程，是从认识事物开始到确定科学的最初的概念、判断，上升到建立科学理论的辩证方法。例如，现代排球理论的建立是从大量的排球现象入手，抽象出若干概念、判断，而后经过深入探讨，逐步上升到理论，形成一套完整的科学体系。

4.3.3 排球技战术研究方法运用

4.3.3.1 排球技术研究方法

排球技术研究方法主要包括定性研究和定量研究两种，定性研究主要是通过观察运动员在比赛中技术运用的特点，结合排球专业理论知识，对技术作出大致的分析、提出改进建议等。而定量研究主要是通过高速摄影或高速录像在比赛现场或训练时拍摄优秀运动员的技术动作，再通过影片解析得到优秀运动员的技术参数，对其加以分析，得出优秀运动员的运动学特征和规律，还可通过比赛中的技术统计得出优秀运动员的技术运用效果，如成功率、失误率等，分析运动员在比赛中的表现。随着现代排球技战术的发展，仅用一种研究方法已不能满足研究者的需要。因此，在研究中两种方法结合采用，使研究更为全面、客观、准确。

1. 排球技术研究的三维高速摄像方法

三维摄像方法是近年来体育运动技术研究中常用的研究方法之一。日本在这方面起步较早，从20世纪90年代初期就开始在排球技术研究中采用。随着高清晰度数字式摄像机的问世和三维录像解析软件的进一步研制开发，三维摄像方法越来越精确，使用范围也越来越广。

同三维高速摄影相比，三维摄像使用录像带，不用电影胶片，能节省大量经费。因此，在比赛中可根据需要大量拍摄技术动作，甚至拍摄整场比赛，使研究者有较大的挑选余地，具有样本含量大、代表性强、可信度高的特点。在动作解析过程中，对技术动作可反复重放，仔细观察，为研究者带来便利。

1）排球技术研究的三维摄像方法

a. 拍摄前的准备工作和立体空间标定

（1）拍摄前的准备工作：准备好三维摄像所需要的各种器材设备，即两台以上摄像机、充电电池、充电器、录像带（一般16毫米较多）、对讲机（联络用）、立体空间标定标杆以及各种辅助器材。应提前2小时到达比赛场地或实验拍摄现场，选定好摄像机安放位置。

（2）立体空间标定：是在拍摄动作前，对拍摄的区域范围用一带有数字刻度的标杆进行三维框架的标定，目的是使所拍到的动作能够通过解析计算各种位移、速度、角度等三维数据。

b. 拍摄时的工作

拍摄时先用对讲机联络好，尽可能做到同时开机和同时关机。在比赛时，以主裁判鸣哨的哨音作为开机信号，如比赛现场可以安放同步器最好（但一般比赛都不允许），如不能安放同步器，则只能以上述方法同时开机，然后在三维录像解析时，以两机拍摄的同一动作中，具有显著的动作时像指标作为同步输入的依据。

c. 拍摄后的工作

拍摄后，先将摄录好的录像带装好并贴上标签，注明是后面还是侧面、比赛队的名称、第几局等，收拾好全部摄像器材。

2）排球技术研究的三维录像解析方法

三维录像解析是最重要的也是最艰苦的研究工作，耗时长，还要尽量精确，需要有一丝不苟的精神和严肃认真的科学态度。

a. 录像带的复制和附内时标

由于比赛采用的摄像机大都是16毫米或8毫米摄像机，因此三维录像解析时，首先将摄制好的录像带转录到三维录像解析系统用的大录像带上（解析系统用的录像带同家用录像机的录像带规格相同，但是清晰度高），在转录的同时，用数码机在录像带的画面上附上内时标(1/60 秒)。这样复制好的动作录像带的画面上就有了 1/60 秒的动作画面和时标,在三维录像解析时可以采用。

b. 三维技术动作解析

三维技术动作的解析设备是由一台带有彩色显示屏的专门解析用放像机和一台带有三维解析系统的计算机及打印机等附件组成的,相互间用导线联结。解析时,将录像带装入解析用放像机,使动作画面按照需要逐格地在显示屏上显示出来。按照先输入标定框架系统,再输入技术动作画面的顺序,将正面和侧面的动作画面逐格输入三维解析系统中。输入方法是采用解析系统的鼠标,使显示器上的十字光标点对准所要的各环节点,按下鼠标,则该点的坐标自动输入解析系统。

全部采点工作完成后,再按照三维解析系统的计算机操作程序,计算出三维原始坐标、角度、速度、角速度、角加速度、距离、高度等有关数据,打印出来。同时,根据数据计算机还可以作出正、侧、上三个面的人体动作棍图,供分析时参照。

由于三维录像解析系统操作方法较为复杂,各国操作方法各异,在此不详述。

c. 排球技术分析的三维运动学指标

排球技术分析所需要的指标比较多,在此以扣球技术为例,列举了分析时常用的运动学指标。在解析时应先设定好计算机程序,一般三维解析系统均有这些指标,但不针对排球,还需结合排球技术重新设计,再经过计算机得到所需指标,供动作分析时采用。

三维运动学指标包括以下内容:

(1)助跑速度——踏跳前瞬间重心水平合速度。

(2)助跑最后一步距离——右脚踏跳瞬间左脚尖至右脚尖距离。

(3)并步距离——踏跳时右脚尖到左脚尖距离。

(4)跳跃方向——起跳离地到着地重心水平移动方向与网成的角度。

(5)踏跳时间——踏跳右脚着地至左脚离地时间。

(6)起跳速度——起跳离地时重心的水平速度和垂直速度。

(7)起跳时髋角——肩、髋、膝连线角度,角速度。

(8)起跳时膝角——髋、膝、踝连线角度,角速度。

(9)起跳时踝角——膝、踝、趾连线角度,角速度。

(10)腾起角——起跳离地时,人体重心合速度方向的连线(轨迹)与地平面(水平轴)的夹角。

(11)空中移动距离——起跳离地至落地重心移动距离。

(12)击球移动距离——起跳离地至击球时重心移动距离。

(13)击球高度——击球瞬间手中心与地面垂直距离(在扣球高度专门研究中还测试手指尖与地面的垂直距离)。

(14)击球速度——球出手后的最大合速度。

(15)击球角度——球出手后与垂直面形成的夹角。

(16)转体角度——两肩连线与地水平面转动形成的角度,角速度(左、右)。

(17)伸肩角度——两肩连线与垂直额状面内转动形成的角度,角速度(上、下)。

(18)躯干前屈和后伸角度——躯干正中部连线与地面垂直的矢状面内转动角度,角速度(前、后)。

(19)躯干三维合成角度——躯干正中部连线实际运动的角度。

(20)右肘角度——击球过程中右肘关节运动的角度,角速度(肩、肘、腕连线形成的角度)。

(21)挥臂击球过程中肩、肘、腕、手三维合成速度。

(22)击球时左、右肩高度差。

(23)击球时手中心与头部中心(耳尖上方)的水平距离和垂直距离。

3)排球技术动作分析的主要步骤

通过三维录像的解析得到了数据及人体动作简图后,应根据如下步骤对动作作出分析,并写出论文报告。

a. 了解所拍摄的排球技术动作全过程

在分析排球技术动作时,首要的工作是划分技术动作的阶段,确定技术动作的特征画面。

(1)划分技术动作的范围:确定了动作的开始与结束瞬间,就可把技术动作的范围确定下来,如扣球技术是由助跑开始至击球后落地结束。

(2)划分技术动作的阶段:当动作的范围确定后,划分动作的不同阶段,为分析研究提供方便,如扣球的整个动作中,可分助跑、起跳、空中击球、落地四个阶段,而在起跳过程中,又可分缓冲和蹬伸两个阶段。

(3)确定技术动作的特征画面:不同动作的临界点(画面)称为技术动作的特征画面,如扣球的击球瞬间画面,可反映扣球高度、击球瞬间手臂速度,以及击球位置等数值。

(4)明确各动作阶段的相互影响及其作用:虽然组成完整动作的基本动作的形式、任务及性质不同,但它们同属于一个完整动作的不可缺少的有机组成部分,都是为完整动作的任务服务的。因此,它们存在着必然联系与因果关系。如扣球的向后反弓形的展体动作和向前用力的收腹动作,虽然是人体基本活动伸与屈的动作,但从生物力学角度看,它们之间存在着必然联系与因果关系——扣球的收腹动作是展体动作的继续,而且展体动作的程度影响收腹动作的幅度和速度。

b. 明确排球技术的关键环节

凡是对完成技术动作的目的起重要作用的动作阶段,称为技术动作的关键环节或主要环节,如扣球的空中击球、跳发球的击球点位置。

c. 揭示排球技术的生物力学特征

对所得数据进行处理分析、整理,得出测试结果,然后对测试结果进行分析处理,得出规律性数据材料,最后成为技术动作的生物力学研究结果。

(1)揭示技术动作的一般测试结果:如技术动作的运动学参数统计结果,技术动作的线条图(一般以图表方式表示)。

(2)揭示排球技术生物力学原理:通过对测试结果的分析研究,寻找各测试数据之间的内在联系及其对排球技术动作的关系和影响,并在此基础上归纳出完成排球技术动作的生物力学原理。

(3)揭示高水平排球运动员技术动作的生物力学特征:不同等级运动员完成技术动作时应遵循同一规律,即技术动作原理是一样的,但不同水平运动员的运动素质发展水平不同。因此,在技术动作特征方面反映出相应的差异。高水平排球运动员的技术动作特征可表示技术动作的发展趋势,所以了解高水平运动员排球技术动作的生物力学特征有助于改善技术动作原理的理论研究和技术动作的训练。

(4)对完成的技术动作作出生物力学诊断。

(5)做出结论。

对分析研究所做的结论是对研究结果的进一步归纳、提炼和升华,而研究结果的具体内容又是依据分析研究的不同任务采用相应的测试与分析方法得到的。

以上介绍了三维摄像方法、三维录像解析方法和排球技术动作分析所应具备的知识与技能,供广大排球界同行们参考。

2. 排球比赛技术效果统计法

对排球比赛中双方技术运用效果进行统计,整理分析,得出各项技术的成功率、失误率,也可以对本队或某一队员,以及对手的情况进行分析,得出较为可靠的结论。目前,一些世界大型比赛还以统计的扣球、发球、拦网、一传、防守等项指标的成功率、得分率等作为评出单项奖的依据。排球比赛中技术运用效果统计如表 4-4、表 4-5 所示。

表 4-4　排球比赛中技术运用效果统计表(一)

队(队员)	发球						一传						扣球					
	得分	破攻	一般	失误		小计	到位	能调	不能调	失误		小计	扣死	扣过	被拦	失误		小计
				不过网	出界					垫失	落地					不过网	出界	

表 4-5　排球比赛中技术运用效果统计表(二)

队(队员)	拦网									防守						二传					
	拦死	拦回	拦起能攻		拦起不能攻	拦失		犯规	小计	防起能攻		防起不能攻	防失		小计	传好	能扣	不能扣	传过	传失	小计
			战术攻	强攻		漏下	打手出界			战术攻	强攻		垫失	落地							

4.3.3.2　排球战术研究方法

通过对比赛中各种战术的使用情况、效果的统计分析,对排球战术进行研究。统计表格有"一攻"统计表、"防反"统计表、"保攻"统计表、"推攻"统计表等,如表 4-6 ~ 表 4-9 所示。

表 4-6　"一攻"统计表

比赛队	队(队员)	战术进攻												到位高球	调整进攻	不能攻			送不过网			对方发失
		快球	交叉	短平快	平拉开	夹塞	时间差	假交叉	错位	背快	两次球	立体进攻	小计			一传差	二传差	能扣不扣	一传失	二传失	三传失	

表 4-7 “防反”统计表

队（队员）	拦网											防守					
	拦住		拦起能攻				拦起不能攻	拦失			防起能攻				防起不能攻	防失	
	拦死	拦回	扣死	扣过	被拦	扣失		打手出界	拦坏	犯规	扣死	扣过	被拦	扣失		垫失	落地

表 4-8 “保攻”统计表

效果	保起能攻				保起不能攻				保失						保护总数
	战术攻	强攻		小计	保差	调差	能扣不扣	小计	不保护	位置不好	控制不好	无法保护	犯规	小计	
		前攻	后攻												
扣死															
扣过															
被拦															
扣失															
总计															

表 4-9 “推攻”统计表

效果	战术扣球				强攻		不能攻	失误	推攻总数
	4 号	3 号	2 号	小计	前攻	后攻			
扣死									
扣过									
被拦									
扣失									
总计									

根据以上表格统计出各种战术的成功率、使用次数，从而计算和分析出某种战术的进攻效果，进而还可以总结出哪些是当前比较实用而且效果好、符合排球运动发展方向的战术。

在研究中还可通过对比的方法，将中国队和外国队、不同水平队间或同一水平队间的战术使用情况进行对比，从而找出各队的优缺点及打法特点，有针对性、有目的地加以训练，从而提高本队水平，以取得更好的成绩。

4.4 科学研究的选题与基本程序

4.4.1 科学研究的选题

随着现代科学技术向体育领域的渗透，体育科技的发展已成为决定体育现代化的重要因素之一。体育科技是随着体育运动实践的发展而不断发展的，体育运动的发展推动着体育科学研究的进步与繁荣。体育科技对促进人的全面发展和增进人类的健康,以及提高运动技术水平发挥着越来越重要的作用。排球运动水平要上去,离不开科研工作,而科研工作也只有面向运动训练实践才能发挥其应有的作用。现代体育科技的发展正不断地加强它与体育实践的联系,最终形成“体育科技—体育技术—体育实践”这样一个相互联系、相互促进的辩证统一的整体。

4.4.1.1　**如何发现问题**

科学研究始于问题,一切创造都始于问题,问题的提出成为整个研究过程的逻辑起点。著名物理学家爱因斯坦曾经指出:提出一个问题往往比解决一个问题更为重要。因为解决问题也许仅是一个数学上或实验上的技能而已,而提出新的问题、新的可能性,以及从新的角度看旧的问题,却需要创造力,且标志着科学的真正进步。我国著名地质学家李四光指出:做科学工作最使人感兴趣的,与其说是问题的解决,不如说是问题的形成。有了正确的认识,方才可以形成一个问题。人类的实践每向前发展一步,都会寻求并提出各种各样的新课题,要求人们去发现、研究和探索,进而揭示它的规律,提出解决办法。

问题的寻找、形成与提出的过程对整个研究工作具有决定意义,它既是确定研究主攻方向的依据、定向积累资料的向导,又决定着研究的内容和价值,并与研究方法、研究范围密切相关。大量的事实证明,一个研究者的科研能力如何,首先就表现在他的问题提出的水平上。问题的提出,一方面,不仅可折射出研究者对该研究领域的熟悉程度与掌握程度,而且还反映其看出问题、找到问题的能力;另一方面,能否选择合适的课题,又是判断一个人能否独立从事科研工作和区别科研能力高低的主要标志之一。

如何提出问题,怎样选择课题,选择什么样的课题,为什么选择这样的课题,如何对课题进行合乎科学规范的设计,对于广大教师及教练员来说,这是首先要思考的问题。通常,在寻找问题的过程中,至少应思考以下几点:

(1)要善于开拓创新,敢于在未开垦的领域上耕耘。

(2)要善于把握排球运动的发展动态和趋势。

(3)要善于抓住制约训练效果的训练学因素和影响比赛结果的非训练学因素。

(4)要善于寻找解决问题的新途径和方法。

(5)要善于扬长避短。

(6)要善于把握机遇和线索,捕获灵感,发现新问题。

目前,在提出问题的过程中,存在的问题有:

(1)无创新、重复性的选题较多,在低水平上重复前人的研究工作。

究其原因:一是受条件所限,缺乏信息资料,不了解相关研究的历史及现状了解,不了解排球运动的研究动态;二是缺乏科学理论指导,未掌握科研选题的基本原则与程序;三是未查明大量资料,对所选的课题未进行系统的思考分析,随意性大,随便想个题目就写。例如,选择研究扣球时,要确定是研究扣球的技术还是扣球的战术,是研究扣球技术的教学还是训练,是扣球的旧技术分析还是新技术分析等。

(2)选题偏大,难度过高,论域不明,界定不清,缺乏明确的聚焦点。

究其原因:一是对问题缺乏深入的比较思考就草率地定题,或是面对大量的问题犹豫不决,长时间确定不了要研究的课题,或是主观上想搞大题目、出大成果。其实,论文分量的轻重,不在于课题的大小,而在于作者是否对所论述的现象或问题有深刻的认识和独到的见解。二是对自己的实力缺乏客观的估计。一个较大的课题,首先要有足够的信息资料,要对其进行较广泛的调查,取得大量可靠的数据,有些课题还需要多人和多方面合作,以及必要的物质和经济保障。要解决此类问题,必须遵循科研选题的可行性原则,要充分考虑主客观条件,力求课题大小与难度适中,根据自己的教学实践选择那些最熟悉、实践最多、体会最深、学习研究最透的一个侧面,即选择一个突破口,这样获得成功的可能性比较大。对大多数教练员而言,不宜选过大、过难的课题,最现实的做法是从自己的训练实际出发,对自己的经验进行理论上的总结,或者研究解决某个疑难问题的有效方法。

(3)选题的科学性、应用性不强。

具体表现在排球理论研究的选题往往侧重于思辨性研究和纯学术性研究,对大量的运动实践总是注意不够,未能对丰富的运动实践经验进行及时的总结和提炼,使实践经验上升到理论层次,用于指导实践,并解决实践中存在的问题。而排球运动的应用研究则表现出由于缺乏理论指导,使课题的选择,特别是课题的设计处于一种经验主义的状态,使研究成果的水平大受影响。因此,必须重视应用性选题,加强选题的系统性、连续性、积累性。

如何发现问题？具体地说,应从排球运动的技术、战术、竞赛规则、场地器材的改变中寻找和形成问题,从排球教学、训练、竞赛中发现值得研究和探讨的问题。

选题来源于以下三个方面:

(1)排球运动实践。

从排球教学与训练工作中提出理论与实践问题是排球运动科研选题的基本来源。选题应着眼于排球教学改革的实际问题和促进学生全面发展的需要,大量的研究课题来自于排球运动的实践。因此,更加重视和加强针对排球运动实践的应用研究将是排球运动科研发展的主要方向。排球运动科研更强调从选题、研究过程到研究成果的推广应用始终关注实践需要,强调研究成果对排球运动实践的实质性效果。只要善于观察,勤于思考,就会从排球教学、训练、竞赛中发现许多值得研究和探讨的问题。应该说,好的选题大多来自排球运动实践并为实践所需要。

(2)文献。

查阅、评价和研究文献资料是选择课题的最重要的、最常用的方法和策略之一。注意已有研究文献中忽略研究的一些问题,发现研究结果中相互矛盾的地方。根据不同理论观点之争,通过对现有理论观点提出质疑,证实他人或自己的某一理论观点而选择相应的课题。例如,已有的理论、学说或研究结论都是在当时的研究条件下,对复杂的体育现象的相对认识,有些理论观点有其历史的局限性。经常保持好奇、怀疑和创新精神,保持批判和进取的态度,才能敏锐地发现问题,用批判的眼光审视已有的理论、传统的观点和结论,发现其缺陷和错误之处。

要从过去的研究中发现问题,最重要的途径是查阅有关的研究文献。有时在回答旧问题时也提出新问题。有的研究报告常在讨论部分提出进一步研究的建议,这些建议便成为其他研究者发现问题的良好来源。所以,别人在研究中提出的新问题,也是我们选择研究问题的重要来源之一。从过去的研究中,我们可以得到许多启发,发现新的有价值的研究问题,这需要研究者在阅读文献时,要善于观察、捕捉和思考,从而发现问题。

文献资料的积累,一靠"记"——要有意识地记,要日复一日、年复一年地积累,并要及时处理;二靠"剪贴和复印"——对国际、国内刊登的有关资料要剪下来,分类编贴成册,随时参考，不能剪贴的可以复印；三靠“记录”——对访问、座谈、技术报告会、培训等进行记录并加以整理，以供参考；四靠“制册存放”——把所有积累的资料，按教学、训练、知识、情报、时间、版面、页数等分开，以备查阅。

(3)向专家和学者的请教。

一些教师和有经验的研究者在科研方面有许多成果，对学术前沿情况较了解，并在自己的研究领域中有一系列研究课题，研究者可根据自己的实际情况经常请教这方面的专家学者。

4.4.1.2 运用科研方法解决教学训练中的实际问题

教师、教练员和科研人员在科研的全过程中，具体地说会涉及选材、制定目标、技术改进、战术发展、训练方法手段的创新、综合学科知识的运用、训练计划的安排、计划过程的实施等各方面问题。如果教练员是有意识、有目的、有计划地根据不同项目、不同层次的实际需要，收集材料，观察测定，总结经验，归纳分析，最后加以论证，作为指导训练的依据，就是很有价值的科研过程。目前，教师、教练员和科研人员在实践中使用的科研方法如下。

1. 技术统计的方法

我国 1959 年第 1 届全运会后，逐步建立了排球各项技术统计队伍，对大型比赛中各项技术指标进行统计分析，对参赛的男女运动员的身体形态、运动能力及技术运用效果进行测试与统计。这些统计由起初的人工统计发展到目前的计算机统计，把统计水平向科学化推进了一大步。

2. 多学科领域交叉研究的方法

20 世纪 70 年代末，美国女排将计算机技术引入临场指挥和技术分析，苏联男排把心理暗示疗法引入队员放松训练，日本用三维摄影分析扣球技术等。20 世纪 80 年代初，我国的张丽茹等以统计学为工具进行了弹跳力、灵活性等模式训练的研究；钟秉枢等以教育心理学为基础进行了排球技战术程序教学法、掌握式教学法、数据教学法、组集诱导法等研究；陈康等以运动心理学为依据进行了排球队员神经类型、心理品质、个性特征、智力结构等研究；黄辅周等以运动生物力学影片解析为基础，进行了扣球技术运动学研究、防守起球动力学分析、强攻和二传技术力学研究等。这些多学科交叉研究，为排球专项科研开辟了新的领域，为人们进一步加深对排球运动规律的认识提供了工具。

3. 技战术开发创新的方法

日本女排教练员大松博文，在训练中创造了垫球新技术，改进了训练方法，把篮球项目中的交叉、掩护战术运用到排球中来，同时采用大运动量训练原则进行超负荷训练，一举将日本女排推上了世界排球运动高峰，多次夺得世界冠军。我国著名女排教练员袁伟民在训练中，不断创造新技术、新战术和新的训练方法，因而实现了中国女排“三连冠”乃至“五连冠”。实践充分证明，谁有研究创新，谁就会有突出的进步。

4. 未来排球运动训练方面科研的发展方向

(1)多指标综合评价系统应用于排球运动员选材。

(2)排球运动员的体能恢复与营养学研究。

(3)排球技术的高度发挥和发展。

(4)排球技术、战术创新研究。

(5)排球高水平运动员的系统管理。

(6)排球教练员队伍的素质与培养。

(7)如何控制比赛时间和规则裁判法研究。

4.4.1.3　**与科技人员合作,促进教学训练**

在科研与教学训练相结合中,一方面真正有才华、有经验又年富力强的教师和教练员的人数太少;另一方面一些没有带过队伍,本身又非优秀运动员出身的科研人员,工作中仅从自己单一的学科入手进行科研,导致片面性。这两个方面是制约教师、教练员与科研人员相结合,促进教学训练效果提高的主要因素。此外,一些错误观点和认识也是不可忽视的影响因素,例如:①什么科学不科学,不科学也能拿冠军。②体育科学研究可有可无。③科研高不可攀。④我们的任务是教学、训练、出成绩、拿冠军,没有时间搞科研。

目前,越来越多的科研人员开始投身于排球运动实践中去,从实践中发现问题、研究问题、解决问题。从某种意义上讲,实践问题的解决过程,也是促进排球运动科学研究发展的过程。从方法论来看,科研人员越来越多地从文献研究、思辨研究走向实证研究,正在从不同层面关注运动训练实践,提高研究的实际应用价值;从科研的功用来看,排球科研人员不再满足于排球教学训练的一般抽象理论论述,开始更多地追求排球运动研究成果的推广应用,促进排球教学与训练的改革和发展。

4.4.2　科学研究的基本程序

了解和掌握排球运动科学研究的程序,有助于研究者使自己的主观努力与科学研究过程的客观规律相一致;掌握排球运动科研工作程序的理论,有助于加强科研工作的计划性;按照一定的程序组织排球运动科研工作,有利于及时地检查研究工作的进程。

排球运动科学研究程序的划分,可根据研究性质的不同,有简有繁、有详有略,但基本环节大同小异。一个课题的科学研究全过程,其基本程序如图 4-2 所示。

4.4.2.1　**选题**

怎样选择课题,选择什么样的课题,为什么选择这样的课题,对选择的课题如何进行合乎科学规范的设计,常常是研究者首先要思考的最重要的问题。选题既是确定研究主攻方向的依据、定向积累资料的向导,又决定着研究的内容和价值,并与研究方法、研究范围密切相关。

1. 选题的步骤

科学研究选题的步骤由确定研究方向、查阅文献资料并初步提出问题、课题论证和准确表述题目四个步骤组成,如图 4-3 所示。

2. 选题的基本程序

一般来说,选题时首先要查阅大量的文献资料,了解本学科的现状,明确过去的研究成果,如本课题研究已经达到的程度与今后要解决的问题,从而选定题目,即只有掌握“已知”才能发现“未知”。从现代排球技术、战术、身体训练、教学训练的理论、实践与方法中,找出尚未解决的课题。对于同一选题,可以从不同角度,运用不同方法去论证,即使是前面已研究过的旧课题,也可以从新角度去探索、开拓,从而挖掘出旧课题中的新内容。

科研选题是一门科学,也是一门艺术。一般来说,选题的方法和策略是多种多样的,有的人擅长于演绎和分析,有的人擅长于归纳和综合。如何去发现、分析、提出和形成一个有意义、有创造性的问题,这要求科研工作者具有广博的知识、丰富的想象力、敏锐的观察力、果断的判断力及严密的逻辑思维能力。其中,广博的知识是选题的基础,丰富的想象力、敏锐的观察力、果断的判断力和严密的逻辑思维能力或者更简单地说,存疑的治学精神和独立的思考能力是

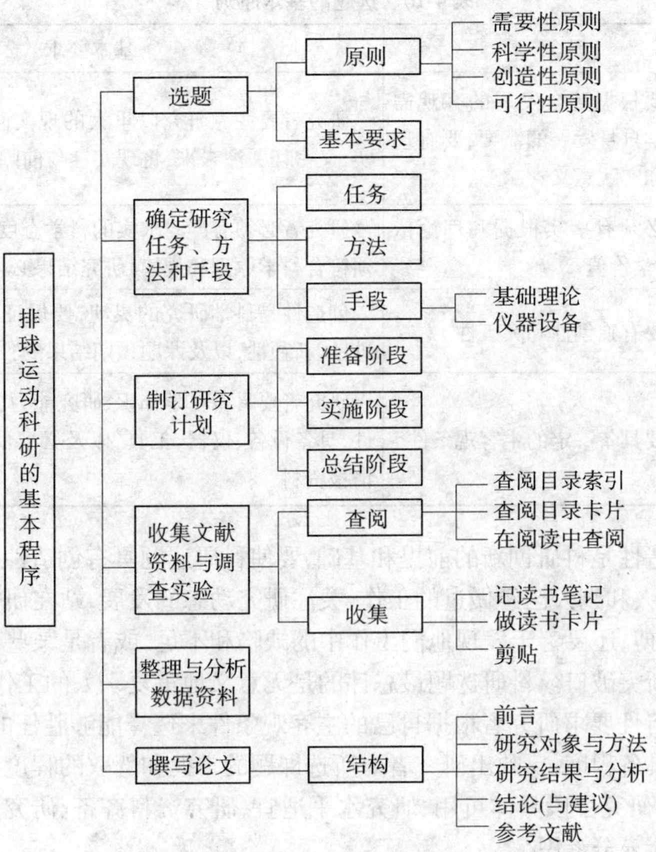

图 4-2　**排球运动科研的基本程序**

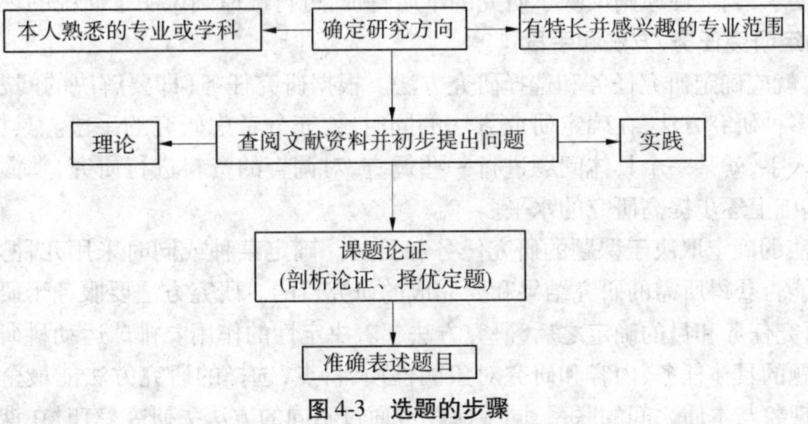

图 4-3　**选题的步骤**

选题的必要条件,及时掌握科研动态则是正确选题的重要保证。

3. 选题的原则

了解和掌握选题的基本原则,对提高选择课题和设计课题的水平是十分必要的。虽然不同的问题、不同的研究内容会有不同的选题标推,但通常应遵循需要性、科学性、创造性和可行性等基本原则,如表 4-10 所示。

表 4-10　选题的基本原则

原则	概念	基本要求
需要性原则	选题要根据社会发展的客观需要和科学自身发展的需要，要有理论价值和实践意义	研究者要注意研究以重大的现实问题为主，既立足现实，又密切关注未来，将现实性与前瞻性结合起来
科学性原则	选题必须有事实根据和理论依据，有科学价值	研究者必须有严谨求实的科学态度，研究过程、方法必须符合科学原理和规律，研究结果必须可靠、准确
创造性原则	选题要有独创性和突破性	创造性是科学研究的灵魂，要保证课题本身内在的先进性、新颖性，以及课题预期结果的独创性、突破性
可行性原则	选题要具备一定的主客观条件	研究者要具备科学知识、研究能力、研究方法等主观条件，具备设备、仪器、工具，以及必要的资金、人力和图书情报资料

科研选题的创造性是科研创新的前提和基础，要使科研选题具有创造性，就必须采集大量有关的信息，掌握前人和别人已经做过的工作，关注研究动态的发展，站在研究领域的前沿，了解热点，把握时代脉搏；还要善于发现他们工作中的缺陷和不足，或者是某些奇异之处，才有可能发掘科学宝藏的新突破口。科研选题最忌讳的是无意义地重复别人的工作。

科研选题的可行性要求研究者根据自己的主客观条件来选择能够胜任的问题作为研究课题。主客观条件的具备程度，反映出研究者对所选课题的掌握和驾驭的程度。在研究过程中，研究对象明确可求、研究手段具体可用、研究水平适宜、研究资料齐备、研究资料来源可靠、研究时间有保证等都应充分考虑。

上述几条原则既互相区别又互相联系：需要性原则指明了研究的方向，科学性原则体现了研究的内在要求，创造性原则反映了研究的本质特征，可行性原则说明了研究的现实条件。

4.4.2.2　确定研究任务、方法和手段

选题后，就应确定研究任务和选择研究方法。根据研究任务（即要解决的问题）和目的来选用某种或多种研究方法，在确定研究方法的同时，要充分考虑研究的手段。具体地说，可先从总结经验入手，就某一个具体问题进行一些调查，对调查的资料进行研究，掌握基本的科研方法，在此基础上逐步提高研究的水平。

研究方法的确定取决于课题的研究任务和目的。确定某种或同时采用几种方法时，要明确所选方法能否获得所需的研究结果和要完成的研究目的。研究方法要服务于研究的任务和目的，但是研究任务和目的确定之后，研究方法起着决定性的作用。排球运动科研方法的选择主要依据课题的具体任务、内容和研究对象的性质、特点，选择的研究方法能最全面地揭示现象的表现和现象与本质之间的联系，同一课题可通过不同的方法去研究，有时在课题进行的不同阶段需用不同的方法去研究。

研究方法设计是获得正确、可靠的研究资料的前提，是研究设计中最基本的内容。科研方法的选择应保证研究的科学性、可行性。要根据不同的研究目的采用不同的方法。例如，理论研究一般常用分析、综合、概括、抽象、归纳、演绎、比较等思辨方法，应用研究一般采用观察、调查、实验等实证方法。要根据不同研究范围和条件采用不同的方法。一般来说，以文献法为主的研究，应设计有具体的文献阅读计划、资料分类计划；以调查法为主的研究，应设计出详尽的

调查提纲、问卷、所得资料的分类整理方法；以观察法为主的研究，应设计出观察计划、备用方案及观察结果的分类整理方法；以测量法为主的研究，应设计出测量的细则；实验法则需要进行更高要求的实验设计。要综合应用科研方法，在采用一种主要方法的同时，还要兼用其他多种方法。科研方法的综合运用是当前体育科学研究发展的重要趋势。

总之，排球科研工作者不仅要掌握科研方法，而且要善于选择和运用科研方法。研究方法要回答如何研究的问题，在制订课题研究计划时，要充分考虑选择哪些具体的研究方法。特别是一些较为复杂的重大研究课题，常常需要综合地、交叉地运用多种研究方法。研究方法选择恰当与否，往往决定着研究的质量好坏和效率大小。

4.4.2.3 制订研究计划

研究计划是开展科研工作的基本依据，是课题研究设想的具体落实，包括进一步明确研究目的、确定研究对象、选择研究方法、制订实施方案和步骤、进行组织分工、安排研究程序和制定研究经费使用办法等。研究工作的顺利进行离不开严谨周密的研究计划。对科学研究来说，仅仅选择和确定题目是不够的。因为选题仅仅规定了研究什么，使研究时有了思考的起点，但要真正进入研究过程，还必须在课题选定之后，对课题进行认真的设计，这样才可能使选题转化为可供指导研究的方案，使研究活动有计划、有组织、有步骤地得以开展。因此，课题的设计是选题的深化和具体化。研究的设计是否科学、合理、周密，直接关系到研究的成败和质量的优劣。

当前，排球运动科研工作中的一个普遍问题就是忽视研究设计，计划性较差。一些人习惯于用开展常规工作的态度和方式对待科学研究，随意性、盲目性较大，从而大大降低了体育科研的科学性和研究成果的价值。结果是花费了不少时间，投入了许多精力，收获却不大。因此，必须重视体育科研的设计，了解和掌握体育科研设计的基本知识与方法。

总之，课题的设计要具有科学性、可行性，做到研究目标明确，研究依据充分，研究内容具体，研究步骤有序。要努力克服在课题设计中存在的问题，如研究目标过大、含糊、混杂，研究依据缺乏理论支撑点，缺乏研究对象，研究内容过宽、过窄，研究设计粗糙、不具体、样本不足等问题。

研究计划的内容应体现课题研究和论文写作的全过程，如对每一项目的初步设想、任务要点、方法步骤、注意事项等都要有所考虑与体现。研究工作的制定还要考虑时间、进度、研究仪器设备与经费预算，根据各阶段任务的轻重、主次做全面筹划，列出具体日程进度表，这样做可避免前松后紧。值得指出的是，制订研究计划时要把收集资料一项列为计划的重点，要充分考虑研究过程及各阶段的时间分配，研究进度计划如表 4-11 所示。

4.4.2.4 收集文献资料与调查实验

收集和占有丰富的资料是科学研究的基础，是形成研究者理论观点的依据。这一阶段的主要任务是按照课题研究计划，采用各种研究方法（调查、观察、实验）收集研究资料，并对这些资料进行分析、综合比较，运用逻辑的、数学的以及其他各种科学的方法进行分析，以期证实研究的设想。科学研究要从客观实际出发，要以反映客观事实的资料为依据，这就需要通过多种方法获取大量的有价值的研究资料。

当今世界处于一个信息的时代，文献资料浩如烟海，依靠手工查阅文献资料的方式越来越不适应科学工作者及时、系统、准确地获得有关信息的需要。计算机文献检索的出现和发展，已成为文献检索的发展方向和主要手段之一。因此，除了使用手工检索文献，若有条件可选择使用计算机检索，要把掌握文献检索的基本知识和文献检索方法当做一项基本功，在这方面下工夫。

表 4-11　研究进度计划

步骤	研究方法与工作细目	工作期限	附注
准备阶段	1. 确定研究课题，明确研究目的。 2. 广泛阅读有关资料后写出摘要和参考文献。 3. 调查访问，征求专家意见	某年某月至某年某月	1. 预计工作日期时，要尽可能具体。 2. 阅读资料时，可用卡片记录、笔记本记录、剪辑记录、活页记录等方法收集资料
收集资料实验阶段	1. 重点研究有关资料，详细做好笔记。 2. 进行实验、观察、测验等，准确收集数据	某年某月至某年某月	1. 摘录文献时，应写明文章题目、作者及出版社名、出版时间等。 2. 测试和收集资料要严格统一格式，保证数据准确
整理资料阶段	1. 整理并研究有关数据。 2. 分析、归纳，从理论上或统计学上论证和验证材料。 3. 准确绘制统计图表	某年某月至某年某月	1. 应用基础理论知识，分析研究材料。 2. 整理调研数据
撰写论文阶段	1. 编拟论文提纲。 2. 写论文。 3. 修改定稿	某年某月至某年某月	1. 理论要客观，要有独创性。 2. 论据要翔实，具有实证性。 3. 论证要严密，富有逻辑性。 4. 体例要明确，具有规范性

查阅文献资料有两个主要目的：一是通过广泛收集和查阅过去发表的与选题有关的各种文献资料，了解目前国内外已进行过哪些研究、达到何种程度、取得哪些成果，还有哪些问题有待研究和解决、过去的研究与结论有什么问题和错误等，以便自己在研究时避免无效的重复劳动，借鉴和应用过去的研究成果，在前人研究的基础上获得新成果；二是通过广泛收集和查阅与研究题目有关的参考资料，特别是那些对自己本课题有参考价值的研究方法和研究设计的资料，为本课题的研究寻找理论依据和科研方法，提高课题的研究质量，以获得更大的成果。收集资料应是经常性工作，很多情况下是因为收集和查阅某些较丰富资料时得到启发，才选择这方面的问题进行研究。

查找到有关的资料后，就应认真阅读。阅读时要讲究方法，以期达到事半功倍的效果。在阅读过程中，要边阅读，边思考，边记录。阅读的方法一般可先粗读，后精读；先读摘要、序言，后读全文；先读新资料，后读旧资料。例如，当读一本书时，可先读前言，前言中有作者的写作目的；然后阅读文章的题目和开头及插图和表格，这些是作者所选用的典型材料。略读一篇文章，可先看题目、文章摘要、小标题，再看插图、表格，然后寻找关键性词语。

材料来源有两个方面：一方面是广泛阅读与选题有关的资料，从所阅读的书籍期刊的文章中得到启发，还可从阅读作者使用过的参考文献中寻找与本课题有关的文献与资料；另一方面是进行社会调查、实验，也就是从教学、训练、比赛中获得第一手材料，这是直接的材料。收集资料要做到有目的性、全面性和持久性。记录资料的方法有做读书笔记、读书卡片、剪贴等。

记录资料的内容有五个方面：第一，记录有创新的观点、独特的见解，有价值的意见、方法，这包括虽有争议却令人耳目一新的观点；第二，记录典型论证展开的过程，文献构成的逻辑体系，严谨的谋篇构思等；第三，记录新颖、典型、有说服力的证据；第四，记录通过阅读激发对某个问题产生的奇妙联想、构思及假说；第五，记录能给自己提供准确、鲜明、生动形象的语言表述思想观察能力。记录应尽量做到准确、完整。如记读书笔记，除了摘录文章内容要点、主要观点与方法、结论等，还应写明文章名称、作(译)者、出版者、出版时间，以备复查、核对。另外，还可以记录自己阅读时的感受和想法等。

面对浩如烟海的文献资料，必须有所选择，哪些该选，哪些不选；哪些先选，哪些后选；哪些主选，哪些次选，一般来说，要遵循针对性原则、计划性原则和积累性原则。

综上所述，查阅资料工作，对科学研究有着重要意义。这里把资料工作几个环节的要求简略为：收集资料要广而深，阅读资料要详而略，记录资料要精而全，整理资料要思而辨。

4.4.2.5 整理与分析数据资料

对收集到的大量的、杂乱无章的资料进行加工整理、鉴别真伪，对资料要进行分类、分析、选择典型，使之成为有说服力的论据资料。通过比较、分析、综合、抽象、概括、推理等活动，探索因果关系，揭示规律，说明问题，在加工整理、分析的基础上形成结论。通过不同途径、使用各种方法，收集、查阅和记录。这些原始资料数量庞大，内容广泛且杂乱无章，需要经过一番整理、加工，才能使“无序”变成“有序”，使“杂乱”变成“系统”材料。如何选取所需资料，这涉及选取的数量、标准要求与方法问题。整理分析资料数据是完成论文过程中极其重要的一环，常用的方法有逻辑推理、数理统计等。整理资料时，要认真细致、实事求是，根据研究需要，将材料中代表性强、可靠性大的加以选用，作为分析研究问题的基本依据。

要学会做研究工作，首先要学会将已收集到的杂乱无章的文献，按其内在联系和逻辑顺序排列成有序文献。整理统计资料，一般采用分组归类、计算特征量和绘制图表等方法进行科学的概括，使之系统化。通过计算得到平均数、标准差、相关系数等统计数字，反映出研究对象的客观数量特征，并能以此进行各种比较，得出研究的结论。排球科研的结果，有时需要以数量表示，用数据说明问题。用统计图表描述数据资料可简明、直观地显示出研究事物的数量特征，便于分析、综合和比较，还可进一步深入地揭示事物之间的联系及事物发展变化的规律。

对数据资料的处理，既可采用数学统计的方法，综合、分析实验所得的资料，验证实验的假设，对实验结果进行量化处理，也可采用对实验材料进行分析归类的定性处理。因此，实验结果的整理实际上就是对实验结果的分析和综合，采用比较、归纳、演绎等方法，将实验所得的材料进行分析、整理，使之条理化，从而得出应有的结论。

资料整理的目的在于选优淘劣，确保课题研究中获得资料的客观性、可靠性、准确性和有效性。在这一阶段，主要运用逻辑、数学、统计等方法，对所收集到的资料进行加工、整理，即通过科学抽象建立科学概念，并运用比较、分类、类比、归纳、演绎、分析、综合以及各种数学方法或其他方法，对研究中的现象和变化规律作出解释与证明。

4.4.2.6 撰写论文

课题研究结束后，应把课题研究的全过程及其所取得的成果，用书面文字的形式完整地表述出来，以便总结、交流和推广研究成果。

论文的基本结构有：①题名；②署名；③摘要；④选题依据；⑤研究对象与方法；⑥研究结果与分析讨论；⑦结论；⑧致谢辞；⑨参考文献。

4.5 科学研究资料的收集与整理分析

4.5.1 科学研究资料的收集

进行排球运动科学研究,一个很重要的任务就是有目的、有计划地收集资料与事实。其方法主要有文献资料法、调查法、观察法和实验法等经验方法。

4.5.1.1 文献资料法

文献资料法是指通过查阅文字、声像等文献,收集研究课题所需的有价值的资料,为选择、确定、论证和解决研究课题提供理论依据的一种研究方法。

1. 文献资料查找的方法

根据是否需要检索工具,文献资料查找的方法可分为两种:追溯法和索引法。追溯法是通过学术书刊后面所附的参考文献,逐步追踪查找其他相关文献。索引法是利用检索工具直接查找文献。索引法又可分为两种:分段法,即根据课题需要,划分出一段时间范围查找文献;顺查、倒查法,即从课题的原始研究年代起一直查到现在称顺查,从近期逆时间查找称倒查。

2. 文献资料阅读的方法

阅读文献资料多采用泛读和精读。泛读就是通过浏览摘要、引言、小标题、结论等,对文献的梗概有一个大致的了解。精读就是在泛读的基础上,熟悉其重点内容,掌握其主要论点、论据和结论等。在精读过程中,应对文献资料的核心内容进行摘录。

3. 文献资料积累的方法

文献资料积累的方法有很多种,较常用的文献资料积累的方法是摘要式笔记和报道性文献卡片,其主要内容应包括:文献资料发表的出处、时间及作者姓名,研究主题,研究对象,实验程序与方法,论证论题的事实依据(数据、图表、公式等),研究结论,尚未解决的问题等。

4. 引用文献资料时应注意的问题

引用的文献资料必须是作者阅读过的,并与论文主题相关,其出处必须准确和能够查到,非正式出版物不宜列为参考文献。引用的文献资料必须是原文中的原句,其中包括标点符号。

4.5.1.2 调查法

调查法是根据课题研究的需要,通过问卷、通信、个别谈话、座谈会和实地观察等手段,以获得事实材料的一种科学研究方法。

在排球运动科学研究中最常用的调查方法有问卷法、德尔菲法(专家调查法)、现情调查法和追踪调查法。

1. 问卷法

问卷法是指利用问卷这种控制式的测量对所研究的问题进行度量,从而收集事实材料并对其进行研究分析的方法。

(1)问卷的构成。一份较完整的问卷大致包括两部分:简短的说明词和问卷正文。说明词中应注明调查机构、研究目的和重要性等;问卷正文中一般包括两类问题:一是有关被调查对象的基本资料;二是有关态度方面的问题,包括意见、情感、动机等。

（2）问卷问题的类型。问题的类型包括封闭式问题和开放式问题。封闭式问题，即在问卷上事先列出若干个可能的答案，由被调查者自己选择一个或几个答案作答；开放式问题，即不列任何答案，由被调查者用自己的语言作答。

（3）问卷设计应注意的问题。遣词造句必须准确，使填卷人易于理解；问题的排列顺序通常是先易后难，先一般后特殊，并注意时间顺序；提出的问题要切合研究主题，问卷长短应适宜，一般以在30分钟内答完为宜；在正式使用前，应在小范围内预试，并对问卷的效度和信度进行检定，以减少误差。

（4）问卷的发放与回收。调查规模小，且样本较集中，可当面发放与回收。样本量大，且分散，可采用信函的方法发放与回收。

2. 德尔菲法

德尔菲法是指以信函的方式征询有关专家们对某个重大问题的意见，并根据意见进行直观预测的方法。

德尔菲法的基本程序是：将要预测的内容写成明确的问题，连同有关的资料、信息和情报函寄给经过选择的各位专家；各位专家在互相不通信息的情况下回答所提出的问题；集中专家们的意见，总结归纳出一个结果；将归纳的结果再反馈给专家们，专家们根据归纳结果再次综合分析，提出新的论证意见寄回。这样反复多次，使意见趋于集中，最后得出预测结果。

3. 现情调查法

现情调查法是指对现场当时正在发生的情况进行的调查。这种调查通常是在较短的时间内，对某一特定的"时点"的观察。如《1996年四国女排邀请赛的技术统计与分析》一文所采用的现场观察统计的研究方法就属于现情调查法。

4. 追踪调查法

追踪调查法是指对一批调查对象做有间隔的、较长时间的观察，有的几年，有的十几年。如《从技术统计中看中国女排的特长与不足》一文就是运用1981～1992年历届世界女子排球大赛的录像资料以及世界杯、世界锦标赛、奥运会等一系列国际大赛的发一接、扣一拦两大对抗技术的追踪数据，揭示中国女排的特长与不足、现状与面临的问题，这就属于追踪调查法。

5. 调查研究的步骤

调查研究的全过程一般分为调查前的准备、调查的实施和调查工作的总结三个环节。

（1）调查前的准备。明确调查目的，熟悉调查对象，学习有关知识，制订调查计划，拟订调查提纲，做好必要的物质准备。

（2）调查的实施。按调查计划、提纲收集并记录材料和事实，并对所收集的材料和事实进行核实与初步整理。

（3）调查工作的总结。对调查材料和事实进行分析与归纳，并撰写调查报告或学术论文。

4.5.1.3 观察法

观察法是研究者通过感觉器官或借助于科学仪器，有目的、有计划地感知处于自然状态下的研究对象，从而获取科学事实的研究方法。

1. 观察法的类型

根据不同的分类标准，可以有多种类型，如纯感官观察和仪器观察、定性观察和定量观察、随机观察和系统观察等。在排球运动科学研究中，大多采用高速摄影和影片运动分析系统等仪器进行定量观察，如对扣球技术的助跑、起跳、空中击球三个动作的人体重心，各环节位移、速度、角度、击球高度、球速等运动学参数的测量与分析。

2. 观察的步骤

（1）制订观察计划。观察计划包括观察的目的和任务、观察对象的选择、观察地点与时间、选择观察指标、确定观察的仪器设备及具体要求等方面的内容。

（2）观察前的准备。观察前应与观察工作有关的单位取得联系与配合（如需进内场观察时）；了解和熟悉观察对象的一般情况；备齐观察所使用的仪器设备，掌握仪器设备的操作性能，并对仪器设备进行校准和调试。

（3）观察（仪器定量观察）的实施。在观察实施过程中的基本要求有以下内容：①拍摄操作程序应有具体的规定；②观察时要遵循全面性原则和典型性原则，切忌主观片面；③尽量按原观察计划实施观察；④一次观察的内容不宜过多；⑤观察人员要保持高度的注意力；⑥多人合作进行观察时，职责与分工必须明确；⑦要防止人体感官错觉和仪器误差；⑧观察工作结束后，应及时整理已获得的事实材料。

4.5.1.4 实验法

实验法是指研究者根据课题研究的目的和任务，通过科学仪器和设备有目的地干预、控制或模拟所研究的事物，以便在最有利的条件下对其进行观察，从而获得科学事实的研究方法。

1. 实验法的类型

按照不同的分类标准，实验方法可以有许多不同的类型，如定量实验、定性实验、对照实验、模拟实验和析因实验等。在排球运动科学研究中，常用的实验方法有以下三种：

（1）定量实验。定量实验是指用来深入了解事物和现象的性质，揭示各因素之间的数量关系，确定某些因素的数值的实验方法。如通过对排球运动员克服重量负荷时动作速度的定量控制，揭示重量负荷与克服这一重量负荷时身体整体或环节运动的平均速度之间存在着的一种特定的关系。

（2）定性实验。定性实验是指判定研究对象具有哪些性质，或者鉴别某种因素是否存在、某些因素之间是否有联系以及某个因素是否起作用，或者探索研究对象具有何种结构等的实验方法。如对排球弹跳力系统中产生结构性内耗的主要原因及削减结构性内耗的手段与方法的优化研究。

（3）对照实验。对照实验是指对两个以上有个别变量不同的实验组获得的结果进行比较研究的实验方法。如为了研究排球普修课72学时优化目标教学，将实验对象分成两个以上的相似组群，其中一个组采用优化目标教学，作为实验组；另一个组则采用传统的教法，作为比较的对照组。然后，通过一定的实验步骤，在比较中判定优化目标教学的应用效果。

2. 实验方案

实验方案是指对所要进行的实验过程预先做出的理论设计。实验方案的内容主要包括题目、目的、方法、实验时间、受试对象、施加因素、观察指标、实验步骤、科学事实记录、数据处理方法和设备仪器等。

3. 实验设计

实验设计是指根据实验对象的特点，合理安排实验样本、程序和次数，以提高实验效率，缩小随机误差，以获得最佳实验结果，并使实验结果能有效地进行统计分析的理论与方法。在排球运动科学研究中常用的实验设计方法如下。

1)实验样本抽取的随机化方法

最常用的方法是利用“随机数字表”或抽签的办法进行。

2)实验样本数量的确定方法

最常用的方法是利用查表法或计算法估计样本的数量。

3)实验样本随机分配的方法

最常用的方法如下:

(1)完全随机设计。在这种设计中,使用随机数表把条件相似的实验对象随机地分为若干个组,若做多组对比,数据分析可用方差分析法;若只有两组做对比,则可以用检验法。

(2)配对实验设计。先把条件相似的实验对象配成对子,然后将同一对中的一个实验对象随机地分配到实验组,则该对中的另一个实验对象直接分配到对照组。配对实验设计数据分析同完全随机设计。

(3)正交设计。正交设计是利用一套规模化的表格(正交表),合理安排多因素若干种水平的设计。数据分析大多使用方差分析法。在需要建立数学模型时,亦可用回归分析。

4.5.1.5 实验步骤

使用实验方法收集科学事实,一般要经过:制订实验方案,实验前的准备(仪器、设备等的准备及校正),实施实验(按实验设计法及实验操作技术逐一完成实验内容),整理分析实验数据并得出实验结果四个环节。

4.5.2 科学研究资料的整理分析

4.5.2.1 逻辑方法

逻辑方法是指研究者根据事实材料按照逻辑规则进行判断、推理的一类思维方法。按照推理的特点,排球运动科学研究中常用的逻辑方法有比较法、分类法、分析法、综合法、归纳法、演绎法、论证法等。

1. 比较法

比较法是指确定研究对象之间的相同点或相异点,以揭示研究对象之间在本质上的异同的逻辑方法。如通过对中国女排运动员正面扣球屈臂与抡臂、挥臂动作的比较研究,揭示了两者在手掌击球瞬时速度、击球点高度、击球瞬时手臂与躯干夹角等诸项运动学的参数上具有相同点,而在性能上则具有屈臂扣球攻击力较大、抡臂扣球隐蔽性较强的不同点。

在排球运动科学研究中,从资料与事实收集到分析经常要用到比较法,因此它是一种应用较广泛的方法。但是在应用此法时应遵循:必须在同一关系下进行;必须有同一标准;必须由现象比较过渡到本质比较;应用理论性方法得出的最终结论,仍需用经验性方法加以验证。

2. 分类法

分类法是把具有共同特点的个体研究对象归纳为一类或把具有共同特征的子类集合成类的逻辑方法。在排球运动科学研究中,分类法可将大量庞杂的事实材料进行系统整理,能揭示研究对象之间的内在联系,作出科学预言以及能揭示研究对象的历史发展规律。如根据排球战术分类,通过揭示调整球进攻、后排快攻两类进攻打法之间的联系,预言调整进攻前后排配合的快攻战术打法的可行性;又如,由于排球进攻阵形的分类一直处于稳定状态,于是,有人将进攻打法的分类作为切点,从排球进攻战术进步的过程、环境和动力机制三个视角,揭示排球进攻打法发展的基本规律。

分类法在排球运动科学研究中亦经常使用。为了保证分类的排他性，一次分类必须遵循一个统一的标准。

3. 分析法

分析法就是把复杂的研究事物分解为各个部分（或方面、因素、特征、关系等）逐一加以考察研究，从而认识研究事物的构成或本质的一种思维方法。如对排球纵跳运动规律的研究，有人以髋、膝、踝、肩等环节的角度变化划分纵跳的各运动阶段，然后分别加以研究；有人则以纵跳环节角度与重心距离变化关系的曲线，将纵跳划分为储能阶段、被动缓冲阶段、蹬伸用力阶段和腾空阶段分别加以研究。在动作分析时，为了保证分析的合理性和有效性，必须遵循分析要达到最基本的成分，基本成分要相对孤立，寻找各部分间的本质联系，综合法、实验法和其他逻辑方法密切结合等原则。

4. 综合法

综合法是指把研究事物的各个部分、各个方面结合和统一起来加以研究，从而在整体上把握研究事物的本质和规律的一种抽象思维方法。如用分析法将纵跳动作各阶段都分别加以研究后，继而把各阶段联系起来，考察它们之间的相互关系，以及各阶段动作与纵跳整体动作的内在联系，借以把握纵跳动作的本质及规律。

在运用综合法对资料与事实进行加工整理时，要坚持：思维的综合过程必须以现实原型为基础，按其固有的真实联系加以综合；在从部分上升到整体的综合过程中，要使各部分的特殊本质在被综合的整体中获得新质，并完整地提出研究事物的整体规律等原则。

5. 归纳法

归纳法是指把大量的经验材料经过分析和整理，上升为理性认识，再从若干特殊的理性认识推演为一般的理性认识，即由经验阶段跨入理论阶段的逻辑方法。归纳推理的方法有很多种，在排球运动科学研究的资料与事实的加工整理中，常用的是科学归纳法，即根据一类研究事物部分对象与某种属性之间的因果关系，推出该类研究事物中所有对象都具有这种属性的推理方法。如“力量是排球运动员最重要的专项素质”这一结论的形成过程，就是采用科学归纳法建立的，其推理方法是：各种起跳、移动需要腿部的力量耐力；场上的灵活性、重心变换需要腰背的速度力量；扣拦动作不仅需要腰背的速度力量，还需要上肢及手腕的爆发力；排球运动的技术动作无一不需要力量与速度。

在具体使用归纳法对资料与事实进行加工整理时，必须遵循以归纳原理为基础的更为严格的归纳条件。这些条件是：作为归纳基础的观察陈述和实验结果都是可靠的；形成归纳基础的观察陈述或实验次数应足够多；没有任何一个可靠的观察陈述或实验结果与归纳所得的一般原理相冲突。

6. 演绎法

演绎法是指按照一定的逻辑规则从若干命题直接引出一个命题的逻辑推理方法。演绎推理方法有多种，在排球运动科学研究的资料与事实的加工整理中，最常用的是三段论法，如手腕力量的提高能提高扣球动作的速率（大前提）；用小哑铃做快速的腕屈伸能提高手腕的力量（小前提）；结论：用小哑铃做快速的腕屈伸能提高扣球动作的速率。

演绎法是构造科学理论体系最基本的方法，也是验证理论不可或缺的手段，还是发现新概念的一种手段。因此，演绎法在排球运动科学研究的资料与事实加工整理的过程中起着十分重要的论证和预见作用。

7. 论证法

论证法是指根据某个或某些判断的真实性，来证明另一个判断的真实性的逻辑方法。

论证由论题、论据和论证方式组成。论题是要求证明的判断或命题，论据是为了论证论题的正确而引用的那些判断，论证方式是论题和论据之间的逻辑联系。论证法按其表达的方式可以分为直接论证和间接论证，按其推理形式可以分为归纳论证和演绎论证。

在运用论证法时，必须遵循：论题必须明确，论据必须真实与充足，论证要合乎逻辑规则。只有这样，才能得出正确的结论。

4.5.2.2 数理统计方法

在科学研究中，为了要对研究对象的质获得比较深刻的认识，需要对其作出量的方面的刻画，这就需要借助数理统计方法。

数理统计方法是有效地收集、整理和分析带有随机性的研究数据，以对所研究的问题作出推断或预测的方法。常用的数理统计方法包括描述统计方法、推断统计方法和多元统计分析方法。

1. 描述统计方法

在排球运动科学研究中，当研究者实施了实验，收集到大量的研究结果后，首先应对数据进行初步整理，如统计分类和制作统计图表等；随后，就要对数据的特征进行描述，这就是描述统计。对数据的特征进行描述统计的方法主要有：集中量数，如平均数、中位数等；差异量数，如标准差、变异系数等；相关量数，如等级相关系数、积差相关系数等。

2. 推断统计方法

在排球运动科学研究中，当研究者为了判断观察实验的样本资料对总体的性质，如判定实验组与对照组两个样本统计值出现的差异是否真正存在于两个总体之间，即通过统计决断该差异是抽样误差所致，还是实验施加因素所致。假设检验不仅是推断统计中最为重要的统计方法，也是排球运动科学研究资料与事实分析中应用得最广泛的统计方法。主要方法有：对两个独立无关的大样本平均数差数进行显著性检验；对总体正态分布、总体方差未知或独立小样本的平均数进行显著性检验；对几个组用几个不同处理方法所得的实验数据，需同时比较两个以上的平均数之间是否有显著性差异的检验（方差分析）。

3. 多元统计分析方法

多元统计分析方法是解决实验数据中多个指标或因素之间关系的一种数理统计方法。在排球运动科学研究中应用过的多元统计分析方法有：对只有相互联系的现象，根据其关系形式，选择一个合适的数学模型，用来近似地反映变量间平均变动关系的回归分析方法。如《发展四川青年男排弹跳力的回归模式》一文就是应用多元回归分析，建立了弹跳力回归方程，并对回归方程的线性关系进行了检验，最后利用该方程制定了弹跳力的回归模式，为控制弹跳力训练提供一个量化标准。将多个相关的实验指标（或因子）转换成较少的几个独立的、对实验指标（或因子）的变差有重要影响的综合性的潜在变量进行分析的主成分分析方法，如《对中国男排主要身体素质和基础高度的主成分分析》一文就是应用主成分分析方法，将 88 名甲级男排攻手的 8 项身体素质指标转化为 4 个互相无关的综合指标——下肢爆发力、基础高度、力量耐力和移动速度，来研究优秀运动员的身体素质的类属及其排序。

在排球运动科学研究资料与事实的整理分析中，除了涉及上述的一些数理统计方法，还涉及预测方法、模糊数学方法、灰色关联分析方法、系统方法、信息方法、控制论方法。

参考文献

[1] 武国政.球类运动[M].北京:人民体育出版社,1998.
[2] 刘晓茹,冯琰.运动技能学习与控制的闭环控制模式[J].沈阳体育学院学报,2005(3).
[3] 张力为.体育科学研究方法[M].北京:高等教育出版社,2002.
[4] 杨世勇.体能训练学[M].成都:四川科学技术出版社,2001.
[5] 张中秋.运动技能学习与控制[M].北京:北京轻工业出版社,2006.
[6] 黄汉升.球类运动——排球[M].北京:高等教育出版社,2005.
[7] 宋元平,马建桥.排球运动技能学习分析[M].北京:北京体育大学出版社,2011.
[8] 周振华,杨宏峰,李志宏.排球实用教程[M].北京:中国农业科学技术出版社,2010.
[9] 梁健,任庭贵,赵富雄,等.排球[M].北京:北京师范大学出版社,2008.
[10] 古松.排球基础教学与训练[M].北京:北京体育音像出版社,2004.
[11] 季浏.体育课程与教学论[M].桂林:广西师范大学出版社,2005.
[12] 陈钢.现代排球教程[M].长春:东北师范大学出版社,2004.
[13] 郑旗,李吉慧.现代体育科学研究的理论与方法[M].北京:人民体育出版社,2001.
[14] 杨锡让.实用运动技能学[M].北京:高等教育出版社,2004.
[15] 王鲁克.体育教学技能[M].北京:人民体育出版社,2004.